EBS
교육방송교재

인터넷 강의
검스타트
www.gumstart.co.kr

KB028144

2025
고졸 검정고시
과학

검정고시 합격을 위한 최적의 교재!

• 기본이론 정리와 예상문제 분석을 한번에!
• 2024년 1·2회 기출문제 수록!

시험 안내

고졸 검정고시는 부득이한 이유로 정규 고등학교 과정을 마치지 못한 사람들을 대상으로 실시하는 국가 자격 시험으로, 고졸 검정고시에 합격한 자는 고등학교를 졸업한 자와 동등한 자격을 인정받습니다.

※ 자세한 사항은 각 시 · 도별 공고문을 참고하십시오.

❶ 시행 기관
- 시 · 도 교육청 : 시행 공고, 원서 교부 및 접수, 시험 실시, 채점, 합격자 발표
- 한국교육과정평가원(KICE) : 문제 출제, 인쇄 및 배포

❷ 시험 일정*

구분	공고 기간	접수 기간	시험일	합격자 발표
제1회	1월 말 ~ 2월 초	2월 초 ~ 중순	4월 초 · 중순	5월 초 · 중순
제2회	5월 말 ~ 6월 초	6월 초 ~ 중순	8월 초 · 중순	8월 하순

※ 상기 일정은 시 · 도 교육청 협의에 따라 변경될 수 있습니다. 반드시 해당 시험 공고문을 참조하세요.

❸ 시험 과목 및 시간표

구분	1교시	2교시	3교시	4교시	중식 12:30~ 13:30	5교시	6교시	7교시
시간	09:00~ 09:40	10:00~ 10:40	11:00~ 11:40	12:00~ 12:30		13:40~ 14:10	14:30~ 15:00	15:20~ 15:50
	40분	40분	40분	30분		30분	30분	30분
시험 과목	국어	수학	영어	사회		과학	한국사	선택 과목

※ 필수 과목 : 국어, 수학, 영어, 사회, 과학, 한국사(6과목)
※ 7교시 선택 과목은 '도덕, 기술 · 가정, 체육, 음악, 미술' 중 1과목(따라서 총 7과목 응시)

❹ 출제 형식 및 배점
- 문항 형식 : 객관식 4지 택 1형
- 출제 문항 수 및 배점

구분	문항 수	배점
고졸	각 과목별 25문항(단, 수학은 20문항)	각 과목별 1문항당 4점(단, 수학은 1문항당 5점)

❺ 합격자 결정 및 취소
- 고시 합격 ➔ 각 과목을 100점 만점으로 하여 결시 없이 평균 60점 이상을 취득한 자(과락제 폐지)
- 과목 합격 ➔ 과목당 60점 이상 취득한 과목
- 합격 취소 ➔ 응시 자격에 결격이 있는 자, 제출 서류를 위조 또는 변조한 자, 부정행위자

❻ 응시 자격 및 제한

◆ 응시자격 및 응시과목

응시자격	응시과목
중학교 졸업자	• 국어, 수학, 영어, 사회, 과학, 한국사【필수 : 6과목】 • 도덕, 기술·가정, 체육, 음악, 미술【선택 : 1과목】
중학교 졸업학력 검정고시 합격자	
초·중등교육법시행령 제97조·제101조 및 제102조 해당자	
보호소년 등의 처우에 관한 법률 시행령 제69조 제3호의 규정에 의한 자	
3년제 고등기술학교 및 고등학교에 준하는 각종학교 졸업자 또는 졸업예정자	국어, 수학, 영어 【총 3과목】
3년제 직업훈련과정의 수료자	
3년제 고등기술학교 및 고등학교에 준하는 각종학교 졸업자 또는 졸업예정자, 3년제 직업훈련과정의 수료자 해당자로서 '89.11.22 이후 국가기술자격법에 의한 기능사 이상의 자격 취득자	국어, 수학 또는 영어 【총 2과목】
3년제 고등기술학교 및 고등학교에 준하는 각종학교 졸업자 또는 졸업예정자, 3년제 직업훈련과정의 수료자 해당자로서 '89.11.21 이전 국가기술자격법에 의한 기능사 이상의 자격 취득자	수학 또는 영어 【총 1과목】
만 18세 이후에 평생교육법 제23조 제2항에 따라 평가인정한 학습과정 중 고시 과목에 관련된 과정을 교육부장관이 정하는 바에 따라 과목당 90시간 이상 이수한자	국어, 수학, 영어【3과목】와 미이수 과목

◆ 응시 자격 제한
- 고등학교 또는 초·중등교육법 시행령 제98조 제1항 제2호의 학교를 졸업한 자 또는 재학 중인 자(휴학 중인 자 포함)
- 공고일 이후 중학교 또는 초·중등교육법 시행령 제97조 제1항 제2호의 학교를 졸업한 자
- 고시에 관하여 부정행위를 한 자로서 2년이 경과되지 아니한 자
- 고등학교 또는 초·중등교육법 시행령 제98조 제1항 제2호의 학교에서 퇴학된 사람으로서 퇴학일부터 공고일까지의 기간이 6개월이 되지 않은 사람(다만, 장애인복지법에 제32조에 따라 등록한 장애인으로서 신체적·정신적 장애로 학업을 계속하는 것이 불가능하여 퇴학된 사람은 제외)

❼ 제출 서류

◆ 응시자 전원 제출 서류(공통)
- 응시원서(소정 서식) 1부(현장 접수 시, 온라인 접수 시는 전자파일 형식의 사진 1매만 필요)
- 동일한 사진 2매(탈모 상반신, 3.5㎝×4.5㎝, 응시원서 제출 전 3개월 이내 촬영)
- 본인의 해당 최종학력증명서 1부(아래 해당 서류 중 한 가지)
  - 중졸 검정고시 합격자 : 합격증서 사본(원본 지참)
  - 고등학교 재학 중 중퇴자 : 제적증명서
  - 중학교 졸업 후 상급학교 미진학자 : 상급학교 진학 여부가 표시된 '검정고시용' 중학교 졸업(졸업 예정)증명서, 미진학사실확인서

◆ 과목 면제 대상자 추가 제출 서류
  • 과목합격증명서 또는 성적증명서, 평생학습이력증명서 등(이상 해당자만 제출)
◆ 장애인 시험 시간 연장 및 편의 제공 대상자 제출 서류
  • 복지카드 또는 장애인등록증 사본(원본 지참), 장애인 편의 제공 신청서

8 출제 수준, 세부 출제 기준 및 방향

◆ 출제 수준
  • 고등학교 졸업 정도의 지식과 그 응용 능력을 측정할 수 있는 수준

◆ 세부 출제 기준 및 방향
  • 각 교과의 검정(또는 인정) 교과서를 활용하는 출제 방식
    – 가급적 최소 3종 이상의 교과서에서 공통으로 다루고 있는 내용으로 출제
      (단, 국어와 영어 지문의 경우 공통으로 다루고 있는 교과서 종수와 관계없으며, 교과서 외 지문도 활용 가능)
  • 문제은행(기출문항 포함) 출제 방식을 학교 급별로 차등 적용
    – 초졸 : 50% 내외, 중졸 : 30% 내외, 고졸 : 적용하지 않음.
  • 출제 난이도 : 최근 5년간 평균 합격률을 고려하여 적정 난이도 유지

9 응시자 시험 당일 준비물

◆ 중졸 및 고졸

> (필수) 수험표, 신분증, 컴퓨터용 수성사인펜
> (선택) 아날로그 손목시계, 수정 테이프, 도시락

※ 수험표 분실자는 응시원서에 부착한 동일한 사진 1매를 지참하고 시험 당일 08시 20분까지 해당 고사장 시험 본부에서 수험표를 재교부 받을 수 있다.

※ 시험 당일 고사장에는 차량을 주차할 수 없으므로 대중교통을 이용해야 한다.

10 고졸 검정고시 교과별 출제 대상 과목

구분	교과(고시 과목)	출제범위(과목)
필수	국어	국어
	수학	수학
	영어	영어
	사회	통합사회
	과학	통합과학
	한국사	한국사
선택	도덕	생활과 윤리
	기술 · 가정	기술 · 가정
	체육	체육
	음악	음악
	미술	미술

http://kged.sen.go.kr

검정고시 온라인 원서 접수, 이렇게 해요!

※ 사전 준비 : 본인의 '공동인증서' 발급 받기

1. 온라인 접수 기간에 시·도 교육청의 검정고시 서비스 사이트에 접속

http://kged.sen.go.kr

2. 검정고시 전체 서비스 메인 화면에서, 화면 왼쪽의 검정고시 온라인 접수 클릭

3. 왼편의 검정고시 온라인 접수에서 해당하는 '시·도 교육청'을 선택하여 이동

4. 상단의 〈온라인 원서 접수〉 메뉴에서 본인이 희망하는 자격의 검정고시 선택
   ☞ 해당 자격의 원서 접수하기 버튼을 클릭하면 '온라인 원서 접수 페이지'로 이동

5. 성명과 주민등록번호(또는 외국인등록번호)를 입력하고, 원서 접수 허위 사실 기재에 관한 안내 및 서약서와 개인식별번호 처리 동의에 체크(✔)한 뒤, 인증서 로그인 을 클릭한 후 본인의 공동 인증서를 통해 로그인

6. 응시자 정보 → 학력 과목 정보 → 고사장 선택 → 접수 완료 순으로 작성

   (1) 응시자 정보에서 본인의 기본 신상 정보와 검정고시 응시 기본 정보를 입력한 후 저장 버튼을 클릭하여 저장 (*표시는 필수 입력 항목으로, 미입력 시 다음 순서로 진행되지 않음) → 다음 버튼 클릭
   • 사진 파일은 100kb 크기 미만의 jpg와 gif 파일만 저장 가능

   (2) 학력 과목 정보에서 응시자 본인의 학력 정보와 과목 응시 정보를 등록, 관련된 서류를 첨부한 후 저장 버튼을 클릭하여 저장 → 다음 버튼 클릭

   (3) 고사장 선택에서 금회차의 고사장이 조회되며, 고사장별 수용 인원이 도달할 때까지 응시자가 신청할 수 있음 → 다음 버튼 클릭
   ※ 고사장을 변경할 시에는 상단의 〈원서 조회〉 메뉴에서 '3. 고사장 선택 입력 단계 화면'에서 수정

   (4) 접수 완료에서 이전 단계에서 등록했던 주요 항목을 다시 한번 확인한 후, 제출 버튼을 클릭하여, 최종적으로 원서 제출
   ※ 입력을 완료하였으나 제출을 하지 않을 경우 오프라인으로 재접수를 해야만 응시 가능
   ※ 제출 완료한 응시원서에 수정이 필요한 경우, 〈수정후제출〉 버튼을 클릭하여 수정

7. 상단의 〈원서 조회〉 메뉴를 통해 본인이 응시한 검정고시 원서 조회 가능(공동인증서로 로그인)

8. 상단의 〈수험표 출력〉 메뉴에서 수험표 출력 가능(해당 자격의 '수험표 출력하기' 버튼 클릭)
   ※ 식별이 가능하도록 가급적 컬러프린터로 출력하여 시험 당일 소지할 것

이 책의 구성과 특징

알찬 개념 정리

개정 교육과정 완벽 반영!

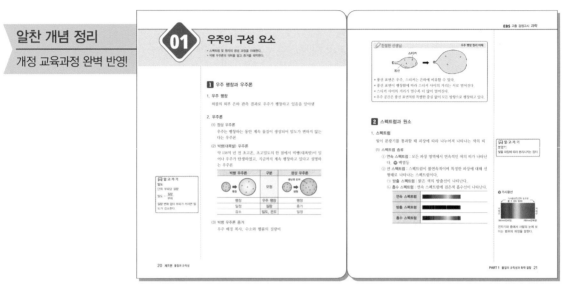

- 해당 단원에서 자주 출제되는 핵심 키워드 제시
- 사진, 그림, 그래프 등의 자료를 충분히 활용하여 핵심 이론 정리 끝

실전 감각 UP

'필수 개념 정리 문제' →
'실전 모의고사'로 실전
감각을 최상으로 UP!

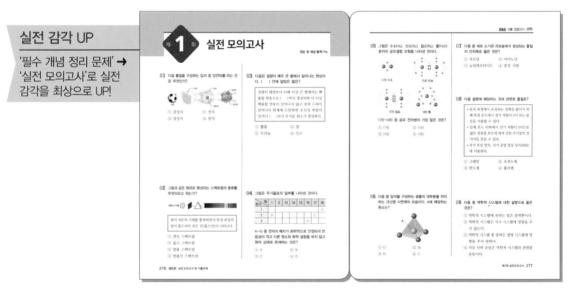

- 시험에 꼭 나올 만한 필수 개념 정리 문제를 풀어본 후 최종 점검 실전 모의고사로 마무리

최신 기출문제(2024) 수록
기출을 보면 합격이 보인다!

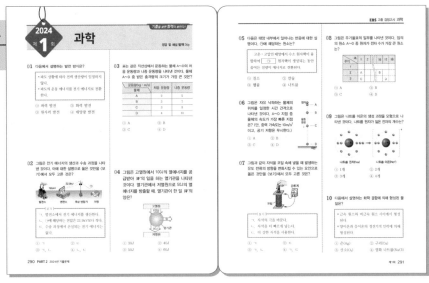

• 2024년 제1회, 제2회 기출문제를 수록하여 최신 기출 유형을 정확하게 파악

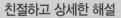
친절하고 상세한 해설
정답으로 직행하는 명쾌
하고 알찬 해설 수록!

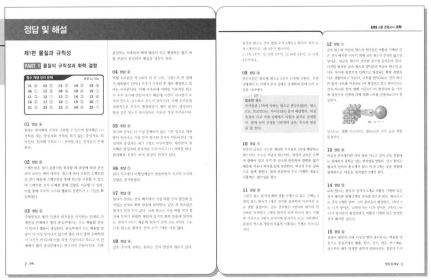

• 정답이 왜 정답인지, 오답이 왜 오답인지를 정확하게 알 수 있도록 명쾌하게 해설
• 중요하거나 이해가 잘 안 될 수 있는 부분은 선생님이 알아서 콕, 더 상세하게 해설

단원별 출제 빈도

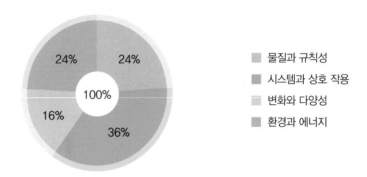

- 물질과 규칙성
- 시스템과 상호 작용
- 변화와 다양성
- 환경과 에너지

과학 출제 경향

고졸 검정고시 과학은 통합과학 교과에서 다루는 내용을 출제 범위로 다루고 있습니다. 총 4개의 대단원으로 구성된 교과 내용 중 소단원별로 자주 출제되는 유형 및 개념이 있지만, 전체적으로 단원별 출제 비중의 치우침은 없으므로 각 영역을 모두 고르게 학습해야 합니다.

검정고시의 특성상 문제에 주어진 표현이나 그림, 자료를 읽어보면 출제자가 요구하는 정답이 녹아있는 경우들이 많이 있으므로 모든 개념을 암기하기보다는 기본 개념을 활용하여 주어진 자료, 문제 속에서 정보를 찾아낼 수 있는 능력을 키우는 것이 필요합니다.

대체로 기본 개념 및 주어진 자료를 분석하는 간단한 형태의 문제가 출제되지만 최근 들어 주어진 선지나 보기 내에 지엽적인 개념 및 용어를 알고 있는지 묻는 문제들이 출제되고 있으므로 고득점을 위해서는 기본기에서 확장된 용어들의 학습이 필요하고, 기출 문제로 익숙했던 자료를 변형하여 다른 형태로 물었을 때 구분할 수 있도록 개념을 살피는 것이 필요합니다.

기출 분석에 따른 학습 포인트

❶ 물질과 규칙성

- 빅뱅 우주론부터 별의 진화 과정에서 생기는 다양한 원소에 대한 이해가 필요하다.
- 주기율표 및 원자의 전자배치를 이해하고 원자가 전자 개수를 파악할 수 있어야 한다.
- 이온 결합, 공유 결합과 같은 화학 결합을 파악해야 한다.
- 규산염 사면체, 다양한 탄소 화합물의 특징과 구조를 이해해야 한다.
- 신소재의 특성과 이용을 설명할 수 있어야 한다.

❷ 시스템과 상호 작용

역학적 시스템
- 힘의 개념을 이해하고 자유 낙하 운동 및 수평으로 던진 물체의 운동을 자료 해석부터 계산까지 할 수 있어야 한다.
- 운동량과 충격량 각각의 개념을 이해하고, 운동량과 충격량의 관계를 파악한 후 개념을 적용하고 계산할 수 있어야 한다.

지구 시스템
- 지구 시스템의 구성 요소 간 상호작용을 다양한 예시를 통해 판단할 수 있어야 한다.
- 지권, 기권, 수권의 층상 구조를 구분하고 해당 특징을 이야기할 수 있어야 한다.
- 발산형 경계, 수렴형 경계, 보존형 경계의 판의 이동 및 지형을 구분할 수 있어야 한다.

생명 시스템
- 세포 소기관의 명칭과 그림, 역할을 짝지을 수 있어야 한다.
- 동화 작용과 이화 작용을 구분할 수 있고, 효소와 활성화 에너지의 관계를 파악해야 한다.
- 세포막을 통한 물질 이동인 확산과 삼투를 구분해야 한다.
- 전사, 번역과 같은 유전 정보의 흐름을 파악할 수 있어야 한다.

❸ 변화와 다양성
- 산화 환원의 의미를 구분하고 산화된 물질과 환원된 물질을 찾을 수 있어야 한다.
- 산과 염기의 특징을 알고 중화 반응이 일어나는 과정까지 확장할 수 있어야 한다.
- 산화 환원 반응과 중화 반응의 생활 속 예시를 구분할 수 있도록 한다.
- 지질 시대별 특징 및 화석을 짝지을 수 있어야 한다.
- 생물 다양성의 의미 및 유전적 다양성, 종 다양성, 생태계 다양성의 세부적 의미를 파악한다.
- 생물 다양성의 감소 원인 및 보존 방법을 알아야 한다.

❹ 환경과 에너지
- 생태계 구성 요소 및 생물의 적응과 환경 요소를 짝지어본다.
- 생태 피라미드 내에서 개체 수, 에너지양 등의 개념을 파악하고 이를 먹이 그물과 연관지어 생각할 수 있도록 한다.
- 온실 효과, 온실 기체, 지구 온난화의 관계를 익힌다.
- 엘니뇨, 사막화와 같은 기후 변화의 원인과 결과, 대처 방법 등을 파악한다.
- 전자기 유도의 의미를 알고 송전, 손실 전력 등을 용어 중심으로 개념을 확장해서 이해한다.
- 변압기에서 감은 수, 전압, 전류의 관계를 파악한다.
- 열기관을 통해 열효율을 구할 수 있어야 한다.
- 신재생 에너지의 의미 및 종류를 파악한다.
- 다양한 발전 방식의 명칭, 그림, 장단점을 구분할 수 있어야 한다.

합격으로 가는 든든한 동반자, 검스타트

여러분의 고졸 검정고시 준비, 검스타트가 함께 하겠습니다.

기본이론 정립에서 고득점 완성까지
EBS검정고시 방송교재 저자 직접 강의

기초가 없는 초보 수험생들도 쉽게 이해할 수 있는 쉬운 개념 설명
기출유형과 출제경향 심층분석을 통한 적중 예상문제 엄선 및 해설
출제 예상 핵심 포인트 정리와 합격 노하우 전달
수험생의 궁금증을 풀어주는 학습 Q&A 진행

교재 저자 직접 강의가 중요한 이유

저자의 전문지식과 강의 경험을 통해
시험출제가 예상되는 핵심 내용을 직접 엄선하여 교재를 저술하고
그 내용을 저자가 온전히 강의에 반영함으로써
교재와 강의가 하나되는 일체형 강의가 완성되어 학습효율성이 배가됨

검스타트

www.gumstart.co.kr | 1644-7590

검스타트 합격 스토리!
다음 합격 스토리의 주인공은 바로 당신!

 고득점 합격 k*****

선생님들의 좋은 강의와 교재로 열심히 공부한 결과
고득점(평균 98.86점)을 받았습니다.

검스타트는 검정고시 관련 정보를 다양하게 제공하고 있어
시험 준비에 많은 도움을 받았습니다.
특히 다양한 학습자료가 정말 맘에 들었습니다.

수험생들의 학습을 위해 많은 배려를 하고 있다는 느낌을
받았고, 저렴한 수강료도 좋았지만
수험생의 합격을 위한 진실함이 있다고 느꼈습니다.

이 모든 것들이 검스타트를 선택한 배경이었습니다.

 고득점 합격 동*

전체에서 한 문제 틀렸습니다.
과학에서 아쉽게 틀려서 만점을 못 받았습니다.

첫 관문을 잘 넘었으니 이제 대학 진학이라는 더 큰 목표를
위해 더 열심히 공부하려고 합니다.

강의해 주신 선생님들 정말 감사합니다.
핵심을 잘 정리해 주시고 이해하기 쉽도록
강의를 잘 해주신 덕분에 높은 점수를 받았습니다.

검스타트 최고 ! ! !

 고령 합격 합***

인강 선택을 위해 제 아들과 상의하고 합격수기가 많은
검스타트를 선택했습니다.

공부한 지 오래되어 기초실력이 없기에
제일 처음 기초강의부터 반복해서 들었습니다.
이어서 이론공부를 시작했습니다.

강의와 교재를 반복해서 공부하다 보니 어느새 틀이
잡혀지고 자신감이 생겼습니다.

이론을 마치고 문제풀이, 기출풀이를 공부하니 검정고시가
그다지 어렵지 않게 느껴졌습니다.

시험을 마치고 채점을 해보니 총점은 합격점수를
충분히 넘었습니다.

 고령 합격 t***

50대 중반 주부입니다.
38년 만에 처음으로 도전해 보았는데 혼자 공부하는 거라
처음엔 막막하고 지루하고 어려웠습니다.

검스타트 상담선생님께서 말씀해 주신 대로 쉬운 과목부터
완벽하게 준비해 나갔습니다.
기본강의, 예상문제, 모의고사, 기출문제 순서로 공부했고
무엇보다도 문제를 많이 풀어보았습니다.

특히 핵심총정리가 많은 도움이 되었습니다.
향후 사이버 대학에 도전해보려 합니다.

열심히 강의해 주신 선생님들께 감사드립니다.

 중+고졸 합격 심****

검스타트와 인연을 맺은 지 1년.
훌륭하신 선생님들의 헌신적인 강의에 힘입어
70 가까운 나이에 중학교 과정과 고등학교 과정을 잘 마쳤고
특히 고등학교 과정은 7과목 중 4과목을
만점을 받을 정도의 성적으로 무사히 마쳤습니다.

이 모두가 검스타트 임직원 여러분과 각 과목 선생님들의
땀과 아낌 없는 희생 덕분이라 생각합니다.

고맙습니다.
이제부터는 대입 준비 열심히 하여 대입에 도전해 보려
합니다.

이젠, 여러분이
합격할 차례입니다!

차례

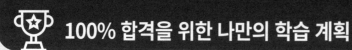

100% 합격을 위한 나만의 학습 계획

◆「고졸 검정고시 과학」학습 진도표

구분			진도 체크(✓)*				
			1회	2회	3회	4회	5회
제1편	PART 1 물질의 규칙성과 화학 결합	01~05					
		📎 필수 개념 정리 문제					
	PART 2 자연의 구성 물질	01~03					
		📎 필수 개념 정리 문제					
제2편	PART 1 역학적 시스템	01~02					
		📎 필수 개념 정리 문제					
	PART 2 지구 시스템	01~02					
		📎 필수 개념 정리 문제					
	PART 3 생명 시스템	01~03					
		📎 필수 개념 정리 문제					
제3편	PART 1 화학 변화	01~02					
		📎 필수 개념 정리 문제					
	PART 2 생물 다양성	01~03					
		📎 필수 개념 정리 문제					
제4편	PART 1 생태계와 환경	01~04					
		📎 필수 개념 정리 문제					
	PART 2 발전과 신재생 에너지	01~04					
		📎 필수 개념 정리 문제					
PART 1 실전 모의고사		제1회 실전 모의고사					
		제2회 실전 모의고사					
PART 2 2024년 기출문제		제1회 기출문제					
		제2회 기출문제					

*학습 완료한 날짜를 적으셔도 좋습니다.

● 진도 체크(✓) 요령

1회 ・해당 부분 모두를 정독(精讀)했을 때를 1회로 간주합니다. 단순히 체크(✓)하셔도 좋고 권하는 대로 해당 날짜를 적어 넣으셔도 좋습니다.

2회 ・해당 부분 모두를 두 번째로 정독했을 때를 2회로 간주합니다. 띄엄띄엄 부분적으로 공부한 것은 해당하지 않습니다. 반드시 해당 부분 모두를 두 번째로 정독했을 경우에만 표시하도록 합니다.

3회 ・해당 부분에서 취약하거나 중요한 부분을 중심으로 처음부터 끝까지 모두 공부했을 때를 3회로 간주합니다. 실력(이해와 암기)을 키우기 위한 집중 학습에 해당합니다.

4회 ・3회와 같은 방식으로 취약하거나 중요한 부분을 중심으로 처음부터 끝까지 다시 한번 모두 공부했을 때를 4회로 간주합니다.

5회 ・시험을 목전에 두고 최종적으로 해당 부분 모두를 정독했을 때를 5회로 간주합니다. 1회에서 4회까지의 학습 과정이 있었기 때문에 1회, 2회보다는 훨씬 빠른 속도로 끝마칠 수 있을 것입니다.

◆ 취약 부분 극복 계획

학습 진도 중에서 자신이 취약하다고 생각되는 부분을 적고 이를 극복할 수 있는 방안을 고민해 봅니다.

진도 중 취약 부분	극복 방안	극복한 날
예) 시의 비유법들이 잘 구분되지 않는다 (특히 은유법). 어렵다.	예) 교재와 강의에서 비유법 관련 내용이 나올 때마다 초집중한다.	예) 7월 7일(화) 비유법 극복!

◆ 나의 다짐과 소감

본격적인 학습에 앞서 다짐의 말을 적어 봅니다. 또 주변 사람들로부터 응원의 말을 받아 보세요. 물론 스스로에게 하는 응원의 말을 적으셔도 좋습니다. 마지막 포스트잇은 합격 후에 기분 좋게 작성하세요.

● (학습 전) 나의 다짐
_____
_____
_____
_____

● 응원의 말
_____
_____
_____
_____

● 합격 소감
_____
_____
_____
_____

EBS 교육방송교재

고졸 검정고시 **과학**

물질과 규칙성

EBS 교육방송교재

고졸 검정고시 **과학**

PART 1

물질의 규칙성과 화학 결합

이 단원에서는 우주의 구성 요소는 무엇인지, 별의 탄생과 진화 과정은 어떠했는지를 알아본다. 또 주기율표를 통해 물질을 이루는 원소의 성질과 주기성을 살펴보고, 원소들의 화학 결합과 그 성질에 대해 배운다.

우주의 구성 요소

- 스펙트럼 및 원자의 생성 과정을 이해한다.
- 빅뱅 우주론의 의미를 알고 증거를 파악한다.

1 우주 팽창과 우주론

1. 우주 팽창

허블의 외부 은하 관측 결과로 우주가 팽창하고 있음을 알아냄

2. 우주론

(1) 정상 우주론

우주는 팽창하는 동안 계속 물질이 생성되어 밀도가 변하지 않는 다는 우주론

(2) 빅뱅(대폭발) 우주론

약 138억 년 전 초고온, 초고밀도의 한 점에서 빅뱅(대폭발)이 일어나 우주가 탄생하였고, 지금까지 계속 팽창하고 있다고 설명하는 우주론

📖 알/고/가/기
밀도
단위 부피당 질량
$$밀도 = \frac{질량}{부피}$$
질량 변화 없이 부피가 커지면 밀도가 감소한다.

빅뱅 우주론	구분	정상 우주론
팽창	우주 팽창	팽창
일정	질량	증가
감소	밀도, 온도	일정

(3) 빅뱅 우주론 증거

우주 배경 복사, 수소와 헬륨의 질량비

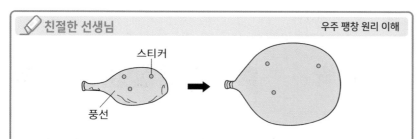

친절한 선생님   우주 팽창 원리 이해

- 풍선 표면은 우주, 스티커는 은하에 비유할 수 있다.
- 풍선 표면이 팽창함에 따라 스티커 사이의 거리는 서로 멀어진다.
- 스티커 사이의 거리가 멀수록 더 많이 멀어진다.
- 우주 공간은 풍선 표면처럼 특별한 중심 없이 모든 방향으로 팽창하고 있다.

2 스펙트럼과 원소

1. 스펙트럼

빛이 분광기를 통과할 때 파장에 따라 나누어져 나타나는 색의 띠

(1) 스펙트럼 종류

① 연속 스펙트럼 : 모든 파장 영역에서 연속적인 색의 띠가 나타난다. 예 백열등

② 선 스펙트럼 : 스펙트럼이 불연속적이며 특정한 파장에 대해 선 형태로 나타나는 스펙트럼이다.

  ㉠ 방출 스펙트럼 : 밝은 색의 방출선이 나타난다.

  ㉡ 흡수 스펙트럼 : 연속 스펙트럼에 검은색 흡수선이 나타난다.

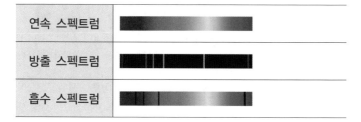

연속 스펙트럼	
방출 스펙트럼	
흡수 스펙트럼	

📖 알/고/가/기

분광기
빛을 파장에 따라 분리시키는 장치

▶ 가시광선

전자기파 중에서 사람의 눈에 보이는 범위의 파장을 말한다.

❥ 선 스펙트럼의 원리

전자의 에너지 준위가 바뀔 때 에너지를 방출하거나 흡수하면서 선 스펙트럼이 형성된다.

❥ 에너지 준위

원자 내에서 전자가 가질 수 있는 에너지 수준

📖 알/고/가/기

기체 방전관

기체를 전극 사이에 넣어 방전이 일어나게 하는 장치로 방전관에 기체를 넣고 고전압으로 방전시키면 빛을 낼 수 있다. 이 빛을 분광기에 통과시켜 방출 스펙트럼을 얻을 수 있으며 방전관에 채워진 기체 종류에 따라 스펙트럼은 달라진다.

(2) 스펙트럼의 형성

① 연속 스펙트럼 : 고온의 별이 빛을 방출하는 경우에 생긴다.

② 방출 스펙트럼 : 고온의 별 주위에서 에너지를 얻어 가열된 기체가 특정 파장의 빛을 방출하는 경우에 생긴다.

③ 흡수 스펙트럼 : 별빛이 저온의 기체를 통과할 때 특정 파장의 빛이 흡수되고 남은 빛에 의해 생긴다.

(3) 선 스펙트럼으로 원소 분석

① 원소의 종류에 따라 선의 위치와 개수가 모두 다르다.
② 우주에서 오는 스펙트럼을 분석하면 우주에 분포하는 원소의 종류와 양을 알 수 있다.
③ 흡수선의 선폭을 비교하여 원소의 질량비를 알 수 있다.

2. 원소의 생성

(1) 물질을 구성하는 입자

원자		원자핵과 전자로 이루어진 입자, 전기적으로 중성
원자핵	양성자	3개의 쿼크로 이루어짐, 양전하를 띔
	중성자	3개의 쿼크로 이루어짐, 전기적으로 중성
기본 입자		더 이상 분해되지 않는 가장 작은 입자로 전자와 쿼크가 있음 전자 : 음전하를 띠는 기본 입자

(2) 빅뱅과 입자의 생성

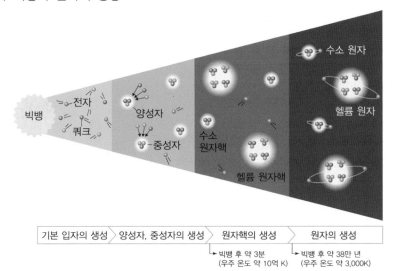

◉ 절대 온도
입자 운동이 멈추었을 때의 온도를 0으로 나타낸 온도로, 단위는 K(켈빈)을 사용한다.

절대 온도(K) = 섭씨온도(℃) + 273

① 한 점의 초고온, 초고밀도 상태에서 폭발이 일어난 후, 우주가 계속 팽창하면서 온도와 밀도가 낮아진다.
② 빅뱅 후 기본 입자인 쿼크와 전자가 만들어진다.
③ 쿼크의 결합으로 양성자와 중성자가 형성된다.
④ 우주의 온도가 점차 낮아지면서 양성자와 중성자의 개수비가 7 : 1이 된다.
⑤ 양성자가 수소의 원자핵이 되고, 2개의 양성자와 2개의 중성자가 모여 헬륨 원자핵이 형성된다.

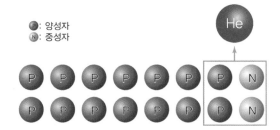

⑥ 우주의 온도가 낮아지면서 빅뱅 이후 약 38만 년이 지났을 때 원자핵 주위로 전자가 끌려오며 중성 원자가 생성된다.

더블유맵(WMAP)으로 관측한 우주 배경 복사

빅뱅 후 약 38만 년이 지난 후 우주의 온도는 약 3000K이었다. 이때 퍼져나간 빛이 현재 약 3K에 해당하는 전파로 관측되는데 우주 전역에서 비교적 고르게 관측된다.

3. 빅뱅 우주론의 증거

(1) 우주 배경 복사

빅뱅 약 38만 년 후 우주 온도가 약 3000K으로 낮아졌을 때 원자가 생성되면서 우주로 퍼져 나간 빛을 우주 배경 복사라고 한다.

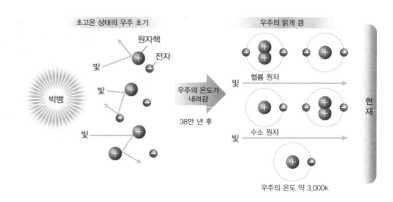

① 빅뱅 우주론(예측) : 우주 탄생 초기에는 빛이 직진할 수 없지만 우주의 온도가 낮아져 약 3000K일 때 원자가 형성되고 우주로 빛이 퍼져나갈 것이다. 이 빛은 현재 파장이 길어진 상태로, 약 2.7K에 해당하는 복사로 우주 전체에서 관측될 것이다.

② 관측 결과 : 펜지어스와 윌슨이 우주 모든 방향에서 온도 약 2.7K인 물체가 방출하는 파장의 전파를 관측하였다. ➡ 빅뱅 우주론의 예측과 일치

(2) 수소와 헬륨의 질량비

① 빅뱅 우주론(예측) : 빅뱅 후 약 3분 후 양성자와 중성자의 개수비가 7 : 1이 되어 우주의 수소와 헬륨의 질량비는 3 : 1일 것이다.

② 관측 결과 : 우주에서 온 빛의 선 스펙트럼을 통해 우주를 구성하는 원소의 종류와 질량을 분석한 결과 우주는 수소 약 74%, 헬륨 약 24%로 이루어져 있고 질량비가 3 : 1임을 알아냈다.
➡ 빅뱅 우주론의 예측과 일치

🔍 기출문제 미리보기

그림은 빅뱅 우주론을 나타낸 것이다. 이에 대한 설명으로 옳은 것은?

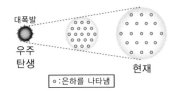

① 우주는 팽창한다.
② 우주의 총질량은 감소한다.
③ 우주 전체의 평균 밀도는 증가한다.
④ 우주 전체의 평균 온도는 높아진다.

해설

빅뱅 우주론은 약 138억 년 전 초고온, 초고밀도의 한 점에서 빅뱅(대폭발)이 일어나 우주가 탄생하였고, 우주의 부피는 계속 팽창하고 있다는 우주론으로 우주가 팽창하면서 커지는 빈 공간에 새로운 물질이 생성되지 않는다고 본다. 따라서 질량 변화가 없고 평균 밀도 및 온도는 감소한다.　　　　　　　　　　**정답** ①

별의 탄생과 진화

- 별의 탄생과 진화 과정을 이해한다.
- 태양계 형성을 이해하고 지구형 행성과 목성형 행성의 특징을 구분한다.

1 별의 탄생과 진화

1. 별의 탄생

(1) 별의 탄생 과정

성운 형성 → 원시별 → 별

> ❷ 원시별
> 중력 수축으로 온도가 상승하여
> 빛을 내는 천체

① 성운 형성 : 수소, 헬륨 등의 성간 물질이 모여 만들어진 성운 중 밀도가 크고 온도가 낮은 부분이 중력 수축하여 별이 탄생할 수 있는 성운이 형성된다.
② 원시별의 형성 : 성운 내부의 밀도가 크고 온도가 낮은 부분에서 중력 수축이 일어나면서 온도가 높아지며 원시별이 형성된다.
③ 별 : 원시별의 중심 온도가 1000만 K에 도달하면 수소 핵융합 반응을 하는 별(주계열성)이 탄생한다.

(2) 주계열성

① 중심부에서 수소 핵융합 반응이 일어나 빛을 방출하는 천체를 말한다.
② 별의 진화 과정 중 가장 긴 시기로, 별의 일생의 90%를 차지한다.
③ 주계열성은 내부 압력과 중력이 평형을 이루어 별의 크기가 일정하게 유지된다.

$$4H \rightarrow He + 에너지$$

④ 질량이 큰 주계열성일수록 수소 핵융합 반응이 활발하여 수소를 급격히 소모하므로 수명이 더 짧다.

2. 별의 진화

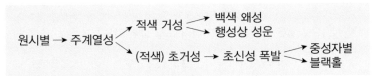

원시별 → 주계열성 → 적색 거성 → 백색 왜성 / 행성상 성운
주계열성 → (적색) 초거성 → 초신성 폭발 → 중성자별 / 블랙홀

> **백색 왜성**
> 더 이상 핵융합 반응을 하지 못하는 천체로 행성상 성운으로 물질이 방출된 후 중심에 남는 천체

> **중성자별**
> 중성자로만 이루어진 별

(1) 질량이 태양 정도인 별

별의 내부에서 핵융합 반응으로 탄소, 산소까지 생성된다.

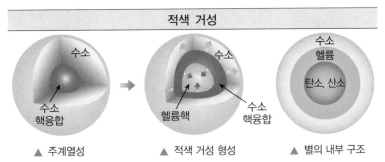

적색 거성

▲ 주계열성   ▲ 적색 거성 형성   ▲ 별의 내부 구조

주계열성 중심부에 수소가 고갈되면 중심부는 다시 수축하고 바깥층이 팽창하면서 표면 온도가 낮아져 붉은색을 띠는 적색 거성이 되고 중심부에서 탄소나 산소까지 생성된다.

백색 왜성과 행성상 성운

별의 중심부에서 핵융합이 중단된 후 별의 중심부는 수축하여 백색 왜성이 되고, 바깥층은 팽창하다가 우주 공간으로 퍼져나가 행성상 성운이 된다.

(2) 질량이 태양의 10배 이상인 별

별의 내부에서 핵융합 반응으로 철까지 생성된다.

(적색) 초거성

주계열성 중심부에 수소가 고갈되면 중심부는 다시 수축하고 바깥층이 팽창하면서 초거성이 된다. 이 과정에서 중심부 온도가 매우 높아지면서 탄소, 산소, 규소 등 차례로 핵융합 반응이 일어나 만들어지고 철까지 만들어진다.

초신성 폭발

철까지 만들어지면 별의 중심부에서 원소는 더 이상 만들어지지 않고 계속 수축하다가 폭발이 일어나는데 이것을 초신성 폭발이라고 한다. 이때 철보다 무거운 원소가 생성되어 우주로 방출된다.

중성자별과 블랙홀

초신성 폭발 후 중심부가 압축되어 중성자별이 되고, 질량이 매우 큰 경우 블랙홀이 된다.

🔍 기출문제 미리보기

그림은 질량이 태양의 15배인 별의 진화 단계 중 일부(Ⅰ~Ⅲ)를 나타낸 것이다. 이에 대한 설명으로 옳은 것만을 〈보기〉에서 모두 고른 것은?

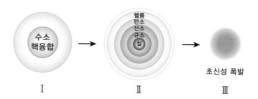

Ⅰ   Ⅱ   초신성 폭발
Ⅲ

보 기

ㄱ. Ⅰ에서 중심부에 헬륨이 생성된다.

ㄴ. Ⅱ에서 중심부에 철이 생성된다.

ㄷ. Ⅲ에서 철보다 무거운 원소가 생성된다.

① ㄱ   ② ㄴ

③ ㄱ, ㄷ   ④ ㄱ, ㄴ, ㄷ

해 설

질량이 태양보다 10배 이상인 별은 중심부에서 안정된 철까지 생성될 수 있으며 철보다 무거운 원소는 초신성 폭발 과정을 통해 생성된다.

ㄱ. 중심부에서 수소 핵융합 반응을 통해 헬륨이 만들어지는 주계열성 단계로 별 일생의 대부분을 차지한다.

ㄴ. 초거성 단계로 탄소, 산소, 규소 등의 원소가 차례로 핵융합 반응을 통해 만들어진다. 이 단계에서 별의 중심부에서는 가장 안정적인 철까지 만들어진다.

ㄷ. 철보다 무거운 원소는 초신성 폭발을 통해 만들어진다.   **정답 ④**

🔍 기출문제 미리보기

그림은 태양과 비슷한 질량을 가진 어느 별의 내부 구조이다. 다음 중 이 별에서 핵융합 반응으로 만들어진 원소는?

① 납

② 철

③ 구리

④ 헬륨

해 설

질량이 태양과 비슷한 별은 핵융합 반응으로 헬륨, 탄소, 산소까지 만들어진다. 납, 구리와 같이 매우 무거운 원소는 초신성 폭발을 통해 만들어지며 태양보다 질량이 10배 이상으로 큰 별의 경우 별 내부에서 철까지 만들어진다.   **정답 ④**

2 태양계와 지구의 형성

1. 태양계

(1) 태양계의 형성

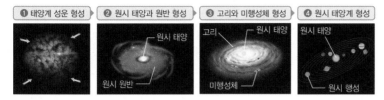

① 태양계 성운 형성 : 우리은하 나선팔에 있던 성운 주변에서 초신성 폭발이 일어나 성운의 밀도가 불균형해지고 밀도가 큰 부분으로 태양계 성운이 형성되었다. 태양계 성운은 중력 수축하면서 회전하기 시작한다.

② 원시 태양과 원반 형성 : 태양계 성운이 수축하면서 중심부의 온도가 높아지면서 원시 태양이 형성되고 원시 태양 주변부로 물질이 퍼져나가 납작한 원시 원반이 형성되었다.

③ 고리와 미행성체 형성 : 중심부의 온도는 계속 높아지고 원시 원반은 회전하면서 고리가 형성된다. 각 고리에서 기체와 티끌이 뭉쳐져 미행성체가 형성되며 원시 태양 주위를 공전하게 되었다.

④ 원시 태양계 형성과 태양계 형성 : 원시 태양은 수소 핵융합 반응이 일어나면서 태양이 되고 미행성체들은 서로 충돌하고 합쳐지면서 원시 행성이 되었고 점점 성장하여 현재와 같은 행성이 되었다.

(2) 지구형 행성과 목성형 행성

지구형 행성 (수성, 금성, 지구, 화성)	구분	목성형 행성 (목성, 토성, 천왕성, 해왕성)
작다	질량, 반지름	크다
크다	평균 밀도	작다
녹는점이 높은 철, 규소 등 무거운 물질	성분	녹는점이 낮은 메테인, 수소, 헬륨 등 기체
고리가 없고, 위성은 없거나 적다.	고리, 위성수	고리가 있고, 위성이 많다.

> 📖 **알/고/가/기**
> **성운**
> 우주의 가스나 티끌이 모여 구름처럼 보이는 것
>
> **미행성체**
> 태양계 형성 초기에 만들어진 작은 천체

2. 지구의 형성 과정

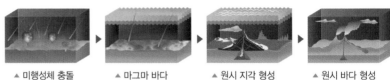

▲ 미행성체 충돌　　▲ 마그마 바다　　▲ 원시 지각 형성　　▲ 원시 바다 형성

⊙ **원시 대기 성분의 변화**
지구 탄생 초기에 화산 활동으로 수소, 이산화 탄소, 수증기 등이 분출되었고 이 중 수소와 같이 가벼운 기체는 우주로 대부분 날아가고 산소, 질소와 같이 무거운 기체가 남아 대기를 이루었다.
• 지구 대기 성분
　질소(78%)>산소(21%)

🔖 **알/고/가/기**
규산염 물질
규소와 산소를 기본으로 하여 이루어진 물질

(1) 미행성체 충돌

원시 지구에 미행성체들이 충돌하면서 지구의 크기와 질량이 증가하였다.

(2) 마그마 바다 형성

미행성체 충돌로 발생한 열과 대기 중 수증기, 이산화 탄소의 온실효과로 지구의 온도가 높아져 마그마 바다가 형성되었다.

(3) 맨틀과 핵 분리

철과 니켈 등 무거운 금속 성분이 가라앉아 핵을 형성하고 가벼운 규산염 물질은 떠올라 맨틀을 형성한다.

(4) 원시 지각 형성

미행성체 충돌 감소로 지구 표면의 온도가 낮아지면서 원시 지각이 형성되었다.

(5) 원시 바다 형성

지구 온도가 낮아지면서 대기 중의 수증기가 비가 되어 내리고 빗물이 모여 원시 바다가 형성되었다.

(6) 생명체 탄생

바다에서 최초의 생명체가 탄생하였다.

주기율표

- 주기율표를 통해 원소의 공통적인 성질을 이해한다.
- 원자의 전자 배치를 통해 주기율표의 규칙을 확인한다.

1 원소와 주기율표

1. 원소

① 물질을 이루는 기본 성분이다.
② 더 이상 다른 물질로 분해되지 않는다.
③ 원소는 종류에 따라 성질이 다르고 현재까지 약 110종이 알려져 있다.
④ 한 종류의 원소로만 구성된 물질도 있고, 다른 종류의 원소 간 화학 결합을 하여 물질이 구성되기도 한다.

2. 주기율표

(1) 주기율과 주기율표

① **주기율** : 원소들을 나열할 때 일정한 주기로 성질이 비슷한 원소들이 나타나는 현상을 말한다.
② **주기율표** : 성질이 비슷한 원소들이 주기적으로 나타나도록 원소들을 배열한 표를 말한다.

(2) 현대의 주기율표

원소들을 원자 번호 순으로 배열할 때 화학적 성질이 비슷한 원소들이 같은 세로줄에 오도록 배열하였다.

❯ **원소의 분포**
- 우주 : 수소, 헬륨
- 지구 대기 : 질소, 산소
- 지구 지각 : 규소, 산소
- 지구 전체 : 철, 산소
- 사람의 몸 : 산소, 수소, 탄소, 질소 등

❯ **원자**
원자핵(양성자, 중성자) + 전자

❯ **원자 번호**
원자를 구성하는 양성자의 수가 원자 번호이다.

예 탄소는 원자핵의 전하량이 +6 이므로 원자번호 6번이다.

> ⊙ **원자가 전자**
> 화학 반응에 참여하는 전자로 원소의 화학적 성질을 결정한다.

① 주기 : 주기율표의 가로줄을 의미하며 1주기 ~ 7주기까지 있다. 같은 주기의 원소는 전자 껍질 수가 같다.

② 족 : 주기율표의 세로줄을 의미하며 1족 ~ 18족까지 있다. 같은 족 원소들은 원자가 전자의 수가 같아 화학적 성질이 비슷하다 (수소 제외).

🔍 기출문제 미리보기

그림은 주기율표의 일부를 나타낸 것이다. 임의의 원소 A~D 중 2주기 2족 원소는?

주기＼족	1	2		17	18
1	A				
2		B		C	
3					D

① A   ② B
③ C   ④ D

해설

족은 주기율표 세로줄을 의미하고 주기는 주기율표상 가로줄을 의미한다. 따라서 세로와 가로 2번째 줄이 겹쳐지는 것을 찾는다.   정답 ②

---

2 원자의 전자 배치

1. 원자의 구조

(1) 원자 모형

> 원자 = 원자핵(양성자 + 중성자) + 전자

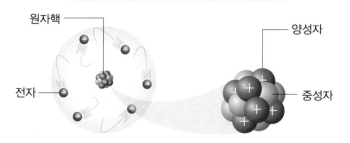

원자핵 / 양성자 / 전자 / 중성자

(2) 원자의 특징

① 원자는 원자핵과 전자로, 원자핵은 양성자와 중성자로 이루어져 있다.

② 원자는 양성자 수와 전자 수가 같아 전기적으로 중성이다.

③ 원자 번호는 양성자 수와 같다.

④ 전자는 특정한 에너지를 갖는 궤도상으로 운동한다.

2. 원자의 전자 배치

(1) 전자 껍질

① 원자핵 주위의 전자가 돌고 있는 특정한 에너지 준위의 궤도를 말한다.

② 원자핵에서 가까운 껍질일수록 에너지 준위가 낮다.

③ 전자는 원자핵에서 가까운 전자 껍질부터 차례대로 채워진다.

④ 첫 번째 전자 껍질에 최대 2개, 두 번째와 세 번째 전자 껍질에 최대 8개가 채워진다.

❯ 에너지 준위
원자핵 주위에 돌고 있는 전자가 갖는 특정 에너지 값으로 원자핵에서 멀어질수록 에너지 준위가 높아진다.

❯ 최외각 전자
원자의 전자 배치에서 가장 바깥 전자 껍질에 들어 있는 전자

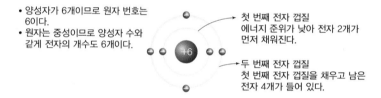

- 양성자가 6개이므로 원자 번호는 6이다.
- 원자는 중성이므로 양성자 수와 같게 전자의 개수도 6개이다.

→ 첫 번째 전자 껍질
에너지 준위가 낮아 전자 2개가 먼저 채워진다.

→ 두 번째 전자 껍질
첫 번째 전자 껍질을 채우고 남은 전자 4개가 들어 있다.

(2) 원자가 전자

원소	수소(H)	탄소(C)	마그네슘(Mg)
원자 모형			
원자가 전자 수	1	4	2

① 원자의 전자 배치에서 가장 바깥 전자 껍질에 들어 있는 전자로, 화학 결합에 참여하는 전자를 말한다.

② 원자가 전자의 수가 같으면 화학적 성질이 같다.

③ 같은 족에 속하는 원자는 원자가 전자 수가 같으므로 화학적 성질이 비슷하다.

❯ 18족 원소의 원자가 전자 수
18족 원소는 화학적으로 안정하여 화학 결합에 참여하는 전자가 없어 원자가 전자 수는 0이다.

(3) 주기율표와 전자 배치

주기\족	1	2	13	14	15	16	17	18
1	H					전자 원자핵		He
2	Li	Be	B	C	N	O	F	Ne
3	Na	Mg	Al	Si	P	S	Cl	Ar

① 같은 주기에 속하는 원소들은 전자 껍질 수가 같다.

　　예 1주기 : 전자 껍질 1개, 2주기 : 전자 껍질 2개

② 같은 족 원소들은 원자가 전자 수가 같아 화학적 성질이 비슷하다.

　　예 1족 리튬과 나트륨은 원자가 전자 수가 1개로 성질이 비슷하다(수소 예외).

③ 원자 번호가 증가함에 따라 원자가 전자 수가 주기적으로 변하기 때문에 주기성이 나타난다.

🔍 **기출문제 미리보기**

표는 몇 가지 원소의 가장 바깥쪽 전자 껍질에 배치되어 있는 전자 수를 나타낸 것이다. 이 중 주기율표에서 같은 족에 속하는 원소를 고른 것은?

원소	가장 바깥쪽 전자 껍질의 전자 수
He	2개
Li	1개
Na	1개
Cl	7개

① Li, Cl　　　　　　　　　　② He, Cl
③ Li, Na　　　　　　　　　　④ He, Na

해설
같은 족에 속하는 원소는 가장 바깥쪽 전자 껍질의 전자 수가 같다.
리튬(Li)과 나트륨(Na)은 가장 바깥쪽 전자 껍질의 전자 수가 같으므로 같은 족 원소이며 1개의 전자가 있으므로 1족 원소임을 알 수 있다.　　　　　　정답 ③

🔍 **기출문제 미리보기**

그림은 플루오린 원자(F)의 전자 배치를 나타낸 것이다. 가장 바깥 전자 껍질에 들어 있는 전자의 개수는?

① 5개   ② 6개
③ 7개   ④ 8개

해설
전자는 안쪽 전자 껍질부터 차례대로 채워지며 가장 바깥 전자 껍질에 들어있는 전자의 수를 통해 플루오린이 몇 족에 속하는지 파악할 수 있다. 플루오린은 가장 바깥 전자 껍질에 들어 있는 전자의 개수는 7개이고, 이를 통해 플루오린은 17족 원자임을 알 수 있다.

정답 ③

3 원소의 구분

1. 금속 원소와 비금속 원소

주기율표의 왼쪽과 가운데에는 주로 금속 원소가 있고, 오른쪽에는 주로 비금속 원소가 있다.

구분	금속 원소	비금속 원소
주기율표 위치	왼쪽과 가운데	오른쪽(수소 예외)
실온 상태	고체(수은은 액체)	고체나 기체(브로민은 액체)
열과 전기 전도성	크다.	작다. (흑연은 예외)
광택	있다.	없다.

2. 알칼리 금속과 할로젠 원소

(1) 알칼리 금속

주기율표의 1족 원소 중에서 수소를 제외한 리튬(Li), 나트륨(Na), 칼륨(K) 등이 해당한다.

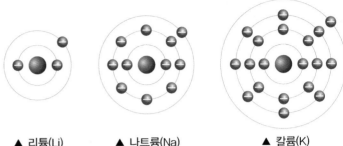

▲ 리튬(Li)　　　▲ 나트륨(Na)　　　▲ 칼륨(K)

① 실온에서 고체 상태로 존재한다.
② 밀도가 작고, 칼로 잘릴 정도로 무르다.
③ 은백색 광택을 띠지만 공기 중의 산소와 반응하여 광택을 잃는다.
④ 반응성이 매우 커서 물, 공기와 빠르게 반응한다.
⑤ 물과 격렬히 반응하여 수소 기체를 발생하고, 생성된 수용액은 염기성을 띤다.
⑥ 알칼리 금속 반응성 크기 : 리튬(Li) < 나트륨(Na) < 칼륨(K)

(2) 할로젠 원소

주기율표의 17족 원소에 속하는 플루오린(F), 염소(Cl), 브로민(Br), 아이오딘(I) 등이다.

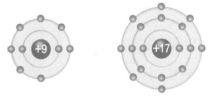

▲ 플루오린(F)　　　▲ 염소(Cl)

① 홀원소 물질로 존재할 때 할로젠 원자 2개가 결합하여 이원자 분자로 존재한다.

　예 플루오린(F_2), 염소(Cl_2), 브로민(Br_2), 아이오딘(I_2)

② 수소와 반응하여 생성된 화합물은 물에 녹아 산성을 띤다.

　예 염산(HCl)

③ 실온에서 플루오린(F_2), 염소(Cl_2)는 기체, 브로민(Br_2)은 액체, 아이오딘(I_2)은 고체 상태이며, 특유의 색을 띤다.

　예 플루오린(F_2) : 담황색, 염소(Cl_2) : 황록색, 브로민(Br_2) : 적갈색, 아이오딘(I_2) : 흑자색

❯ 알칼리 금속의 이용
① 리튬 : 휴대 전화 전지
② 나트륨 : 도로, 터널 조명
③ 칼륨 : 비료

❯ 알칼리 금속의 보관
알칼리 금속은 공기나 물과 반응성이 크기 때문에 석유나 액체 파라핀 속에 넣어 보관한다.

❯ 할로젠의 이용
① 플루오린 : 치약
② 염소 : 물의 소독, 표백제
③ 아이오딘 : 소독약

화학 결합

● 화학 결합의 종류와 원리를 이해할 수 있다.

1 화학 결합의 원리

1. 비활성 기체의 전자 배치

(1) 비활성 기체

　① 주기율표 18족에 해당하는 원소를 말한다.

　　예 헬륨(He), 네온(Ne), 아르곤(Ar)

　② 가장 바깥 전자 껍질에 전자가 모두 채워져 안정한 전자 배치를 이룬다.

　③ 다른 물질과 반응하려는 성질이 매우 작아 원자 상태로 존재한다.

(2) 비활성 기체의 전자 배치

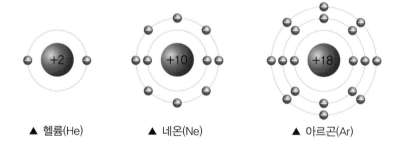

▲ 헬륨(He)　　　　▲ 네온(Ne)　　　　▲ 아르곤(Ar)

2. 화학 결합이 형성되는 이유

(1) 옥텟 규칙(여덟 전자 규칙)

　① 원소들은 화학 결합을 형성하여 비활성 기체와 같이 안정한 전자 배치를 이루려고 한다.

　② 원소들은 전자를 얻거나 잃어서 가장 바깥 전자 껍질에 전자 8개를 채워 안정한 전자 배치를 가지려는 경향이 있다. [단, 헬륨(He)은 2개]

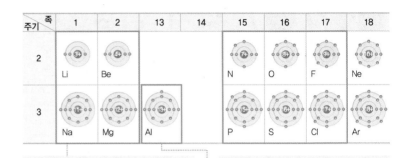

족 주기	1	2	13	14	15	16	17	18
2	Li	Be			N	O	F	Ne
3	Na	Mg	Al		P	S	Cl	Ar

1족 원소는 원자가 전자 1개를 잃고, 2족 원소는 원자가 전자 2개를 잃어 옥텟 규칙을 만족한다.

13족 원소인 알루미늄은 원자가 전자 3개를 잃어 옥텟 규칙을 만족한다.

(2) 화학 결합의 종류
이온 결합, 공유 결합

2 화학 결합

1. 이온 결합

(1) 이온의 형성

① 양이온 : 금속 원소는 가장 바깥 전자 껍질의 전자를 잃고 양이온이 되기 쉽다.

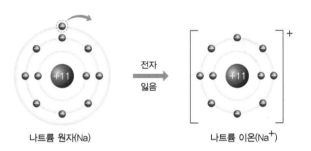

나트륨 원자(Na)　　전자 잃음　　나트륨 이온(Na^+)

② 음이온 : 비금속 원소는 가장 바깥 전자 껍질에 전자를 얻어 음이온이 되기 쉽다.

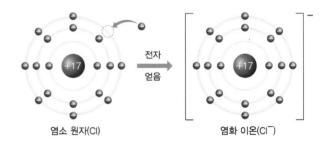

염소 원자(Cl)　　전자 얻음　　염화 이온(Cl^-)

(2) 이온의 이름

① 양이온 : 양이온이 되었을 때는 원소의 이름 뒤에 '이온'을 붙인다.
  예 Na^+(나트륨 이온)

② 음이온 : 음이온이 되었을 때는 원소의 이름 뒤에 '~화 이온'을 붙인다. 이때 원소의 이름이 '~소'인 경우 '소'를 빼고 '~화 이온'을 붙인다.
  예 O^{2-}(산화 이온), F^-(플루오린화 이온)

(3) 이온 결합 형성

① 금속 원소와 비금속 원소의 원자들은 비활성 기체와 같은 전자 배치를 이루기 위해 서로의 전자를 주고받아 각각 양이온과 음이온이 되어 결합한다.

② 양이온과 음이온의 정전기적 인력에 의한 결합이다.

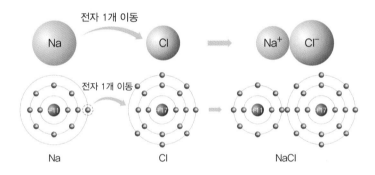

2. **공유 결합**

(1) 공유 결합

① 비금속 원소의 원자들이 각각 전자를 내놓아 전자쌍을 공유하면서 형성되는 화학 결합이다.

② **공유 전자쌍** : 두 원자에 서로 공유되어 결합에 참여하는 전자쌍을 말한다.

③ 옥텟 규칙에 만족하도록 전자를 공유한다.

(2) 공유 결합의 종류

① 단일 결합

  • 수소 분자(H_2)

  • H–H

  • 공유 전자쌍 1쌍

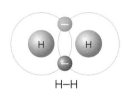

H–H

> 📖 **알/고/가/기**
>
> **정전기적 인력**
> 전기적으로 서로 반대의 전하를 띠는 입자 사이에 끌어당기는 힘
>
> **분자**
> 물질의 고유한 성질을 갖는 가장 작은 입자
>
> **비공유 전자쌍**
> 공유 결합에 참여하지 않는 전자쌍

② 2중 결합
- 산소 분자(O_2)
- O=O
- 공유 전자쌍 2쌍

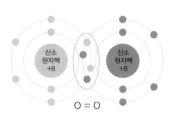

$$O = O$$

③ 3중 결합
- 질소 분자(N_2)
- N≡N
- 공유 전자쌍 3쌍

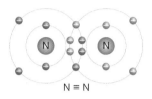

$$N ≡ N$$

▶물 분자의 생성

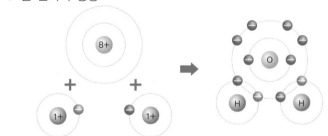

- 분자식 : H_2O
- 총 공유 전자쌍 2쌍

🔍 기출문제 미리보기

그림은 메테인(CH_4)의 전자 배치를 나타낸 것이다. 이에 대한 설명으로 옳지 <u>않은</u> 것은?

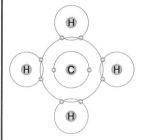

① 5원자 분자이다.
② 단일 결합이 있다.
③ 금속 결합 물질이다.
④ 공유 전자쌍은 4쌍이다.

해설 --

메테인은 탄소 원자 1개와 수소 원자 4개로 이루어진 5원자 분자로 탄소와 수소가 전자를 1개씩 공유하는 전자쌍 4개가 존재하는 공유 결합 물질이다. 수소와 탄소는 공유 전자쌍이 1쌍으로 단일 결합을 이루고 있다. 정답 ③

🔍 기출문제 미리보기

그림 (가)와 (나)는 각각 수소(H₂)와 물(H₂O)의 전자 배치를 나타낸 것이다. 이에 대한 설명으로 옳은 것만을 〈보기〉에서 모두 고른 것은?

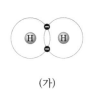

(가)

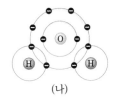

(나)

보 기

ㄱ. (가)에서 공유 전자쌍은 2쌍이다.

ㄴ. (나)에서 수소 원자와 산소 원자는 공유 결합을 한다.

ㄷ. 공유 전자쌍의 수는 (가)보다 (나)에서 많다.

① ㄱ　　　　　　　　　　② ㄴ

③ ㄱ, ㄷ　　　　　　　　④ ㄴ, ㄷ

해설

ㄱ. 2개의 수소 원자는 각각 전자를 1개씩 내놓아 1쌍의 공유 전자쌍을 만들며 안정된 전자 배치를 갖는 수소 분자가 형성된다.

ㄴ. 물 분자를 형성할 때 수소 원자와 산소 원자는 전자쌍을 각각 1쌍씩 공유한다.

ㄷ. (나)는 공유 전자쌍이 총 2개이다.　　　　　　　　　　　　　　정답 ④

화학 결합의 성질

- 이온 결합 물질과 공유 결합 물질의 특징을 비교할 수 있다.
- 우리 주변의 물질을 이온 결합 물질과 공유 결합 물질로 구분할 수 있다.

1 이온 결합 물질

1. 이온의 형성

원자들이 전자를 잃거나 얻어 18족 원소와 같이 안정한 전자 배치를 이룬다.

주기＼족	1	2	13	14	15	16	17	18
1	H							He
2	Li	Be	B	C	N	O	F	Ne
3	Na	Mg	Al	Si	P	S	Cl	Ar
4	K	Ca						

- 1족 원소 +1 양이온/ 2족 원소 +2 양이온
- 17족 원소 −1 음이온/ 16족 원소 −2 음이온

2. 이온 결합 물질의 특징

(1) 녹는점과 끓는점

① 정전기적 인력에 의해 음이온과 양이온이 강하게 결합되어 있으므로 녹는점과 끓는점이 비교적 높다.

② 실온에서 고체 상태로 존재한다.

(2) 이온 결합 물질의 구조

① 양이온과 음이온이 연속적으로 이온 결합을 하여 결정 형태를 이룬다.

② 이온 결합 물질은 분자로 존재하지 않아 화학식으로 나타낸다.

> **● 분자**
> 물질의 성질을 가진 독립된 입자

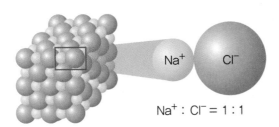

▲ 염화 나트륨(NaCl)

(3) 물에 대한 용해성과 전기 전도성
　① 대부분 물에 잘 녹고 물에 녹으면 양이온과 음이온으로 나뉜다.
　② 고체 상태에서는 전기 전도성이 없으나 액체 상태와 수용액 상
　　태에서는 전기 전도성이 있다.

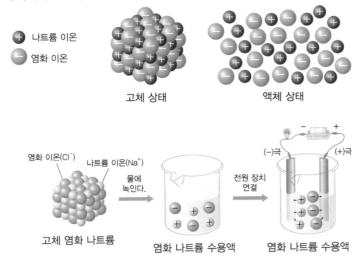

(4) 쪼개짐
　외부에서 힘이 가해지면 전하 간 반발력으로 쉽게 쪼개지거나 깨
　진다.

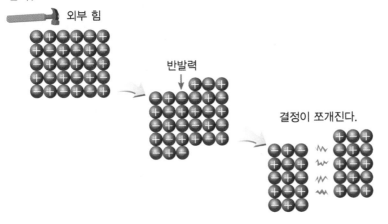

◐ 화학식
물질을 이루는 성분 원소의 원소 기호와 숫자를 이용하여 물질을 표현한 것

◐ 분자식
원소 기호를 사용하여 분자를 이루는 원자의 종류와 수를 나타낸 것

◐ 화학식과 분자식
화학식은 모든 물질을 표현하는 식을 의미하고, 분자식은 분자로 이루어진 물질을 표현하는 식이다.

3. 우리 주변의 이온 결합 물질 및 이용

물질	이용	물질	이용
염화 나트륨	소금의 주성분	염화 칼슘	제설제, 습기 제거제
탄산수소 나트륨	베이킹파우더 주성분	수산화 나트륨	비누, 세제의 제조
탄산 칼슘	조개껍데기 주성분	수산화 마그네슘	제산제 주성분

2 공유 결합 물질

1. 공유 결합 물질의 특징

(1) 녹는점과 끓는점
 ① 이온 결합 물질에 비해 인력이 약해 녹는점, 끓는점이 낮다.
 ② 실온에서 대부분 액체 상태나 기체 상태이다.

(2) 공유 결합 물질의 구조
 일반적으로 2개 이상의 원자가 결합한 분자를 이룬다.

◐ 흑연과 전기 전도성
흑연은 고체 상태에서 자유롭게 이동할 수 있는 전자가 있어 전기 전도성이 있고, 공유 결합 물질이지만 분자가 아니다.

(3) 물에 대한 용해성과 전기 전도성
 ① 대부분 물에 잘 녹지 않지만 설탕, 암모니아 등과 같이 잘 녹는 물질도 있다.
 ② 일부 물에 녹아 이온화하는 물질을 제외하고 대부분 전기 전도성이 없다.

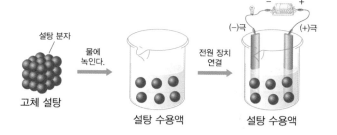

고체 설탕 → 물에 녹인다. → 설탕 수용액 → 전원 장치 연결 → 설탕 수용액
(설탕 분자 / (−)극 / (+)극)

2. 우리 주변의 공유 결합 물질 및 이용

물질	이용	물질	이용
설탕	음식의 조미료	뷰테인	휴대용 버너 연료
아스피린	진통제	에탄올	소독용 알코올
산소	생물의 호흡, 연소에 이용	이산화 탄소	광합성에 이용, 냉각제로 이용(드라이아이스)

🔍 기출문제 미리보기

다음 설명에 해당하는 물질은?

- 같은 원자 2개가 공유 결합을 이루고 있다.
- 동물과 식물의 호흡에 이용되는 기체이다.

① 산소(O_2)   ② 암모니아(NH_3)
③ 염화 칼슘($CaCl_2$)   ④ 질산 칼륨(KNO_3)

해설

산소는 산소 원자 2개가 전자쌍을 2쌍 공유하여 형성된 기체로 생물의 호흡이나 물질의 연소에 사용되는 기체이다.
② 암모니아는 물에 잘 녹는 공유 결합 물질이다.
③ 염화 칼슘은 제설제로 사용되는 이온 결합 물질이다.
④ 질산 칼륨은 이온 식품 첨가물로 이용되는 이온 결합 물질이다.   정답 ①

필수 개념 정리 문제

정답 및 해설 별책 2p

01 다음 원자의 구조 중 (−) 전하를 나타내는 A의 이름은?

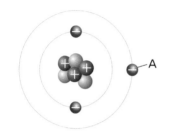

① 원자핵　　　　② 양성자
③ 중성자　　　　④ 전자

02 다음은 무엇에 관한 설명인가?

> • 빛이 분광기를 통과할 때 나타나는 색의 띠를 말한다.
> • 이것을 통해 우주에 존재하는 수소와 헬륨의 질량비를 알 수 있다.

① 우주 배경 복사　　② 스펙트럼
③ 광합성　　　　　　④ 주계열성

03 다음은 질량이 태양 정도인 별의 진화 과정을 나타낸 그림이다. 이 과정 중 별의 중심부에서 탄소까지 생성될 수 있는 단계는?

① 주계열성　　　　② 적색 거성
③ 행성상 성운　　　④ 백색 왜성

04 다음은 우주론 중 어떤 이론에 관한 설명인가?

> • 우주는 팽창하고 있다.
> • 우주는 모든 물질과 에너지가 모인 한 점에서 대폭발로 시작되었다.

① 정상 우주론　　② 빅뱅 우주론
③ 정적 우주론　　④ 평행 우주론

05 다음은 물질을 이루는 입자들을 나타낸 것이다.

물질　　원자　　원자핵과 전자　　양성자와 중성자　　쿼크

이 중 더 이상 분해할 수 없는 가장 작은 기본 입자는?

① 원자　　　　② 원자핵
③ 양성자　　　④ 쿼크

06 다음은 지구의 형성 과정을 나타낸 모식도이다. 다음 중 지구 형성 과정에 대한 설명으로 옳지 <u>않은</u> 것은?

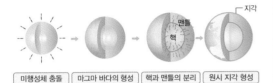

① 미행성체의 충돌로 지구의 크기는 점점 작아진다.

② 미행성체의 충돌열로 지구 온도가 높아져 마그마 바다가 형성되었다.

③ 철과 니켈과 같이 무거운 물질은 지구 중심으로 가라앉아 핵을 형성한다.

④ 원시 지각이 형성되고 빗물이 모여 원시 바다가 형성되었다.

07 다음 표는 주기율표 일부를 나타낸 것이다. 임의의 원소 중 원자가 전자 수가 가장 많은 것은?

주기＼족	1	2	13	14	15	16	17	18
1								A
2	B						C	
3				D				

① A

② B

③ C

④ D

08 다음은 임의의 원자 모형을 나타낸 것이다 이 원자와 같은 주기에 속하는 원소는?

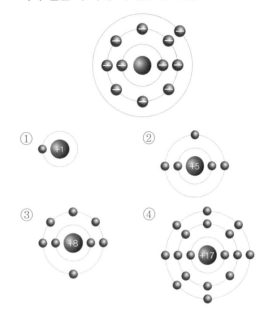

09 다음 설명에 해당하는 원소는?

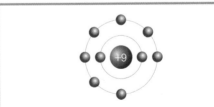

• 주기율표 17족에 속하는 원소이다.

• 비금속 원소이다.

• 자연 상태에서 이원자 분자로 존재하며 물에 녹아 산성을 나타낸다.

① H

② Na

③ Al

④ F

10 다음 중 알칼리 금속에 대한 설명으로 옳지 <u>않은</u> 것은?

① 1족에 속하는 수소(H), 리튬(Li), 나트륨(Na) 등이 해당한다.

② 광택이 있지만 공기와 쉽게 반응하여 광택을 잃는다.

③ 다른 금속에 비해 무르다.

④ 수용액은 염기성이다.

11 그림은 공기의 주성분인 기체의 화학 결합 모형을 나타낸 것이다.

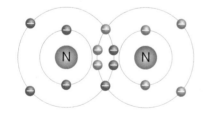

이에 대한 설명으로 옳지 <u>않은</u> 것은?

① 질소 기체로 분자식은 N_2로 나타낼 수 있다.

② 공유 전자쌍은 3쌍이다.

③ 물질의 연소와 생물의 호흡에 이용된다.

④ 2원자 분자이다.

12 다음 설명에 해당하는 화학 결합으로 이루어진 물질은?

- 원자가 전자를 얻거나 잃어 이온이 형성되 며 화학 결합이 일어난다.
- 양이온과 음이온 사이에 정전기적 인력이 작용한다.
- 이온 결정 형태를 이룬다.

① 염화 나트륨(NaCl)

② 산소(O_2)

③ 염화 수소(HCl)

④ 물(H_2O)

13 그림은 물(H_2O)의 전자 배치를 나타낸 것이다. 비공유 전자쌍의 개수는?

① 1개   ② 2개

③ 3개   ④ 4개

14 다음 표는 주기율표상 임의의 원소들을 표시한 것이다. 비활성 기체와 같이 안정한 전자 배치를 갖기 위해 전자를 얻고 음이온이 되기 쉬운 것은?

주기 \ 족	1	2	13	14	15	16	17	18
1								
2	A					C		
3			B					
4		D						

① A   ② B

③ C   ④ D

15 그림은 질량이 태양보다 10배 이상인 별의 내부에서 생성되는 원소의 모습을 나타낸 것이다. 이 과정에서 형성되지 <u>않는</u> 원소는?

① 헬륨(He)　　　② 탄소(C)
③ 규소(Si)　　　④ 금(Au)

16 다음은 네온 원자의 원자핵의 전하량을 나타낸 것이다. 네온 원자의 전자의 개수는 몇 개인가?

① 9개　　　　　　② 10개
③ 11개　　　　　④ 12개

17 다음은 태양계 형성 과정을 순서없이 나타낸 것이다.

(가) 성운의　　(나) 원시태양과　(다) 원시 행성　(라) 성운 회전에
　중력 수축　　　미행성 형성　　　형성　　　　의한 원반 형성

가장 마지막 단계에 해당하는 것은?

① (가)　　　　　　② (나)
③ (다)　　　　　　④ (라)

18 다음 중 별의 진화 과정에서 형성되는 가장 가벼운 원소는?

① 헬륨　　　　　　② 탄소
③ 규소　　　　　　④ 철

19 다음은 질량이 태양의 10배 이상인 별의 진화 과정을 나타낸 것이다.

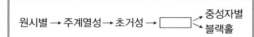

빈칸에 들어갈 단계로 옳은 것은?

① 적색 거성　　　② 초신성 폭발
③ 행성상 성운　　④ 백색 왜성

20 주계열성은 별의 진화 단계에서 가장 긴 시기로 별의 중심에서 핵융합 반응이 일어나면서 빛을 낸다. 주계열성에서 일어나는 핵융합 반응은?

① 수소 핵융합 반응
② 헬륨 핵융합 반응
③ 탄소 핵융합 반응
④ 규소 핵융합 반응

21 빅뱅(대폭발) 우주론이 일어난 후 현재의 우주가 형성되면서 값이 증가한 물리량은 무엇인가?

① 밀도　　　　　　② 온도
③ 부피　　　　　　④ 질량

22 다음은 빅뱅(대폭발) 우주론의 증거이다. 빈칸에 알맞은 말은?

> • 우주 배경 복사의 발견
> • (   ) : 헬륨의 질량비 = 3 : 1

① 나트륨　　　　② 수소
③ 탄소　　　　　④ 산소

23 다음 중 원소에 대한 설명으로 옳지 <u>않은</u> 것은?

① 물질을 이루는 기본 성분을 말한다.
② 원소는 종류마다 성질이 다르다.
③ 원소는 분해될 수 있다.
④ 원소의 종류보다 물질의 종류가 더 많다.

24 다음은 현대의 주기율표에 대한 설명이다. 옳지 <u>않은</u> 것은?

① 화학적 성질이 비슷한 원소가 같은 세로줄에 있다.
② 같은 족의 원자는 대체로 성질이 비슷하다.
③ 1~7주기가 있다.
④ 원자의 질량 순서로 배열하였다.

25 다음 설명의 특징을 갖는 원소를 골라라.

> • 주기율표의 오른쪽 부분에 위치한다.
> • 금속과 달리 광택이 없다.
> • 열과 전기가 잘 통하지 않는다.
> • 전자를 얻어 음이온이 되기 쉽다.

① 산소(O)　　　　② 칼슘(Ca)
③ 구리(Cu)　　　　④ 나트륨(Na)

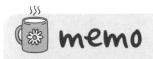

EBS  교육방송교재

고졸 검정고시 **과학**

PART 2

자연의 구성 물질

이 단원에서는 지구의 지각과 생명체의 구성 물질에 대해 알아본다. 특히 탄소 화합물의 구조와 다양한 탄소 화합물에 대해 살펴본다. 나아가 생명체를 구성하는 물질의 다양성을 이해하고, 다양한 신소재에 대해 배운다.

01 지각과 생명체의 구성 물질

- 지각과 생명체를 구성하는 원소를 비교할 수 있다.
- 규산염 광물과 탄소 화합물의 의미를 안다.

1 지각과 생명체의 구성 물질

1. 지각과 생명체의 물질 비교

(1) 지각의 구성 원소 및 물질

> 지각 ⊃ 암석 ⊃ 광물 ⊃ 원소

① 원소 : 산소＞규소＞알루미늄＞철＞칼슘＞나트륨＞칼륨＞마그네슘
② 지각을 이루는 암석은 다양한 광물로 이루어져 있다.
③ 암석을 이루는 광물의 대부분이 규소와 산소를 주성분으로 하는 규산염 광물이다.

> **조암 광물**
> 암석은 광물로 이루어져 있는데 암석을 이루는 주요 광물을 조암 광물이라고 하며 장석과 석영의 비율이 가장 높다. 장석과 석영은 규소와 산소가 주성분인 규산염 광물이다.

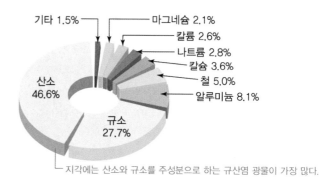

지각에는 산소와 규소를 주성분으로 하는 규산염 광물이 가장 많다.

▲ 지각을 구성하는 원소의 비율

(2) 생명체의 구성 원소 및 물질

① 물과 무기물을 제외하면 주로 탄수화물, 단백질, 지질, 핵산 등의 유기물로 구성된다.
② 유기물은 탄소를 기본 골격으로 하는 탄소 화합물이다.
③ 사람의 몸은 탄소와 산소의 비율이 높다.

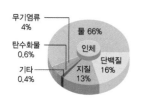

▲ 사람의 몸을 구성하는 영양소의 비율

▲ 사람을 구성하는 원소의 비율

(3) 지각과 생명체를 구성하는 원소

① 지각과 생명체에 공통으로 산소가 많다.

② 산소는 탄소, 규소 등 다른 원소와 쉽게 결합하여 다른 물질을 만들기 때문이다.

⊙ 우주, 지구, 지각, 생물의 구성 원소

우주	수소>헬륨 등
지구	철>산소>규소 등
지각	산소>규소 등
생명체	산소>탄소 등

2 지각과 생물을 구성하는 물질의 규칙성

1. 지각을 이루는 물질의 규칙성

(1) 규산염 광물

① 규소와 산소로 이루어진 규산염 사면체를 기본 골격으로 이루어진 광물을 말한다.

② 규소는 주기율표의 14족 원소로 원자가 전자의 수가 4개이다. 따라서 최대 4개의 원자와 결합이 가능하다.

③ **규산염 사면체** : 규소 1개를 중심으로 산소 4개가 공유 결합한 사면체로 음전하를 띤다.

▲ 규소 원자의 전자 배치

▲ 규산염 사면체의 구조

(2) 규산염 광물의 규칙성

① 음전하를 띠는 규산염 사면체가 양이온과 결합하거나 다른 규
산염 사면체와 산소를 공유하여 결합한다.

② 규산염 광물은 결합 방식에 따라 독립형 구조, 단사슬 구조, 복
사슬 구조, 판상 구조, 망상 구조로 구분할 수 있다.

구분	결정 구조	결합 방식
독립형 구조		규산염 사면체 하나가 독립적으로 철이나 마그네슘 등의 양이온과 결합한다. 예 감람석
단사슬 구조		규산염 사면체가 2개의 산소를 공유하여 단일 사슬 모양으로 결합한다. 예 휘석
복사슬 구조		단사슬 2개가 연결된 이중 사슬 모양으로 결합한다. 예 각섬석
판상 구조		규산염 사면체가 3개의 산소를 공유하여 얇은 판모양으로 결합한다. 예 흑운모
망상 구조		규산염 사면체가 산소 4개를 모두 공유하여 결합한다. 예 석영, 장석

🔍 **기출문제 미리보기**

그림은 지각을 구성하는 규산염 광물의 기본 구조(SiO_4)를 나타낸 것이다. ㉠에 해당하는 원소는?

① Mg
② Si
③ Ca
④ Fe

해설

규산염 광물은 규소와 산소로 이루어진 규산염 사면체를 기본 골격으로 이루어진 광물이다. 규산염 사면체는 규소 1개를 중심으로 4개의 산소가 공유 결합하고 음전하를 띤다.

정답 ②

2. 생물을 이루는 물질의 규칙성

(1) 탄소 화합물

① 탄소를 기본 골격으로 한 화합물을 탄소 화합물이라고 한다.
② 탄소는 주기율표 14족 원소로 원자가 전자의 수가 4개이므로, 탄소 원자 1개가 최대 4개의 다른 원자와 공유 결합을 할 수 있다.

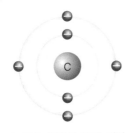

▲ 탄소 원자의 전자 배치

▲ 메테인(CH_4)의 구조

(2) 탄소 화합물의 결합 규칙성

① 탄소와 탄소 원자 사이에 단일 결합, 2중 결합, 3중 결합이 가능하다.
② 탄소는 다른 탄소와 결합하여 사슬 모양, 고리 모양, 가지 모양 등을 만들 수 있다.
③ 탄소는 다양한 종류의 원자와 결합할 수 있다.
④ 탄소는 다양한 화합물을 만들 수 있다.

❯ 탄소 화합물의 다양성
메테인 분자의 수소 원자가 염소 원자로 바뀌면 다른 화합물이 된다.

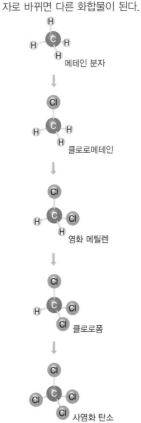

메테인 분자
클로로메테인
염화 메틸렌
클로로폼
사염화 탄소

사슬 모양   탄소 원자   2중 결합

가지 모양   고리 모양   3중 결합

🔍 **기출문제 미리보기**

생명체를 구성하는 물질 중 지질, 단백질, 핵산은 탄소 화합물이다. 이 탄소 화합물들을 이루는 기본 골격의 중심 원소는?

① 산소   ② 수소

③ 질소   ④ 탄소

해설
탄소로 이루어진 기본 골격에 수소, 산소, 질소, 황, 인 등 여러 원소가 공유 결합하여 이루어진 고분자 물질로 생명체를 구성하고, 에너지원으로 사용되므로 생명 활동을 하는 데 중요하다. 탄소 화합물의 예로 탄수화물, 단백질, 지질, 핵산 등이 있다.

정답 ④

🔍 **기출문제 미리보기**

그림은 탄소의 원자 모형을 나타낸 것이다. 이에 대한 설명으로 옳은 것만을 〈보기〉에서 모두 고른 것은?

보 기

ㄱ. 전기적으로 중성이다.

ㄴ. 원자 번호는 6번이다.

ㄷ. 원자가 전자는 5개이다.

① ㄱ   ② ㄷ

③ ㄱ, ㄴ   ④ ㄴ, ㄷ

해설
탄소는 원자핵의 전하량이 +6으로 원자번호 6번, 14족 원소이다. 14족에 해당하므로 원자가 전자의 수는 4개이며, 원자핵의 (+)전하량과 전자의 총 (−)전하량이 같으므로 중성 상태이다.

정답 ③

생명체 구성 물질의 다양성

- 생명체를 구성하는 여러 가지 탄소 화합물을 살펴본다.
- 단백질과 핵산의 단위체 및 특징을 이해할 수 있다.

1 생명체의 구성 물질

1. 탄소 화합물

(1) 탄수화물
① 탄소(C), 수소(H), 산소(O)로 이루어졌다.
② 주된 에너지원으로 몸을 구성하는 비율이 적다.
③ 녹말, 포도당, 셀룰로스 등이 해당한다.

(2) 단백질
① 탄소(C), 수소(H), 산소(O), 질소(N)로 이루어졌다.
② 근육이나 세포 등 몸의 구성 성분이고, 에너지원이다.
③ 효소, 호르몬의 성분으로 생리 작용 조절, 방어 작용 등에 관여
한다.

(3) 지질
① 탄소(C), 수소(H), 산소(O)로 이루어졌다.
② 중성 지방, 인지질, 스테로이드 등이 해당한다.
③ 인지질은 단백질과 함께 세포막의 성분이다.

(4) 핵산
① 탄소(C), 수소(H), 산소(O), 인(P), 질소(N)로 이루어졌다.
② DNA와 RNA가 있다.

2. 비탄소 화합물

(1) 물
① 생물체의 구성 물질 중 가장 많다.
② 체온 유지, 물질 운반에 관여한다.

(2) 무기염류
① 생리 작용을 조절한다.
② 칼슘, 나트륨, 철 등이 해당한다.

○ 녹말의 구조

포도당

포도당이 반복적으로 모여 이루
어진 고분자 물질이다.

3. 단위체

(1) 단위체

　고분자 화합물을 구성하는 기본 단위 물질

(2) 여러 가지 물질의 단위체

　① 탄수화물(녹말, 글리코젠, 셀룰로스) : 포도당
　② 단백질 : 아미노산
　③ 핵산 : 뉴클레오타이드

2 단백질과 핵산

1. 단백질

(1) 아미노산과 펩타이드 결합

　① 아미노산 : 단백질을 구성하는 단위체이다.
　② 약 20종류가 있다.

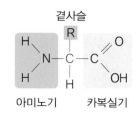

곁사슬

아미노기　　카복실기

　③ 펩타이드 결합 : 아미노산과 아미노산 사이에서 물이 빠져나오
　　면서 일어나는 결합을 말한다.
　④ 수많은 아미노산이 펩타이드 결합에 의해 연결되어 긴 사슬 모
　　양의 폴리펩타이드가 형성된다.

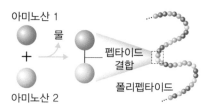

아미노산 1　　물　　펩타이드 결합

+　　폴리펩타이드

아미노산 2

(2) 단백질의 형성

　① 아미노산은 펩타이드 결합을 통해 폴리펩타이드를 형성하고,
　　폴리펩타이드가 입체 구조를 형성하며 단백질이 만들어진다.

② 단백질의 변성 : 열, 산, 염기를 가하면 입체 구조가 변형되어
　단백질 고유의 기능을 잃을 수 있다.

(3) 단백질의 기능

① 에너지원으로 사용될 수 있다.
② 근육, 세포막 등 몸의 주요 구성 물질이다.
③ 효소와 호르몬의 성분으로 체내의 화학 작용을 조절한다.
④ 항체의 성분으로 몸의 방어작용에 관여한다.

2. 핵산

유전 정보를 저장하고 전달하는 물질로 DNA와 RNA가 있다.

(1) 뉴클레오타이드

① 핵산(DNA, RNA)의 단위체이다.
② 인산 : 당 : 염기 = 1 : 1 : 1로 결합되어 있다.

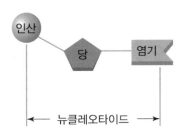

(2) 폴리뉴클레오타이드

한 뉴클레오타이드의 당이 다른 뉴클레오타이드의 인산과 결합되
어 만들어진 사슬 형태를 말한다.

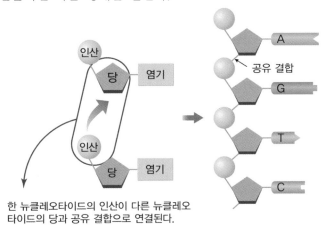

한 뉴클레오타이드의 인산이 다른 뉴클레오
타이드의 당과 공유 결합으로 연결된다.

> 📖 **알/고/가/기**
>
> **항체**
> 병원체를 제거하기 위해 만들어지는 것으로 단백질로 이루어졌다.

> ● **DNA의 유전 정보 저장**
> 4종류의 뉴클레오타이드가 다양한 순서로 결합하며 염기 서열이 다양한 DNA가 만들어진다. 다양한 염기 서열에 따라 서로 다른 유전 정보를 나타낼 수 있다.

(3) 핵산의 종류

구분	DNA	RNA
단위체	뉴클레오타이드	뉴클레오타이드
당	디옥시리보스	리보스
염기	A(아데닌), G(구아닌) T(타이민), C(사이토신)	A(아데닌), G(구아닌) U(유라실), C(사이토신)
상보 결합	A(아데닌)은 T(타이민)과 결합 G(구아닌)은 C(사이토신)과 결합	A(아데닌)은 U(유라실)과 상보적 관계 G(구아닌)은 C(사이토신)과 상보적 관계
기능	유전 정보 저장	유전 정보 전달, 단백질 합성에 관여
구조	뉴클레오타이드 → ← 뉴클레오타이드 A T C G G C G C A T T A A T G C A T 타이민(T) 아데닌(A) 사이토신(C) 구아닌(G) 두 가닥의 폴리뉴클레오타이드 사슬이 꼬인 이중 나선 구조	A C G A C U U C A C G 유라실(U) 아데닌(A) 사이토신(C) 구아닌(G) 한 가닥의 폴리뉴클레오타이드

📖 알/고/가/기
상보 결합
항상 정해진 염기와 짝을 이루어 결합하는 것을 말한다.

🔍 기출문제 미리보기

그림은 DNA의 염기 서열 중 일부를 나타낸 것이다. ㉠에 해당하는 염기는? (단, 돌연변이는 없다.)

① A
② C
③ G
④ T

해설

DNA의 염기는 A(아데닌), G(구아닌), T(타이민), C(사이토신) 4가지가 있으며 A(아데닌)은 T(타이민)과 G(구아닌)은 C(사이토신)과 상보적 결합을 한다.
㉠은 T(타이민)과 상보적 결합을 하는 염기가 된다.
정답 ①

🔍 기출문제 미리보기

다음 설명에 해당하는 물질은?

• 단위체는 아미노산이다.
• 탈수 축합 중합 반응으로 만들어진다.

① 녹말
② DNA
③ 단백질
④ 암모니아

해설

아미노산은 단백질의 단위체로 아미노산의 펩타이드 결합을 통해 폴리펩타이드가 형성되며 입체 구조를 형성하면서 단백질이 형성된다. 펩타이드 결합은 두 아미노산이 결합하여 물이 빠져나오는 방식으로 결합하며 이를 탈수 축합 중합 반응이라고 한다.
정답 ③

신소재

• 신소재의 종류를 이해하고 각 신소재의 특성을 파악할 수 있다.

1 인류 문명과 신소재

1. 신소재와 인류 문명

인류 문명은 석기 시대, 청동기 시대, 철기 시대와 같이 인류가 사용한 소재로 구분해볼 수 있다.

2. 신소재

① 신소재란 기존에 사용하지 않았던 새로운 물질이나 기존 소재에 새로운 기술이나 물질을 첨가하여 만들어낸 물질을 말한다.
② 물질의 강도, 자기적 성질, 전기적 성질을 변화시켜 사용한다.

2 신소재

1. 전기적 성질을 이용한 신소재

(1) 전기적 성질에 따른 물질의 분류

도체	절연체	반도체
전기 저항이 작아 전류가 잘 흐르는 물질이다.	전기 저항이 커 전류가 잘 흐르지 않는 물질이다.	온도나 압력 등 조건에 따라 전기 저항이 변하는 물질이다.
구리, 알루미늄	고무, 나무, 유리	규소, 저마늄

(2) 액정
① 가늘고 긴 분자가 나란히 있는 고체와 액체의 중간 물질을 말한다.
② 전압을 걸어주면 액정 분자의 배열이 변하는 성질을 이용하여 액정 디스플레이(LCD)를 만든다.

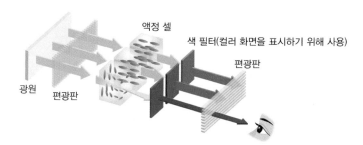

▶ 액정에 전압이 걸리지 않으면 빛이 통과하고 전압이 걸리면 빛이 차단된다.

(3) 반도체

① 온도와 압력에 따라 전기 저항을 변화시킬 수 있다.

② 순수 반도체인 규소와 저마늄은 전류가 잘 흐르지 않는데 여기에 불순물을 첨가하여 전류가 잘 흐르게 한다. 이를 불순물 반도체라고 한다.

③ 반도체의 이용 : 다이오드, 트랜지스터, 발광 다이오드, 태양 전지 등

다이오드	전류가 한 방향으로 흐르게 해준다.
트랜지스터	약한 신호를 강하게 하는 증폭 작용을 할 수 있다.
발광 다이오드 (LED)	전류가 흐를 때 빛을 방출한다.
유기 발광 다이오드 (OLED)	전류가 흐를 때 빛을 내는 유기물의 얇은 필름으로 만든 다이오드로 휘어지는 디스플레이 등을 만들 수 있다.
태양 전지	빛에너지를 전기 에너지로 바꾸어준다.

2. 물질의 자기적 성질을 이용한 신소재

(1) 초전도체

① 특정 온도 이하에서 초전도 현상이 나타나는 물질이다.

② 초전도 현상 : 특정 온도 이하에서 물질의 저항이 0이 되는 현상이다.

③ 임계 온도 : 초전도 현상이 나타나는 온도를 말한다.

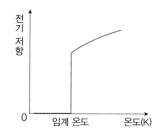

❍ 절대 온도(K)

입자 운동이 멈추었을 때의 온도를 0K로 나타내고 섭씨 온도와 같은 눈금 간격으로 나타낸 온도

절대 온도(K)
= 섭씨 온도($^\circ$C) + 273

④ 임계 온도 이하에서 전기 저항이 0이기 때문에 전기 저항에 의한 열이 발생하지 않아 전력 손실이 없다.
    → 이용 : 전력 손실이 없는 송전선
⑤ 센 전류에 의한 강한 자기장을 만들 수 있다.
    → 이용 : 자기 공명 영상 장치(MRI)
⑥ 마이스너 효과 : 초전도체가 외부 자기장을 밀어내는 효과를 말한다.

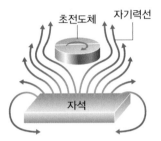

    → 이용 : 자기 부상 열차

(2) 네오디뮴 자석
① 철 원자 사이에 네오디뮴과 붕소를 첨가하여 만든 강한 자석이다.
② 부피가 작거나 질량이 작고 강한 자기장이 필요할 때 사용한다.

3. 나노 기술을 이용한 신소재

(1) 그래핀

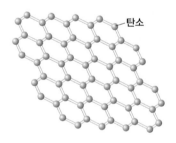

① 탄소 원자가 육각형 형태로 배열된 평면적인 구조를 이룬 물질을 말한다.
② 열을 잘 전달하고 전기 전도성이 좋다.
③ 두께가 매우 얇아 빛을 통과시킬 수 있으므로 투명하고 유연성이 있다.
④ 휘어지는 디스플레이, 야간 투시용 콘텍트 렌즈 등에 이용한다.

📖 알/고/가/기
자기 부상 열차
자기력을 이용하여 열차를 띄워서 이동하는 열차로 바닥과의 마찰이 없으므로 소음과 진동이 적고 빠르게 이동할 수 있다.

❱ **나노 미터**
$1nm = 10^{-9}m$

❱ **나노 물질**
입자 크기가 1~100nm인 물질로 입자의 크기가 나노 크기로 작아지면 기존의 큰 물질과 다른 새로운 성질이 나타난다.

❱ **풀러렌**
탄소 60개가 축구공처럼 결합한 구조로 내부에 공간이 있다.

(2) 탄소 나노 튜브

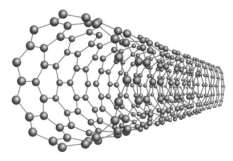

　① 그래핀이 원통 튜브 모양으로 말려있는 구조이다.
　② 열과 전기 전도성이 높다.
　③ 강철보다 강하다.
　④ 나노 핀셋에 이용한다.

4. 자연을 모방한 신소재

생물	특징	이용
도꼬마리 열매	가시 끝의 갈고리 구조로 옷이나 털에 붙으면 잘 떨어지지 않는다.	벨크로 테이프
상어 비늘	상어 피부의 돌기들이 물의 저항을 줄여주는 특징을 활용한다.	수영복
연잎	연잎 표면에 난 작은 돌기가 물이 스며들지 않게 해준다.	코팅제
거미줄	강도와 신축성이 뛰어나다.	방탄복, 인공힘줄
홍합	물속에서 강한 접착력을 나타낸다.	수술용 접착제

🔍 **기출문제 미리보기**

다음에서 설명하는 초전도체의 특성을 이용한 것은?

- 임계 온도 이하에서 저항이 0이다.
- 초전도 상태에서 자석을 뜨게 할 수 있다.

① 자전거   ② 텔레비전
③ 신용카드   ④ 자기 부상 열차

해설
초전도체는 임계 온도 이하에서 외부 자기장을 밀어내는 특성(마이스너 효과)을 가지고 있으므로 이를 이용하여 자기 부상 열차를 만들 수 있다. 자기 부상 열차는 초전도 현상을 이용해 열차를 띄우는 열차로 바닥과의 마찰이 없으므로 소음과 진동이 적고 빠르게 이동할 수 있다.   정답 ④

🔍 **기출문제 미리보기**

다음 설명에 해당하는 신소재는?

- 탄소 원자가 육각형 벌집 모양의 구조를 이루고 있다.
- 휘어지는 투명한 디스플레이의 소재로 사용되고 있다.

① 그래핀   ② 초전도체
③ 네오디뮴 자석   ④ 형상 기억 합금

해설
그래핀은 탄소 원자가 육각형 벌집 모양의 구조를 이룬 것으로 열과 전기 전도성이 크고 강철보다 강한 특징을 가지고 있다. 또한 투명하면서 유연성이 있어 휘어지는 디스플레이나 의복형 컴퓨터, 야간 투시용 콘텍트 렌즈 등에 사용할 수 있다.   정답 ①

01 다음은 지구와 우주를 구성하는 원소들의 분포를 나타낸 것이다. 태양보다 무거운 별의 내부에서 만들어질 수 있는 가장 안정된 원소이자 지구 핵을 구성하는 A는?

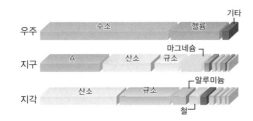

① 철(Fe)   ② 칼슘(Ca)

③ 탄소(C)   ④ 헬륨(He)

02 다음 원소에 대한 설명 중 옳지 <u>않은</u> 것은?

① 원소의 이름은 규소이다.

② 14족에 해당하는 원소이다.

③ 2주기에 해당한다.

④ 산소와 공유 결합할 수 있다.

03 다음은 규산염 사면체의 모습이다. [보기]에서 이에 대한 설명으로 옳은 것을 <u>모두</u> 고른 것은?

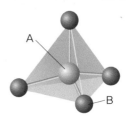

┤ 보기 ├
ㄱ. A는 탄소이다.
ㄴ. B는 산소이다.
ㄷ. A와 B는 전자를 공유하는 결합을 한다.

① ㄱ   ② ㄴ, ㄷ

③ ㄱ, ㄴ   ④ ㄱ, ㄴ, ㄷ

04 규산염 광물은 규산염 사면체를 기본 골격으로 다양한 결합 구조를 갖는다.

그림과 같은 구조 형태를 무엇이라고 하는가?

① 단사슬 구조   ② 복사슬 구조

③ 판상 구조   ④ 망상 구조

05 그림은 생명체의 구성 원소를 나타낸 것이다.

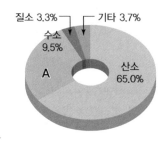

탄소 화합물의 기본이 되는 원소 A는 무엇인가?

① 철(Fe)　　　　② 칼슘(Ca)
③ 탄소(C)　　　　④ 규소(Si)

06 그림에서 나타내는 원소에 대한 설명으로 옳은 것은?

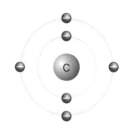

① 원자 번호는 4번이다.
② 최대 6개의 공유 결합을 할 수 있다.
③ 공유 결합을 통해 단일 결합만 가능하다.
④ 탄소 화합물에 필수적인 원소이다.

07 다음에서 설명하는 물질의 단위체는?

- 에너지원으로 사용된다.
- 근육, 효소 등 몸을 구성하는 성분이 된다.
- 호르몬의 주성분으로 몸의 기능을 조절한다.

① 뉴클레오타이드　　② 포도당
③ 물　　　　　　　　④ 아미노산

08 다음 설명에 해당하는 물질은?

- 탄소 화합물이다.
- 단위체는 뉴클레오타이드이다.
- 유전 정보를 저장할 수 있다.

① 탄수화물　　　　② 물
③ 무기염류　　　　④ 핵산

09 그림은 RNA의 단위체 뉴클레오타이드의 모습이다. RNA 염기로 해당하지 <u>않는</u> 것은?

① A(아데닌)　　　　② G(구아닌)
③ T(타이민)　　　　④ C(사이토신)

10 지질에 대한 설명으로 옳지 <u>않은</u> 것은?

① 세포막의 성분이 된다.
② 에너지원으로 사용된다.
③ 몸의 구성비율이 가장 높다.
④ 중성 지방, 인지질이 해당한다.

11 다음은 생명체를 구성하는 물질의 형성 과정의 일부를 나타낸 것이다.

펩타이드 결합

이 물질에 대한 설명으로 옳지 <u>않은</u> 것은?

① 단위체는 포도당이다.
② 몸을 구성하는 물질이다.
③ 에너지를 낼 수 있다.
④ 효소, 호르몬을 구성하는 물질이다.

12 그림은 생명체를 구성하는 물질을 나타낸 것이다. 이에 대한 설명으로 옳은 것은?

① A와 G는 상보적 결합을 한다.
② 유전 정보를 저장하는 역할을 한다.
③ 단일 사슬의 폴리뉴클레오타이드로 이루어져 있다.
④ 구성 염기는 A, G, C, U이 있다.

13 다음은 단백질의 단위체인 아미노산의 구조를 나타낸 것이다.

곁사슬

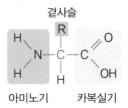

아미노기   카복실기

아미노산의 펩타이드 결합에 의해 형성된 물질이 <u>아닌</u> 것은?

① 호르몬   ② 효소
③ 근육   ④ 핵산

14 그림은 DNA의 일부를 나타낸 그림이다. 이 DNA의 이중 나선을 구성하는 염기 중 G이 차지하는 비율이 20%일 때 C이 차지하는 비율은? (단, 돌연변이는 없다.)

① 20%   ② 40%
③ 60%   ④ 80%

15 다음은 DNA에 대한 설명이다. ( ) 안에 들어갈 알맞은 말은?

> DNA는 유전 정보를 저장하는 역할을 한다. DNA의 ( ) 서열에 따라 저장되는 정보가 다르다. DNA의 ( )는 4종류가 있고 이들은 상보적 결합을 한다.

① 뉴클레오타이드   ② 인산
③ 당   ④ 염기

16 자기 공명 영상 장치(MRI), 자기 부상 열차, 전력 손실이 없는 송전선은 초전도 현상을 나타내는 물질을 이용한 것이다. 이같이 초전도 현상을 나타내는 물질을 무엇이라고 하는가?

① 액정   ② 반도체
③ 초전도체   ④ LED

17 다음은 탄소로 이루어진 신소재에 대한 설명이다. 이 신소재로 옳은 것은?

> 나노 기술을 이용한 신소재로 흑연에서 한 층을 분리해 낸 탄소 원자들이 육각형 형태로 배열된 평면 구조 물질이다. 열을 잘 전달하고 전기 전도성이 좋다.

① 탄소 나노 튜브
② 그래핀
③ 풀러렌
④ 네오디뮴 자석

18 그림은 (가) 물방울이 잎의 표면에서 흘러내리는 연잎과 (나) 강한 파도에서도 떨어지지 않는 홍합의 모습이다.

       (가)   (나)

이처럼 생명체의 행동이나 구조, 특성을 모방하여 신소재를 만드는 것을 무엇이라고 하는가?

① 생체 모방   ② 지구 온난화
③ 전사   ④ 핵융합

19 다음 설명에 해당하는 것으로 사용 가능한 원소는?

> • 온도나 압력 등 조건에 따라 전기 저항이 변하는 물질이다.
> • 도체와 부도체의 중간 정도인 전기 성질을 갖는다.

① 구리   ② 규소
③ 유리   ④ 고무

20 초전도체는 특정 온도 이하에서 전기 저항이 0이 된다. 이처럼 초전도체에서 전기 저항이 0이 되는 온도를 무엇이라고 하는가?

① 절대 온도   ② 섭씨 온도
③ 화씨 온도   ④ 임계 온도

21 다음 설명에 해당하는 물질을 이루는 공통 원소는?

> • 탄소 화합물의 중심 원소이다.
> • 풀러렌을 이루는 원소로 풀러렌의 분자식은 C_{60}이다.
> • 탄수화물, 지질, 단백질, 핵산 모두 이 원소를 가지고 있다.

① O   ② C
③ N   ④ H

22 다음에 제시된 물질의 공통점으로 옳은 것은?

> 액정, 반도체, 초전도체, 그래핀

① 특정 온도에서 전기 저항이 0이 된다.
② 전기가 흐르지 않는다.
③ 신소재이다.
④ 크기가 매우 크다.

23 RNA에 대한 설명으로 옳지 <u>않은</u> 것은?

① U(유라실) 염기가 있다.
② 이중 나선 구조이다.
③ 유전 정보를 전달한다.
④ 핵산이라고 한다.

24 다음 중 탄소 화합물로 만들 수 <u>없는</u> 구조는?

① 사슬 모양   ② 2중 결합

③ 고리 모양   ④ 4중 결합

25 다음 중 생체 모방 기술 사례가 바르게 연결되지 <u>않은</u> 것은?

① 전신 수영복 – 상어 비늘이 물의 저항을 줄여주는 성질을 이용하였다.
② 게코 테이프 – 도꼬마리 열매의 가시 끝에 있는 갈고리가 동물의 털에 걸리면 잘 떨어지지 않는 성질을 이용하였다.
③ 방탄복 – 강도와 신축성이 뛰어난 거미줄의 특징을 이용하였다.
④ 수중 접착제 – 홍합이 물이 많은 바위에 접착하여 잘 떨어지지 않는 단백질 성분을 활용하였다.

제 2 편

시스템과 상호작용

고졸 검정고시 **과학**

역학적 시스템

이 단원에서는 역학적 시스템이란 무엇인지, 역학적 시스템에서 작용하는 중력에 대해 알아본다. 또 자유 낙하 운동과 수평 방향으로 던진 물체의 운동에 대해 살펴본다. 마지막으로 충돌과 관련된 과학적 원리에 대해 배운다.

01 역학적 시스템과 중력

• 중력의 특징을 알고 중력이 지구 시스템에 미치는 영향을 확인할 수 있다.
• 자유 낙하 운동과 수평 방향으로 던진 물체를 비교한다.

1 역학적 시스템과 중력

1. 역학적 시스템과 힘

(1) 시스템(system)

① 시스템이란 여러 구성 요소들이 일정 규칙에 따라 상호 작용하면서 균형을 유지하는 집합을 말한다.

② 역학적 시스템, 지구 시스템, 생명 시스템 등이 있다.

(2) 역학적 시스템과 여러 가지 힘

① 여러 가지 힘이 물체들 사이에서 상호 작용하면서 일정한 운동 체계를 유지하고 있는 것을 말한다.

② 힘의 종류

중력	지구 중심 방향으로 지구가 물체를 당기는 힘
탄성력	변형된 물체가 원래 모양으로 되돌아가려는 힘
마찰력	물체의 접촉면에서 물체의 운동을 방해하는 힘
전기력	전기를 띤 물체 사이에서 작용하는 힘
자기력	자석과 자석, 자석과 쇠붙이 사이에서 작용하는 힘

2. 중력

(1) 중력

① 지구와 물체 사이에 상호 작용하는 힘으로, 질량을 가진 모든 물체 사이에 상호 작용하는 힘이다.

② 두 물체의 질량이 클수록, 두 물체 사이의 거리가 가까울수록 크다.

③ 두 물체에 작용하는 중력은 서로 크기가 같고 방향이 반대이다.

◈ 힘
• 물체의 운동 상태나 모양을 변화시키는 원인이다.
• 한 물체가 다른 물체에 힘을 작용하면 힘을 받은 물체도 힘을 가한 물체에 크기가 같고 방향은 반대로 힘을 작용한다.

◈ 힘의 단위 : N(뉴턴)

📖 알/고/가/기

인력
서로 잡아당기는 힘

척력
서로 밀어내는 힘

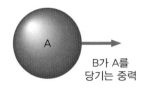

B가 A를
당기는 중력

A가 B를
당기는 중력

(2) 중력의 특징

① 지구에서 물체에 작용하는 중력의 방향은 지구 중심 방향(연직 방향)이다.

② 천체에 따라 중력의 크기가 다르다(달에서 물체에 작용하는 중력의 크기는 지구 중력의 $\frac{1}{6}$ 정도가 된다).

③ 물체에 작용하는 중력의 크기는 무게이다.

무게(N) = 질량 × 9.8

3. 중력과 지구 시스템

(1) 중력과 지구 시스템

① 수소, 헬륨에 비해 상대적으로 무거운 산소, 질소와 같은 기체는 지구 중력에 붙잡혀 대기를 구성한다.

② 중력은 지구 중심에서 멀어질수록 약해지므로 높은 곳으로 올라갈수록 공기가 적어진다.

③ 달과 지구 사이에 작용하는 중력은 밀물과 썰물을 일으킨다.

④ 물질의 밀도 차이에 따른 중력 차이로 대류 현상이 나타난다.

⑤ 대류 현상으로 여러 기상 현상이 나타날 수 있다.

⑥ 중력에 의해 흐르는 물이나 빙하로 지표의 변화가 생긴다.

(2) 중력과 생명 시스템

① 목이 매우 긴 기린은 중력의 영향으로 머리 끝까지 혈액이 순환하기 어려우므로 심장이 크고 혈압이 높다.

② 코끼리와 같이 육상에서 살아가는 무거운 동물들은 다리로 몸을 지탱하기 위해 근육과 골격이 발달한다.

③ 식물의 뿌리는 중력을 받아 땅속으로 뻗어 몸을 지탱한다.

④ 귀의 전정 기관은 중력 자극을 받아 몸의 평형을 유지할 수 있다.

❯ **무게와 질량**
질량은 물질의 양으로 단위는 kg을 사용하고, 무게는 물체에 작용하는 중력의 크기로 단위는 N을 사용한다. 무게는 질량에 비례한다.

❯ **대류 현상**
온도가 높은 액체나 기체는 부피가 커지면서 상대적 밀도가 작아져 위로 올라가고 온도가 낮은 액체나 기체는 부피가 작아지면서 상대적 밀도가 커져 아래쪽으로 이동한다.

❯ **달의 대기**
달은 지구에 비해 중력이 매우 작으므로 기체가 우주로 날아가 대기가 존재하지 않는다.

2 중력에 의한 운동

1. 자유 낙하 운동

(1) 자유 낙하 운동

① 공기의 저항을 무시할 때 물체가 중력만 받아 낙하하는 운동이다.

② 연직 방향으로 직선 운동을 한다.

③ 운동 방향으로 지구 중력이 계속 작용한다.

④ 속력이 질량에 상관없이 1초마다 9.8m/s씩 증가한다.

○ 가속도
물체의 단위 시간당 속도 변화량

(2) 중력 가속도

① 중력에 의해 운동하는 물체의 단위 시간당 속력 변화량을 말한다.

② 질량에 관계없이 1초마다 9.8m/s씩 증가하므로 중력 가속도는 $9.8m/s^2$이다.

✏️ **친절한 선생님**　　　　　　　　　　　　**깃털과 구슬의 자유 낙하 운동 비교**

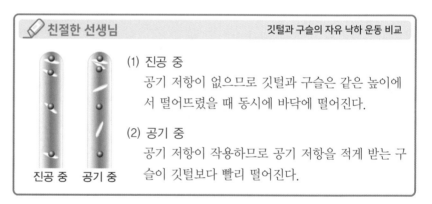

(1) 진공 중
공기 저항이 없으므로 깃털과 구슬은 같은 높이에서 떨어뜨렸을 때 동시에 바닥에 떨어진다.

(2) 공기 중
공기 저항이 작용하므로 공기 저항을 적게 받는 구슬이 깃털보다 빨리 떨어진다.

진공 중　　공기 중

---

2. 수평 방향으로 던진 물체의 운동

○ 연직 방향
물체를 일정 높이에서 실에 매달아 놓았을 때 실이 가리키는 방향을 말하며 지구에서 연직 방향은 지구 중심 방향을 의미한다.

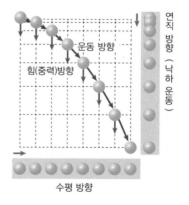

(1) 수평 방향

공기의 저항을 무시할 때 수평 방향으로 힘이 작용하지 않으므로 물체는 등속 직선 운동을 한다.

(2) 수직 방향

공기 저항을 무시할 때 연직 방향으로 지구에 의한 중력만 작용하므로 자유 낙하하는 물체와 같이 등가속도 운동을 한다.

❯ **등속 직선 운동**
물체의 운동 방향과 속력이 변하지 않는 운동이다.

❯ **등가속도 운동**
자유 낙하 운동과 같이 단위 시간당 속도의 변화량이 일정한 운동이다.

3. 자유 낙하 운동과 수평으로 던진 물체 운동의 비교

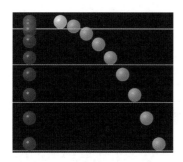

구분	자유 낙하 운동	수평으로 던진 물체의 운동
작용하는 힘	중력	• 수평 방향 : 없다. • 연직 방향 : 중력
물체 운동	연직 방향으로 자유 낙하 운동한다.	• 수평 방향으로 등속 직선 운동한다. • 연직 방향으로 자유 낙하 운동한다.
낙하 시간	모두 수평 방향으로는 힘이 작용하지 않고 연직 방향으로 중력만 작용하므로 지면에 도달하는 시간이 같다.	

✏️ **친절한 선생님**　　　　　　　　　　　　수평 방향으로 던진 세기에 따른 비교

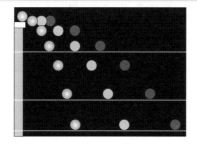

• 수평 방향으로 던진 물체의 속력이 빠를수록 수평 방향으로 이동하는 거리가 길어지므로 더 멀리 날아가서 떨어진다.
• 연직 방향의 속력 변화량은 같으므로 같은 높이에서 떨어뜨린 경우 바닥에 떨어질 때까지 걸린 시간이 같다.

🔍 기출문제 미리보기

다음 중 질량이 있는 물체 사이에서 항상 당기는 방향으로 작용하는 힘은?

① 중력　　　　　　　　② 마찰력
③ 자기력　　　　　　　④ 전기력

해설
- -
중력은 질량이 있는 물체 사이에 상호 작용하는 힘으로 거리에 가까울수록, 질량이 클수록 크다.　　　　　　　　　　　　　　　정답 ①

오답 피하기
- -
② 마찰력은 물체의 운동을 방해하는 힘이다.
③ 자기력은 자석과 자석, 자석과 쇠붙이 사이에서 작용하는 힘을 말한다.
④ 전기력은 전기를 띤 물체 사이에서 작용하는 힘이다.

🔍 기출문제 미리보기

그림은 자유 낙하하는 물체 A의 운동을 1초 간격으로 촬영한 것이다. ㉠ 구간의 거리는? (단, 공기 저항은 무시하고, 중력 가속도는 10m/s²으로 한다.)

① 30m
② 35m
③ 40m
④ 45m

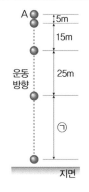

해설
- -
자유 낙하 운동은 등가속도 운동으로 단위 시간 동안 속도 증가량이 일정하다. 중력 가속도가 10m/s²이므로 단위 시간 동안 빠르기는 10m/s씩 증가한다. 빠르기가 10m/s 증가한다는 의미는 1초당 추가로 10m를 더 이동할 수 있다는 뜻이다. 따라서 ㉠ 구간은 25m + 10m = 35m를 1초간 이동한다.　　　　　　　정답 ②

운동과 충돌

- 운동량과 충격량의 개념을 이해하고 계산할 수 있다.
- 충돌에 대한 안전 장치의 원리를 파악할 수 있다.

1 물체의 운동과 관성

1. 물체의 운동

(1) 물체에 힘이 작용하지 않는 운동

물체는 처음 운동 상태를 그대로 유지한다.
⑩ 등속 직선 운동

(2) 물체에 힘이 작용하는 운동

물체의 빠르기나 운동 방향이 바뀐다.
⑩ 자유 낙하 운동, 포물선 운동, 등속 원운동

2. 관성

(1) 관성

① 물체가 원래의 운동 상태를 유지하려고 하는 성질을 말한다.
② 물체의 질량이 클수록 관성이 크다.
③ 정지한 물체의 관성 : 계속 정지하려는 성질을 유지한다.
④ 운동하는 물체의 관성 : 운동하는 물체의 빠르기와 방향을 유지하려고 한다.

(2) 관성에 의한 현상

① 버스가 갑자기 출발하면 승객이 뒤로 넘어진다.
② 갑자기 정지하면 서 있는 승객은 앞으로 쏠린다.
③ 달리던 사람이 돌부리에 걸려 넘어진다.

▲ 갑자기 출발하는 경우

▲ 갑자기 정지하는 경우

친절한 선생님   뉴턴의 운동 법칙

(1) 관성 법칙

  뉴턴의 운동 제1법칙으로 물체에 힘이 작용하지 않으면 정지해 있는 물체는 계속 정지하고, 운동하던 물체는 등속 직선 운동을 한다.

(2) 가속도 법칙

  뉴턴의 운동 제2법칙으로 물체의 가속도(a)는 작용하는 힘(F)에 비례하고 질량(m)에 반비례한다.

  $$힘(F) = 질량(m) \times 가속도(a)$$

(3) 작용 반작용 법칙

  뉴턴의 운동 제3법칙으로 한 물체가 다른 물체에게 힘을 가하면(작용) 힘을 받은 물체도 동시에 같은 크기, 반대 방향의 힘(반작용)을 가한다.

2 운동량과 충격량

1. 운동량

(1) 운동량

  ① 운동하는 물체의 운동 정도를 나타내는 물리량이다.

  ② 운동량의 방향 : 속도, 즉 운동 방향과 같다.

  ③ 운동량의 크기 : 질량이 클수록, 속도가 빠를수록 크다.

  $$운동량(\,p\,) = 질량(m) \times 속도(v)$$

  ④ 운동량 단위 : $kg \cdot m/s$

(2) 물체의 운동량 비교

속도가 같고 질량이 다른 경우 : 질량이 클수록 운동량이 크다.	질량이 같고 속도가 다른 경우 : 속도가 빠를수록 운동량이 크다.
 1000kg 2000kg 10m/s 10m/s 10000kg · m/s < 20000kg · m/s	 1000kg 1000kg 10m/s 20m/s 10000kg · m/s < 20000kg · m/s

2. 충격량

(1) 충격량

① 물체가 받은 충격의 정도를 나타내는 양을 말한다.

② **충격량의 방향** : 힘의 방향과 같다.

③ **충격량의 크기** : 충돌하는 동안 물체에 작용한 힘과 힘이 작용한 시간에 비례한다.

$$충격량(I) = 힘(F) \times 시간(\Delta t)$$

④ 충격량 단위 : N · s

⑤ **시간 – 힘 그래프** : 아랫부분의 넓이는 충격량을 나타낸다.

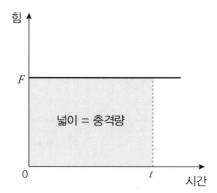

(2) 두 물체가 충돌하는 경우

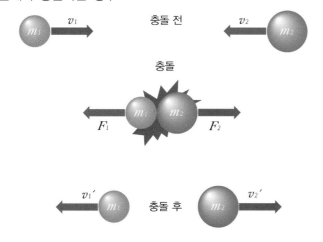

① 두 물체는 같은 크기의 힘을 반대 방향으로 작용한다.

② 두 물체가 접촉하여 힘을 가하는 시간은 같다.

③ 충돌하는 동안 두 물체가 받은 충격량은 같고 충격량의 방향은 반대이다.

④ 운동 방향과 같은 방향으로 충격을 받는 경우 운동량이 증가한다.

⑤ 운동 방향과 반대 방향으로 충격을 받는 경우 운동량이 감소한다.

(3) 운동량과 충격량의 관계

① 충격량은 운동량의 변화량과 같다.

② 물체가 받은 충격량 = 운동량의 변화량 = 나중 운동량 − 처음 운동량

$$I = F \Delta t = mv - mv_0 = \Delta p$$

힘을 가한 시간 : Δt

✏️ 친절한 선생님   **수식 이해해보기**

(1) $F = m \times a$

(2) 가속도 = 단위 시간당 속도 변화량 $a = \dfrac{v - v_0}{\Delta t}$

(3) 운동량$(P) = mv$

$$\text{충격량} = F \times \Delta t = (ma) \times \Delta t = m \times \left(\dfrac{v - v_0}{\Delta t} \right) \times \Delta t$$

$$= m \times (v - v_0) = mv - mv_0 = \text{운동량 변화량}(\Delta P)$$

---

(4) 운동량의 변화량을 크게 하는 방법

① 대포를 쏠 때 포신이 길수록 힘을 받는 시간이 길어져 충격량이 커진다.

② 테니스에서 라켓을 끝까지 휘두를수록 공이 힘을 받는 시간이 길어진다.

→ 충격량은 운동량의 변화량이기 때문에 충격량이 커지면 운동량의 변화량이 커진다. 나중 운동량 증가로 물체의 속도가 증가하면 멀리까지 물체를 보낼 수 있다.

3. 충돌과 안전

(1) 충돌 시간과 안전

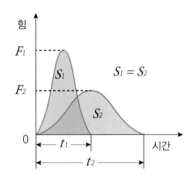

① 힘-시간 그래프에서 밑넓이는 충격량을 의미한다.

② $S_1 = S_2$이므로 충격량의 크기는 같다.

③ 충격량 = 힘 × 시간이므로 시간이 짧은 S_1은 힘의 크기가 크고 시간이 긴 S_2는 힘의 크기가 작다.

④ 충돌 시간이 길어질 때 물체가 받는 힘의 크기가 작아진다.
   → 피해를 줄일 수 있다.

   예 같은 높이에서 달걀을 떨어뜨렸을 때 딱딱한 바닥보다 푹신한 방석에 떨어진 경우 달걀이 깨지지 않는다. → 딱딱한 바닥보다 푹신한 방석에 떨어지는 경우 땅에 충돌 시간이 길어져 달걀에 가해지는 힘이 작아진다.

⑤ 활용 : 자동차 에어백, 공기가 충전된 포장재, 야구공을 포수가 받을 때 손을 뒤로 뺀다.

(2) 관성과 안전

물체가 처음 운동 상태를 유지하려는 성질인 관성에 의해, 충돌이나 급격한 운동 변화가 일어난 경우 몸이 쏠리는 것을 방지하면 피해를 줄일 수 있다.

   예 자동차 안전띠

🔍 기출문제 미리보기

표는 같은 직선상에서 운동하는 물체 A~C의 처음과 나중 운동량을 나타낸 것이다. 물체 A~C가 모두 같은 크기의 충격량을 받아 운동량이 증가하였을 때 ㉠의 값은?

운동량(kg·m/s) 물체	처음 운동량	나중 운동량
A	3	6
B	4	7
C	5	㉠

① 6 　　　　　　② 7

③ 8 　　　　　　④ 9

해설
충격량은 운동량의 변화량과 같다. A, B, C 모두 같은 크기의 충격량을 받았기 때문에 운동량의 변화량이 모두 같다. 운동량의 변화량은 나중 운동량 − 처음 운동량으로 계산할 수 있으므로 A와 B 모두 충격량이 3임을 알 수 있다. 따라서 C는 ㉠ − 5 = 3이 나와야 하므로 ㉠은 8이 된다.

정답 ③

🔍 기출문제 미리보기

다음 물체 A~D 중 운동량이 가장 큰 것은?

물체	질량(kg)	속도(m/s)
A	2	1
B	2	2
C	3	1
D	3	2

① A 　　　　　　② B

③ C 　　　　　　④ D

해설
운동량은 운동하는 물체의 운동 정도를 나타내는 물리량으로 질량과 속도를 곱하여 계산한다. 따라서 A의 운동량은 2kg·m/s, B의 운동량은 4kg·m/s, C의 운동량은 3kg·m/s, D의 운동량은 6kg·m/s가 된다. 운동량이 가장 큰 것은 D이다.

정답 ④

01 다음 중 중력에 대한 설명으로 옳은 것은?

① 지구 중심 방향으로 작용한다.

② 질량이 없는 물체 사이에서도 작용할 수 있다.

③ 질량과 무관하게 중력의 크기는 같다.

④ 지구 중심에서 멀어질수록 중력의 크기는 커진다.

02 다음 중 역학적 시스템에 속하는 힘에 대한 설명으로 옳지 <u>않은</u> 것은?

① 탄성력은 변형된 물체가 원래 모양으로 되돌아가려는 힘이다.

② 나침반은 전기력을 이용한 물체이다.

③ 부력의 방향은 중력과 반대 방향이다.

④ 마찰력은 물체의 운동을 방해하는 힘이다.

03 그림과 같이 공기의 저항을 무시할 때 가만히 놓은 물체가 중력만 받아 낙하하는 물체의 운동을 무엇이라고 하는가?

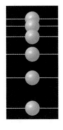

① 등속 원운동

② 등속 직선 운동

③ 포물선 운동

④ 자유 낙하 운동

04 자유 낙하 운동하는 물체의 그래프로 옳은 것은?

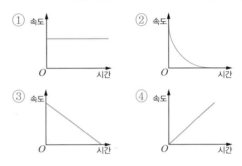

05 다음 중 자유 낙하 운동에 대한 설명으로 옳지 <u>않</u>은 것은?

① 물체에 작용하는 힘은 중력이다.

② 힘의 방향과 물체의 운동 방향은 수직이다.

③ 속력이 일정하게 증가한다.

④ 지구에서 물체는 질량과 관계없이 1초당 9.8m/s씩 증가한다.

06 그림은 깃털과 쇠구슬을 진공과 공기 중에서 각각 낙하할 때 모습이다. 가장 늦게 떨어지는 경우는 어떤 것인가?

진공 중   공기 중

① 진공 중에서 깃털
② 진공 중에서 쇠구슬
③ 공기 중에서 깃털
④ 공기 중에서 쇠구슬

07 그림은 수평 방향으로 던진 물체의 운동을 나타낸 그래프이다.

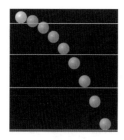

이에 대한 설명으로 옳지 <u>않은</u> 것은?

① 수평 방향으로 힘이 작용하지 않는다.
② 수직 방향으로 중력이 작용한다.
③ 수평 방향으로 속력이 일정하게 증가하는 운동을 한다.
④ 수직 방향으로 등가속도 운동이 일어난다.

08 그림은 수평 방향으로 던진 물체의 운동을 나타낸 그래프이다.

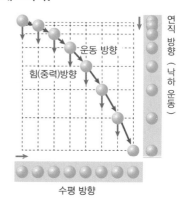

수평 방향

이 물체의 수평 방향 운동에 대한 속도 – 시간 그래프로 옳은 것은?

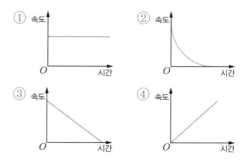

09 질량과 재질이 같은 물체 A~C를 서로 다른 높이에서 동시에 가만히 놓았을 때 바닥에 닿을 때 속력이 가장 빠른 것은? (단, 공기의 저항과 마찰은 무시한다.)

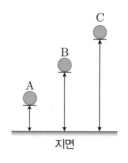

지면

① A   ② B
③ C   ④ 모두 같다.

10 그림은 수평 방향으로 서로 다른 속도로 던져진 공의 운동을 나타낸 것이다. 공기 지면에 떨어진 시간은 모두 같을 때 A~D 중 처음에 던져진 속도가 가장 빠른 것은? (단, 모든 마찰은 무시하고 점선 사이의 간격은 모두 같다.)

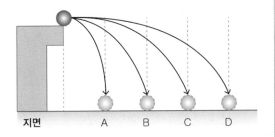

① A   ② B
③ C   ④ D

11 그림은 같은 지점에서 공 A는 가만히 놓고, B는 수평 방향으로 2m/s 속도로 던졌을 때 두 공의 운동을 일정한 시간 간격으로 나타낸 것이다.

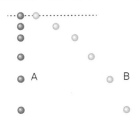

A가 3초 후 지면에 도달할 때 B가 수평으로 이동한 거리는? (단, 모든 마찰은 무시한다.)

① 2m   ② 4m
③ 6m   ④ 8m

12 다음과 같이 생명 시스템에 영향을 준 힘은?

> • 식물의 뿌리가 땅속으로 뻗어 자란다.
> • 목이 긴 기린은 다른 동물에 비해 심장이 크고 혈압이 높다.
> • 몸무게가 무거운 코끼리는 골격이 단단하다.

① 부력   ② 중력
③ 탄성력   ④ 마찰력

13 다음 중 중력과 관련이 <u>없는</u> 것은?

① 대류 현상에 의해 기상 현상이 일어날 수 있다.
② 고산지대에 사는 사람의 혈액에는 적혈구가 평지에 사는 사람보다 많다.
③ 얼음 위에서 걸을 때가 운동장에서 걸을 때보다 미끄럽다.
④ 인공위성이 지구 주위를 공전한다.

14 그림과 같이 질량 2kg인 물체가 4m/s의 속도로 움직이고 있다. 이 물체의 운동량(kg · m/s)은?

① 2kg · m/s   ② 4kg · m/s
③ 8kg · m/s   ④ 16kg · m/s

15 물체의 운동량에 대한 설명으로 옳지 <u>않은</u> 것은?

① 운동량의 단위는 kg·m/s이다.
② 같은 속도의 경우 질량이 클수록 운동량이 크다.
③ 운동량은 방향을 고려하지 않는다.
④ 물체의 질량과 속도가 감소하는 경우 운동량의 크기는 감소한다.

16 다음은 무엇에 대한 설명인가?

> • 물체가 받은 충격의 정도를 나타내는 값이다.
> • 운동량의 변화량과 같다.

① 질량   ② 속도
③ 관성   ④ 충격량

17 그림과 같이 정지해 있는 10kg 물체에 일정한 시간 동안 힘을 가해주었더니 물체의 속도가 3m/s가 되었다. 물체에 가해진 충격량의 크기는?

 힘×시간 3m/s

① 3N·s   ② 10N·s
③ 30N·s   ④ 0.3N·s

18 그래프는 마찰이 없는 수평면 위에서 정지해 있는 물체에 가해진 힘과 시간의 그래프이다. 이에 대한 설명으로 옳지 <u>않은</u> 것은?

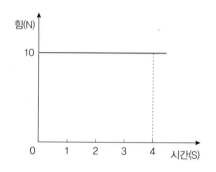

① 그래프 아랫부분의 면적은 충격량을 의미한다.
② 0~4초 동안 이 물체에 가해진 충격량은 40N·s이다.
③ 이 물체의 운동량은 변하지 않는다.
④ 물체에 가해진 힘의 크기가 줄어들면 같은 시간 동안 가해진 충격량의 크기는 감소한다.

19 그림은 마찰이 없는 수평면 위에서 2m/s의 속력으로 운동하고 있는 질량 10kg 물체에 운동 방향으로 작용한 힘을 시간에 따라 나타낸 것이다. 2초 후 이 물체의 속력은?

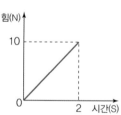

① 2m/s   ② 3m/s
③ 10m/s   ④ 20m/s

20 물체 A와 B의 충격량의 크기는 같고 A의 처음 운동량은 3kg · m/s, 나중 운동량은 8kg · m/s 이었다. B의 나중 운동량이 13kg · m/s이었을 때 B의 처음 운동량(kg · m/s)은?

① 5kg · m/s

② 8kg · m/s

③ 16kg · m/s

④ 21kg · m/s

21 다음 현상과 관련된 내용으로 옳지 <u>않은</u> 것은?

> • 버스가 갑자기 출발하면 서 있던 승객이 뒤로 넘어진다.
> • 달리던 사람이 돌부리에 걸려 넘어진다.

① 물체가 현재 운동 상태를 유지하려고 하는 성질에 의한 현상이다.

② 관성에 의한 현상이다.

③ 질량이 작을수록 크다.

④ 자동차의 안전띠는 이것에 의해 튕겨나가는 것을 방지하기 위해 만든 안전장치이다.

22 그림은 질량이 같은 두 물체를 같은 높이에서 시멘트 바닥과 푹신한 솜 위에 낙하시킨 경우 물체가 받는 힘을 시간에 따라 나타낸 그래프이다. 그래프 아랫부분의 넓이가 같을 때 시멘트 바닥과 솜으로 떨어진 경우 중 충격량이 더 큰 것은?

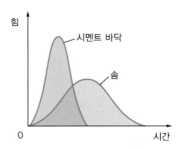

① 시멘트 바닥으로 떨어진 경우

② 솜 위로 떨어진 경우

③ 충격량이 같다.

④ 수치가 제시되지 않았으므로 비교할 수 없다.

23 그림은 질량이 같은 A, B를 같은 높이에서 가만히 놓아 낙하시켰을 때 물체가 받는 힘을 시간에 따라 나타낸 것으로 A와 B의 아랫부분의 면적은 서로 같다. 이에 대한 설명으로 옳은 것은?

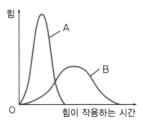

① A는 B보다 힘이 작용하는 시간이 길다.

② A보다 B의 운동량 변화가 더 크다.

③ A와 B의 충격량은 같다.

④ B는 A보다 받은 힘의 크기가 더 크다.

24 다음 [보기]에서 물체의 운동량이 가장 작은 것은?

┤ 보기 ├
(가) 질량이 10kg이고 속도가 4m/s인 물체
(나) 질량이 2kg이고 속도가 40m/s인 물체
(다) 질량이 10kg이고 속도가 36km/h인 물체
(라) 질량이 500g이고 속도가 100m/s인 물체

① (가)　　　　② (나)
③ (다)　　　　④ (라)

25 다음 [보기] 중 충돌 시간을 길게 하여 충돌할 때 받는 힘의 크기를 줄이는 방법으로 옳은 것만 고른 것은?

┤ 보기 ├
ㄱ. 자동차의 에어백은 충돌 시간을 길게 해 준다.
ㄴ. 야구공을 받을 때 손을 뒤로 빼면서 받는다.
ㄷ. 테니스 경기에서 라켓을 끝까지 휘둘러 공을 더 멀리까지 날아가게 한다.

① ㄱ, ㄷ　　　　② ㄴ, ㄷ
③ ㄱ, ㄴ　　　　④ ㄷ

지구 시스템

이 단원에서는 지구 시스템이란 무엇인지, 지
구 시스템을 유지하는 에너지원과 상호 작용
에 대해 알아본다. 또 판 구조론에 의한 지권
의 변화를 이해하고 지권의 변화가 지구 시스
템에 미치는 영향에 대해 배운다.

01 지구 시스템과 상호 작용

- 지구 시스템의 구성 요소의 특징을 이해할 수 있다.
- 지구 시스템의 상호 작용을 이해한다.
- 지구 시스템을 유지하는 에너지원과 에너지 흐름을 이해할 수 있다.

1 지구 시스템(지구계)

1. 지구 시스템

(1) 시스템

① 시스템이란 서로 영향을 주고받는 여러 구성 요소들로 이루어져 있는 집합을 말한다.

② 각 구성 요소는 서로 영향을 주고받으며 끊임없이 상호 작용하여 균형을 이루고 있다.

(2) 지구 시스템 구성 요소

① 지구를 구성하는 요소들이 서로 영향을 주고받으면서 이루어진 하나의 시스템을 말한다.

② 지구 시스템의 구성 요소는 기권, 지권, 수권, 생물권, 외권이 있다.

2. 지구 시스템 구성 요소

(1) 기권

① 지표면 ~ 높이 1,000km까지 지구를 둘러싸고 있는 대기층을 말한다.

② 질소가 가장 많고 산소가 두 번째로 많다.

③ 높이에 따른 기온 변화를 기준으로 4개의 층으로 구분한다.

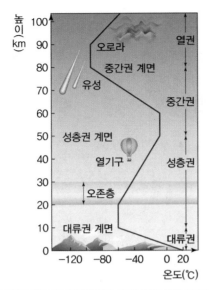

구분	기온	대류 현상	특징
대류권	낮아짐	있음	수증기 존재, 기상 현상 나타남
성층권	올라감	없음	오존층, 자외선 흡수
중간권	낮아짐	있음	수증기가 거의 없어 기상 현상 없음, 유성 나타남
열권	올라감	없음	오로라, 공기 희박, 일교차 큼

④ 기권의 역할

　㉠ 온실 효과를 통해 지구를 보온해 준다.

　㉡ 오존층이 자외선을 차단해준다.

　㉢ 유성체의 충돌을 막아준다.

　㉣ 호흡과 광합성에 필요한 기체를 제공해준다.

(2) 지권

① 지각과 지구 내부를 포함한다.

② 지각에는 산소와 규소가 가장 많고 지구 전체에는 철과 산소가 가장 많다.

③ 지진파의 속도 변화를 기준으로 지각, 맨틀, 외핵, 내핵으로 나눈다.

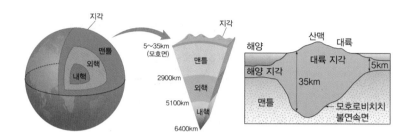

▲ 지구의 내부 구조　　　　　　　　▲ 지각의 구조

구분	물질 상태	특징
지각	고체	• 대륙 지각과 해양 지각으로 구분 • 규산염 물질로 이루어짐
맨틀	고체	• 지권 전체 부피의 80%를 차지 • 유동성이 있음
외핵	액체	• 철과 니켈로 이루어짐 • 액체 상태로 추정됨
내핵	고체	• 철과 니켈로 이루어짐 • 고밀도, 고온, 고압

④ 지권의 역할

　㉠ 생물이 살아가는 데 필요한 물질 및 서식지를 제공한다.

　㉡ 지권에서 일어나는 화산 활동으로 기후 변화가 생길 수 있다.

(3) 수권

　① 지구에 분포하는 물을 말한다.

　② 해수 > 빙하 > 지하수 > 강과 호수

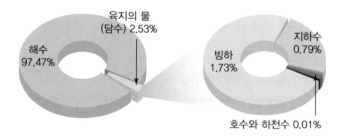

　③ 해수는 깊이에 따른 수온 분포를 기준으로 혼합층, 수온 약층, 심해층으로 구분할 수 있다.

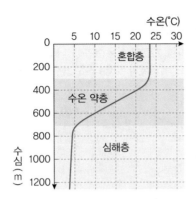

혼합층	• 태양 복사 에너지를 흡수하여 수온이 높음 • 바람의 혼합작용으로 깊이에 관계없이 수온이 거의 일정한 층
수온 약층	• 수심이 급격하게 낮아지는 안정한 층 • 혼합층과 심해층 사이의 물질과 에너지 교환을 차단함
심해층	• 수온 변화가 거의 나타나지 않는 층

④ 수권의 역할

  ㉠ 저위도의 남는 에너지를 고위도로 수송하는 역할을 한다.

  ㉡ 생물이 살아가는 데 필요한 물질을 공급하고, 서식지를 제공한다.

(4) 생물권

① 지구에 살고 있는 모든 생물을 말한다.

② 지권, 기권, 수권에 걸쳐 모두 분포한다.

(5) 외권

① 기권 바깥의 우주 공간을 말한다.

② 외권으로부터 오는 태양 복사 에너지는 지구 시스템의 주요 에너지원이다.

③ 지구 자기장은 외권으로부터 오는 유해한 우주선이나 태양풍을 차단하여 생명체를 보호할 수 있다.

❯ 우주선
우주에서 지구로 들어오는 높은 에너지 상태의 입자와 방사선을 의미한다.

❯ 태양풍
태양의 대기층에서 방출된 전기를 띤 전자, 양성자, 헬륨 원자핵 등의 입자의 흐름을 의미한다.

🔍 **기출문제 미리보기**

그림은 높이에 따른 기권의 기온 분포를 나타낸 것이다. A~D 중 자외선을 흡수하는 오존층이 있으며 대류가 일어나지 <u>않는</u> 안정된 층은?

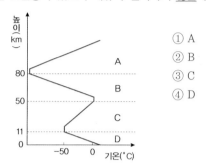

① A
② B
③ C
④ D

해설

기권은 높이에 따른 기온 분포로 열권(A), 중간권(B), 성층권(C), 대류권(D)으로 나뉜다. 성층권(C)은 오존층이 자외선을 흡수하여 높이 올라갈수록 기온이 높아져 대류현상이 일어나지 않는 안정한 층이다.   정답 ③

2 지구 시스템의 상호 작용과 에너지

1. 지구 시스템의 상호 작용

(1) 지구 시스템 상호 작용

① 지구계의 구성 요소들은 끊임없이 상호 작용을 하면서 물질과 에너지를 순환시킨다.

② 지구 시스템의 상호 작용은 각 권 안에서도 일어나고 다른 권 사이에서도 일어난다.

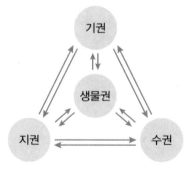

(2) 여러 가지 상호 작용

① **지권 – 기권** : 바람에 의한 침식 작용이 일어나 지형의 변화가 일어난다.

② **지권 – 수권** : 지하수가 흐른 석회암 지대에 석회동굴이 형성된다.

③ **기권 – 수권** : 태풍, 눈, 비 등 다양한 기상 현상이 나타난다.

④ **생물권 – 기권** : 광합성과 호흡에 필요한 기체가 교환된다.

⑤ **외권 – 기권** : 유성체가 지구 대기로 들어오면서 공기와의 마찰에 의해 빛을 내며 타는 유성이 된다.

2. 지구 시스템의 에너지원과 에너지 흐름

(1) 지구 시스템의 에너지원

① 태양 에너지

㉠ 태양 수소 핵융합 반응에 의한 에너지이다.

㉡ 지구 시스템의 에너지원 중 가장 큰 영향을 준다.

㉢ 물의 순환, 해류 발생, 생물 활동에 필요한 에너지 등으로 이용된다.

② 지구 내부 에너지

㉠ 지구 내부 방사성 원소의 붕괴로 발생한다.

㉡ 맨틀의 대류를 일으켜 지진, 화산 활동과 같은 지각 변동을 일으킨다.

㉢ 외핵의 운동으로 지구 자기장을 형성시킨다.

③ 조력 에너지

㉠ 태양과 달의 인력에 의해 생기는 에너지이다.

㉡ 밀물과 썰물을 일으킨다.

(2) 지구 시스템의 에너지 흐름

① 위도별 에너지 불균형

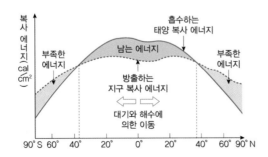

◉ **지구 시스템의 에너지원**

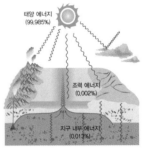

◉ **에너지 양 비교**
태양 에너지>지구 내부 에너지
>조력 에너지

◉ **위도에 따른 태양 복사 에너지**
지구는 구형이기 때문에 저위도에서 고위도로 갈수록 단위 면적당 받는 태양 복사 에너지 양이 적어진다.

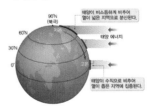

위도	에너지	에너지(E) 관계
저위도	과잉	흡수한 태양 복사 E > 방출한 지구 복사 E
고위도	부족	흡수한 태양 복사 E < 방출한 지구 복사 E

② 대기와 해수의 순환에 의해 저위도의 남는 에너지가 고위도로 이동한다.

(3) 물질의 순환

① 물의 순환

㉠ 물을 순환시키는 주요 에너지원은 태양 에너지이다.

㉡ 물의 순환 과정에서 에너지가 출입하고 지구 시스템을 순환하면서 지권, 기권, 수권에 영향을 준다.

㉢ 물은 각 권 사이를 이동하지만 물의 양은 일정하게 유지된다.

(단위: ×1,000km³)

바다	얻은 양	지표 유출(36) + 대기 강수(284) = 320
	잃은 양	증발(320)
육지	얻은 양	대기 강수(96)
	잃은 양	지표 유출(36) + 육지 증발(60) = 96
대기	얻은 양	바다 증발(320) + 육지 증발(60) = 380
	잃은 양	바다 강수(284) + 육지 강수(96) = 380

▶ 복사 에너지

물질의 도움 없이 열이 직접 전달되는 현상이다. 물체가 복사의 형태로 방출하는 에너지로, 모든 물체는 복사 에너지를 방출하며, 온도가 높은 물체일수록 더 많은 복사 에너지를 방출한다.

② 탄소 순환

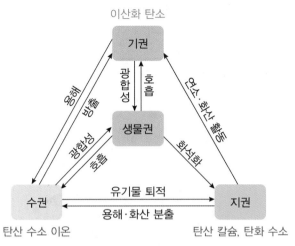

▲ 탄소 순환

- ㉠ 기권 – 생물권 : 대기 중 이산화 탄소는 식물의 광합성에 이용되고 생물의 호흡 결과 대기로 배출된다.
- ㉡ 생물권 – 지권 : 생물의 사체가 화석 연료가 된다.
- ㉢ 지권 – 기권 : 화석 연료의 사용으로 배출된 이산화 탄소가 대기로 배출된다.
- ㉣ 기권 – 수권 : 공기 중 이산화 탄소가 물에 녹아 탄산 이온이 된다.
- ㉤ 탄소는 지구 시스템의 각 권 사이를 이동하는 과정에서 에너지 흐름이 함께 일어난다. 탄소 순환 과정에서 지구 시스템 전체 탄소의 양은 일정하다.

③ 질소 순환

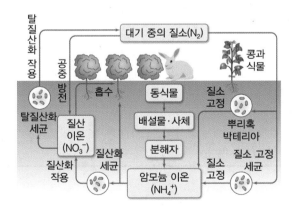

○ 대기 중 질소는 세균이나 번개 등에 의해 질산 이온이나 암모늄 이온의 형태로 전환되어 생물권으로 이용된다.
○ 질소는 세균에 의해 다시 기권으로 이동한다.

🔍 기출문제 미리보기

그림은 물의 순환을 나타낸 것이다. 다음 중 이 현상을 일으키는 지구 시스템의 주된 에너지원은?

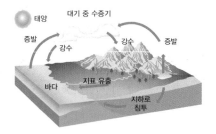

① 전기 에너지   ② 조력 에너지
③ 태양 에너지   ④ 지구 내부 에너지

해설
지구 시스템에 영향을 주는 에너지에는 태양 에너지, 지구 내부 에너지, 조력 에너지가 있고, 이 중 물의 순환의 주요 에너지원은 태양 에너지이다. 태양 에너지는 태양의 수소 핵융합 반응에 의해 생성된 에너지이다.   정답 ③

🔍 기출문제 미리보기

다음 중 밑줄 친 ○에서 상호 작용하는 지구 시스템의 구성 요소는?

태풍

수온이 따뜻한 열대 해상에서 ○ 해수가 활발히 증발해 대기로 공급된 수증기가 응결하여 태풍이 발생한다.

① 수권과 기권   ② 수권과 지권
③ 외권과 지권   ④ 기권과 생물권

해설
태풍은 수권에 해당하는 해수의 온도가 높아져 다량의 수증기가 기권인 대기로 공급되어 형성된다. 따라서 수권과 기권의 상호 작용이다.   정답 ①

지권의 변화

02

• 판의 경계 및 판 구조론을 이해할 수 있다.

1 판의 경계

1. 판 구조론

(1) 판

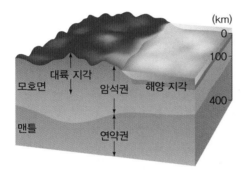

① 지각과 상부 맨틀로 이루어진 부분으로 두께 약 100km의 단단한 부분을 암석권이라고 하고 암석권의 조각이 판이다.
② 대륙 지각을 포함한 판을 대륙판, 해양 지각을 포함한 판을 해양판이라고 한다.
③ 암석권 아래 맨틀의 대류에 의해 판이 이동한다.

(2) 판 구조론

① 지구 표면은 10여 개의 크고 작은 판으로 이루어져 있다.
② 판의 상대적 운동으로 판의 경계에서 화산 활동이나 지진과 같은 여러 지각 변동이 일어난다.
③ 판은 약 1년에 1~10cm 정도 이동하며 판마다 이동하는 속도와 방향이 다르다.

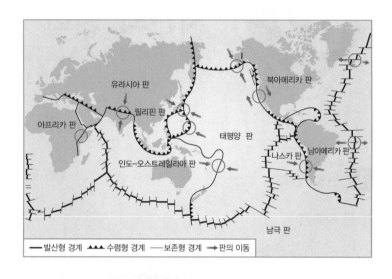

발산형 경계 ▲▲▲ 수렴형 경계 보존형 경계 → 판의 이동

2. 판의 경계

❯ **지진의 종류**
지진이 발생하는 깊이에 따라 천발 지진, 중발 지진, 심발 지진으로 구분한다.
• 천발 지진 : 지진이 발생한 지점의 깊이가 70km 이내
• 중발 지진 : 지진이 발생한 지점의 깊이가 70~300km
• 심발 지진 : 지진이 발생한 지점의 깊이가 300km 이상

📖 **알/고/가/기**
열곡
해령의 중심에 발달하는 V자 모양의 골짜기를 말한다.

(1) 발산형 경계

① 맨틀이 상승하면서 판과 판이 멀어지는 경계이다.
② 해령과 열곡이 발달한다.
③ 천발 지진과 화산 활동이 나타난다.
④ 새로운 판의 생성이 나타난다.

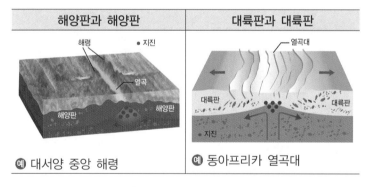

해양판과 해양판	대륙판과 대륙판
예 대서양 중앙 해령	예 동아프리카 열곡대

(2) 수렴형 경계

① 맨틀이 하강하여 판과 판이 가까워지는 경계이다.
② 판의 소멸이 나타난다.
③ 섭입형 경계와 충돌형 경계로 나뉘어진다.

ⓐ 섭입형 경계

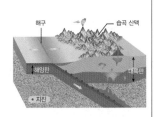

- 대륙판과 해양판이 가까워질 때 형성된다.
- 해양판이 대륙판 아래로 섭입한다.
- 해구, 호상 열도, 습곡 산맥이 형성될 수 있다.
  예 일본 해구, 안데스 산맥
- 천발~심발 지진이 발생한다.
- 화산 활동이 일어난다.

ⓑ 충돌형 경계

- 대륙판과 대륙판이 가까워질 때 형성된다.
- 대규모 습곡 산맥이 형성된다.
  예 히말라야 산맥
- 천발~중발 지진 발생이 일어난다.
- 화산 활동은 거의 나타나지 않는다.

(3) 보존형 경계

① 판과 판이 어긋나면서 발생한다.
② 변환 단층이 발달한다.
③ 천발 지진이 발생하고 화산 활동은 일어나지 않는다.
④ 판이 생성되거나 소멸되지 않는다.

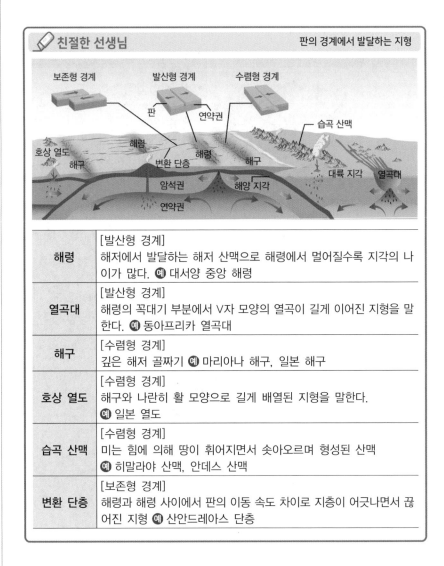

친절한 선생님 　　　　　　　　　　　　　　　　　판의 경계에서 발달하는 지형

해령	[발산형 경계] 해저에서 발달하는 해저 산맥으로 해령에서 멀어질수록 지각의 나이가 많다. 예 대서양 중앙 해령
열곡대	[발산형 경계] 해령의 꼭대기 부분에서 V자 모양의 열곡이 길게 이어진 지형을 말한다. 예 동아프리카 열곡대
해구	[수렴형 경계] 깊은 해저 골짜기 예 마리아나 해구, 일본 해구
호상 열도	[수렴형 경계] 해구와 나란히 활 모양으로 길게 배열된 지형을 말한다. 예 일본 열도
습곡 산맥	[수렴형 경계] 미는 힘에 의해 땅이 휘어지면서 솟아오르며 형성된 산맥 예 히말라야 산맥, 안데스 산맥
변환 단층	[보존형 경계] 해령과 해령 사이에서 판의 이동 속도 차이로 지층이 어긋나면서 끊어진 지형 예 산안드레아스 단층

2 지각 변동과 변동대

1. 지각 변동

(1) 지각 변동

① 지구 내부 에너지에 의해 지각 변동이 일어난다.

② 화산 활동, 지진, 습곡 산맥 형성 등을 말한다.

(2) 변동대

① 화산 활동이나 지진과 같이 지각 변동이 자주 일어나는 지역을 변동대라고 말한다.

② 지진대 : 지진이 자주 발생한 지점을 연결한 띠 모양의 지역

③ 화산대 : 화산이 자주 발생한 지점을 연결한 띠 모양의 지역

④ 지진대와 화산대가 대체로 일치하며 주로 판의 경계와 일치함을 알 수 있다.

→ 화산 활동과 지진은 대부분 판의 경계에서 일어나기 때문이다.

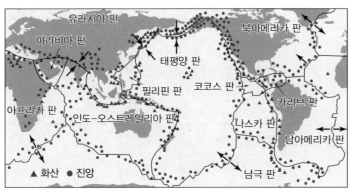

▲ 판의 경계 및 지진대와 화산대의 분포

2. 지권의 변화와 지구 시스템

(1) 화산 활동과 지구 시스템

① 마그마가 지각의 약한 부분을 뚫고 상승하면서 화산 분출물이 방출된다.

② 화산 활동의 피해와 이용

피해	이용
• 용암이 농경지나 건물을 뒤덮고 산불을 일으켜 인명과 재산 피해 발생 • 화산 기체에 의해 산성비가 내려 생태계에 피해를 줄 수 있음 • 화산재가 햇빛을 가려 평균 기온이 내려가고 항공기 운항에 방해가 됨	• 화산재가 땅에 쌓여 토양을 비옥하게 만들어줌 • 화산 활동을 활용하여 관광지로 활용 가능 • 지열을 활용하여 난방을 하거나 전기를 생산할 수 있음

③ 지권에서 일어나는 화산 활동은 기후 변화(기권), 지형의 변화(지권), 해저 화산 폭발로 인한 해일(수권), 생태계 변화(생물권) 등 지구 시스템에 영향을 줄 수 있다.

● 전 세계 주요 화산대와 지진대
• 환태평양 화산대와 지진대 : 태평양 가장자리를 따라 분포하며, 전 세계 화산 활동과 지진의 80% 이상을 차지한다.
• 알프스 – 히말라야 화산대와 지진대 : 인도네시아 – 히말라야 – 지중해를 따라 분포하며, 대규모 습곡 산맥이 발달해 있다.

● 지진대와 화산대의 지역 비교
지진이 발생하는 곳에 반드시 화산이 발생하는 것은 아니므로 지진대는 화산대보다 광범위한 지역에서 나타난다.

● 화산 분출물
• 화산 가스 : 수증기, 이산화 탄소, 이산화 황 등의 기체
• 용암 : 마그마에서 화산 가스가 빠져 나가고 남은 고온 액체
• 화산 쇄설물 : 화산 분화에 의해 방출된 고체 파편으로 크기에 따라 화산암괴, 화산력, 화산재, 화산진으로 나눈다.

(2) 지진과 지구 시스템

① 지층에 누적된 지구 에너지가 방출되면서 진동이 발생하여 지진이 일어난다.

② 지진 활동의 피해와 이용

피해	이용
• 땅의 진동으로 건물이나 다리 등이 붕괴된다. • 누전이나 가스관 파괴로 화재가 발생할 수 있다. • 지진 해일로 인명, 재산의 피해가 발생한다.	• 지진파를 활용하여 지구 내부 구조를 알 수 있다. • 인공 지진을 통해 지질구조를 파악하여 건물, 도로 건설, 지하자원 탐사 등에 이용할 수 있다.

③ 지권에서 일어나는 지진은 지형 변화(지권), 지진 해일(수권) 등 지구 시스템에 영향을 줄 수 있다.

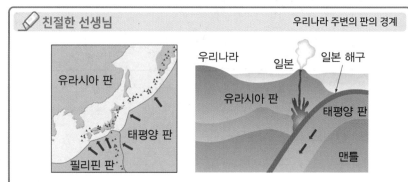

🖍️ 친절한 선생님   우리나라 주변의 판의 경계

우리나라는 대륙판인 유라시아 판에 위치하고 있으며 해양판인 태평양 판과 필리핀 판이 가까워지는 수렴형 경계 부근에 위치한다. 일본은 우리나라보다 판의 경계에 가까이 있기 때문에 지진과 화산 활동이 더 자주 일어난다.

기출문제 미리보기

그림은 단층이 존재하는 판의 경계를 모식적으로 나타낸 것이다. 이 경계에서 발달하는 지형은?

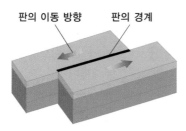

① 해구
② 변환 단층
③ 습곡 산맥
④ 호상 열도

해 설

판과 판이 어긋나면서 형성되는 단층을 변환 단층이라고 하며, 이러한 판의 경계를 보존형 경계라고 한다. 보존형 경계는 판의 생성과 소멸은 없고 지진만 나타나는 특징이 있다. 해구, 습곡 산맥, 호상 열도는 수렴형 경계에서 발달한다. **정답** ②

기출문제 미리보기

그림은 남아메리카 판과 아프리카 판의 경계와 두 판의 이동 방향을 화살표로 나타낸 것이다. 다음 중 발산형 경계 A에서 나타나는 지형은?

① 해구
② 해령
③ 습곡 산맥
④ 호상 열도

해 설

판과 판이 멀어지는 발산형 경계에서는 해령과 열곡이 발달한다. 해구, 습곡 산맥, 호상 열도는 판과 판이 가까워지는 수렴형 경계에서 발달하는 지형이다. **정답** ②

필수 개념 정리 문제

정답 및 해설 별책 12p

01 그림은 기권을 4개의 층으로 구분한 것이다. 기권을 구분한 기준은?

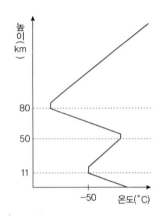

① 높이에 따른 공기양 변화
② 높이에 따른 기온 변화
③ 높이에 따른 중력 변화
④ 높이에 따른 생물양 변화

02 그림은 수권의 구조를 나타낸 것이다. 바람의 세기가 강한 곳에서 두께가 두껍게 발달하는 층의 기호와 이름이 바르게 연결된 것은?

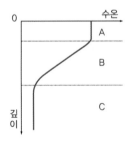

① A – 수온 약층
② B – 혼합층
③ C – 심해층
④ A – 혼합층

03 다음은 지권의 일부에 대한 설명이다. 설명에 해당하는 것은?

> • 지구 전체 부피의 약 80%를 차지한다.
> • 고체 상태이지만 유동성이 있다.

① 대륙 지각
② 해양 지각
③ 맨틀
④ 외핵

04 다음은 수권에 대한 설명이다. 옳지 <u>않은</u> 것은?

① 지구에 분포하는 물을 말한다.
② 수권의 대부분은 해수이다.
③ 강, 호수는 육지의 물 중에 가장 많은 양을 차지한다.
④ 수증기는 기권에 해당한다.

05 다음은 지구 시스템에서 일어나는 현상이다. 다음 중 기권과 지권의 상호 작용에 해당하는 것은?

> (가) 지하수로 인한 석회 동굴 형성
> (나) 화산 활동으로 인한 기온 변화
> (다) 생물에 의한 암석의 풍화 작용
> (라) 유성체가 지구 대기로 들어오며 공기와의 마찰로 유성이 발생

① (가)
② (나)
③ (다)
④ (라)

06 그림은 지구상의 물의 순환 과정을 나타낸 것이다. 이와 같은 물의 순환을 일으킬 수 있는 지구 시스템의 에너지원은?

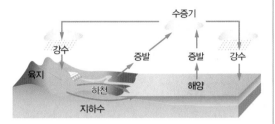

① 지구 내부 에너지
② 바이오 에너지
③ 조력 에너지
④ 태양 에너지

07 다음에서 설명하는 지구 시스템의 구성 요소는?

- 지구를 둘러싸고 있는 기권 바깥의 우주 공간이다.
- 태양 복사 에너지는 이곳으로부터 공급된다.
- 태양, 별, 달, 은하가 해당한다.

① 생물권   ② 수권
③ 외권   ④ 지권

08 기권에서 두 번째로 많은 양을 차지하며 생물의 호흡에 이용되는 기체는?

① 질소   ② 산소
③ 이산화 탄소   ④ 아르곤

09 다음은 지구 시스템의 구성 요소의 상호 작용 과정 모습과 Ⅰ, Ⅱ에서 일어나는 일을 나타낸 것이다. A에 들어갈 지구 시스템의 구성 요소는?

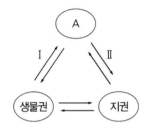

Ⅰ. 생물의 호흡을 통해 이산화 탄소가 방출된다.
Ⅱ. 공기에 의해 암석의 풍화, 침식 작용이 일어난다.

① 기권   ② 수권
③ 외권   ④ 생물권

10 그림은 기권을 층상 구조로 구분한 모습이다. 대류 현상은 일어나지만 기상 현상이 일어나지 <u>않</u>는 층은?

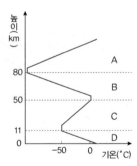

① A   ② B
③ C   ④ D

11 다음 중 화석 연료의 과도한 사용으로 지구의 평균 기온이 높아지는 지구 온난화가 나타날 때 상호 작용하는 지구 시스템의 권역은?

① 지권과 수권　　② 지권과 기권
③ 외권과 생물권　　④ 기권과 생물권

12 다음은 지구 시스템의 지권, 생물권, 기권 사이에서 순환하는 물질에 대한 설명이다. 이 물질은 무엇인가?

- 공기 중 이산화 탄소가 생물의 광합성에 이용된다.
- 생물의 사체가 오랜 세월에 걸쳐 땅속에 묻혀 화석 연료가 된다.
- 화석 연료의 연소로 이산화 탄소가 대기 중으로 방출된다.

① 물　　　　　　② 질소
③ 탄소　　　　　④ 철

13 그림은 지각과 맨틀의 일부를 나타낸 것이다. A~D 중 판(암석권)에 해당하는 것은?

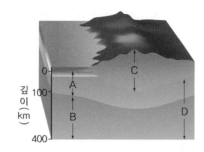

① A　　　　　　② B
③ C　　　　　　④ D

14 다음 설명에 해당하는 것은?

- 지구 표면은 여러 개의 크고 작은 판으로 이루어져 있다.
- 판이 움직이면서 판의 경계에서 지각 변동이 일어난다.

① 화산대　　　　② 대륙 이동설
③ 지진대　　　　④ 판 구조론

15 그림은 판의 경계를 나타낸 것이다. 이러한 판의 경계에서 나타나는 지형은?

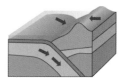

① 해령　　　　　② 변환 단층
③ 열곡　　　　　④ 습곡 산맥

16 맨틀 대류가 상승하는 곳에서 형성되는 지형은?

① 해구　　　　　② 호상 열도
③ 해령　　　　　④ 변환 단층

17 그림과 같이 맨틀이 상승하면서 판과 판이 멀어지는 경계(가)를 무엇이라고 하는가?

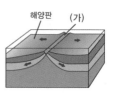

① 충돌형 경계　　② 발산형 경계
③ 섭입형 경계　　④ 보존형 경계

18 그림은 전 세계의 판의 경계와 판의 이동 방향을 나타낸 것이다.

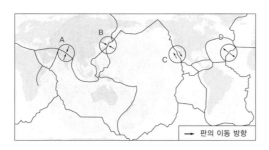

변환 단층이 나타나는 지역은?

① A   ② B
③ C   ④ D

19 그림은 물의 순환 과정을 나타낸 것이다. 이에 대한 설명으로 옳은 것은?

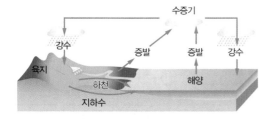

① 조력 에너지는 물의 순환을 일으키는 주에너지원이다.
② 물의 증발로 인해 지구 전체 물의 양은 감소한다.
③ 지하수는 지표 아래에 있으므로 지권에 속한다.
④ 물의 순환 과정에서 기권, 지권, 수권에 영향을 준다.

20 다음 중 지각 변동에 대한 설명으로 옳지 <u>않은</u> 것은?

① 지구 내부 에너지에 의해 지각 변동이 일어난다.
② 지진대와 화산대는 대체로 일치한다.
③ 환태평양 지진대와 화산대는 판의 경계와 매우 멀다.
④ 변동대에서 화산 활동과 지진이 활발하다.

21 그림은 화산 활동으로 분출되는 화산재의 모습을 나타낸 것이다.

화산 폭발

화산재가 지구 시스템에 주는 영향으로 옳지 <u>않은</u> 것은?

① 태양을 가려 기온을 낮아지게 한다.
② 항공기 운항에 차질을 줄 수 있다.
③ 토양을 비옥하게 한다.
④ 지표면이 갈라지면서 도로가 붕괴된다.

22 다음은 어떤 물질의 순환에 대한 그림과 설명이다. (A)에 들어갈 물질은?

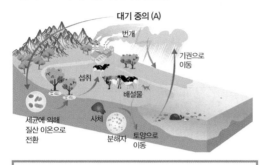

- 기권의 가장 많은 비율을 차지하고 있다.
- 대기 중 (A)는 토양 세균을 통해 질산 이온으로 바뀌어 식물이 이용할 수 있다.
- 세균에 의해 (A)는 다시 기권으로 이동한다.

① 탄소   ② 물
③ 질소   ④ 규소

23 그림은 우리나라 주변의 판 운동과 화산 분포를 나타낸 그림이다.

이에 대한 설명으로 옳지 않은 것은?

① 우리나라는 유라시아 판에 속한다.
② 일본은 우리나라보다 판의 경계에 가깝다.
③ A는 B보다 지진이 더 자주 발생할 것이다.
④ 판의 경계에 가까울수록 지각 변동이 더 자주 일어난다.

24 그림은 지권의 층상 구조를 나타낸 것이다. 물질의 상태가 다른 층과 명칭이 바르게 연결된 것은?

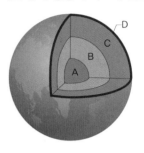

① A - 내핵 ② B - 외핵
③ C - 외핵 ④ D - 맨틀

25 표는 지구 시스템에서 여러 현상을 일으키는 에너지원 (가)~(다)와 이로 인한 현상 및 특징을 나타낸 것이다. 각 에너지원의 명칭과 기호가 바르게 연결된 것은?

에너지원	현상
(가)	밀물과 썰물을 일으킨다.
(나)	화산 활동과 지진이 일어나는 에너지원이다.
(다)	지구 시스템에 영향을 주는 에너지원 중 가장 많은 양을 차지한다.

① (가) - 지구 내부 에너지
② (나) - 태양 에너지
③ (다) - 조력 에너지
④ (다) - 태양 에너지

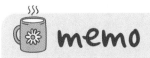

memo

고졸 검정고시 **과학**

생명 시스템

이 단원에서는 생명체를 구성하는 세포의 구조와 특징에 대해 알아본다. 또 물질대사란 무엇인지, 어떻게 작용하는지를 살펴보고, 효소의 역할에 대해 배운다. 마지막으로 세포 내 유전 정보의 흐름을 이해한다.

세포의 구조와 특징

- 세포를 구성하는 세포 소기관의 명칭 및 기능을 이해할 수 있다.
- 세포막을 통한 물질 이동인 삼투와 확산을 알 수 있다.

1 생명 시스템

1. 생명 시스템

여러 구성 요소가 상호 작용하며 다양한 생명 활동을 수행하는 시스템을 말한다.

2. 생명 시스템의 구성 단계

(1) 생물의 구성 단계

세포 → 조직 → 기관 → 개체

① 세포 : 생명 시스템을 구성하는 구조적·기능적 단위를 말한다.
② 조직 : 모양과 기능이 비슷한 세포의 모임이다.
③ 기관 : 여러 조직이 모여 고유한 형태와 기능을 나타낸다.
④ 개체 : 기관들이 모여 이루어진 독립된 생명체를 말한다.

(2) 동물과 식물의 구성 단계

① 동물의 구성 단계 : 세포 → 조직 → 기관 → 기관계 → 개체

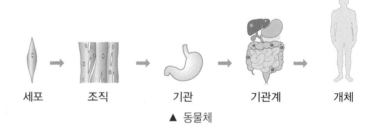

세포   조직   기관   기관계   개체

▲ 동물체

◉ 단세포 생물
세포 하나가 개체가 된 생물을 말한다.
예 아메바, 유글레나, 짚신벌레 등

◉ 다세포 생물
여러 개 세포가 모여 이루어진 생물로 조직, 기관과 같은 단계를 거쳐 개체가 된다.

◉ 기관계
동물체에만 있는 구성 단계로 소화계, 순환계, 배설계 등 비슷한 기능을 하는 기관들의 모임을 말한다.

◉ 조직계
식물체에만 있는 구성 단계로 물관 조직과 체관 조직이 묶여 관다발 조직계를 형성하는 것과 같이 비슷한 조직의 모임을 말한다.

② 식물의 구성 단계 : 세포 ➜ 조직 ➜ 조직계 ➜ 기관 ➜ 개체

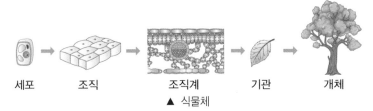

세포   조직   조직계   기관   개체
                         ▲ 식물체

3. 세포

(1) 세포

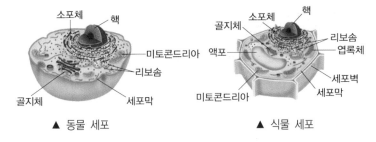

▲ 동물 세포   ▲ 식물 세포

① 생물체의 구조적 · 기능적 단위로 다양한 세포 소기관을 포함
한다.
② 핵, 세포막, 미토콘드리아, 리보솜 등은 동물 세포와 식물 세포
에 공통적으로 존재한다.
③ 식물 세포에 엽록체와 세포벽이 있고, 액포가 발달되어 있다.

❯ 식물 세포에만 있는 구조
엽록체, 세포벽

(2) 세포의 구조와 세포 소기관의 기능
① **핵** : 핵막으로 둘러싸여 있으며 유전 정보를 저장한 DNA가 있다.
② **소포체** : 세포 내 물질 통로로 리보솜에서 합성된 단백질을 골
지체나 세포 다른 부위로 운반한다.
③ **리보솜** : 유전 정보에 따라 단백질이 합성되는 장소이다.
④ **골지체** : 소포체에서 운반된 단백질이나 지질 등을 변형하여 세
포 내 다른 부위로 운반하거나 세포 밖으로 분비한다.
⑤ **미토콘드리아** : 세포 호흡이 일어나는 장소로 포도당을 분해하
여 생명 활동에 필요한 에너지를 생성한다.
⑥ **세포막** : 세포를 둘러싸는 얇은 막으로 세포 모양을 유지하고
세포 안팎의 물질 출입 조절에 관여한다.
⑦ **엽록체** : 광합성이 일어나는 장소로 물과 이산화 탄소를 이용하
여 포도당을 만든다.

⑧ 세포벽 : 세포막 바깥을 싸고 있어 세포 형태를 유지하고 세포를 보호할 수 있다.

⑨ 액포 : 세포의 생명 활동 결과 생긴 노폐물이나 물, 색소 등을 저장하는 장소로 성숙한 식물 세포에 잘 발달되어 있다.

(3) 세포 내에서 단백질 합성과 이동

핵 속의 DNA에 저장된 유전 정보에 따라 리보솜에서 단백질이 합성된다. 합성된 단백질은 소포체를 거쳐 골지체에서 막으로 싸여 세포 밖으로 분비된다.

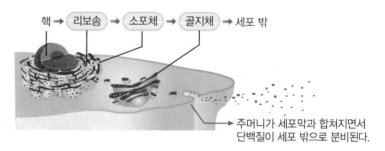

핵 → 리보솜 → 소포체 → 골지체 → 세포 밖

← 주머니가 세포막과 합쳐지면서 단백질이 세포 밖으로 분비된다.

🔍 **기출문제 미리보기**

그림은 어떤 식물 세포의 구조를 나타낸 것이다. 세포 호흡으로 생명 활동에 필요한 에너지를 만드는 세포 소기관은?

핵
엽록체
미토콘드리아
세포막

① 핵　　　　　　　　　　② 엽록체
③ 미토콘드리아　　　　　④ 세포막

해설 --

미토콘드리아는 세포 호흡이 일어나는 장소로 영양소와 산소를 이용하여 에너지를 만들어낸다.　　　　　　　　　　　　　　　　　　　　　　　정답 ③

기출문제 미리보기

그림은 식물 세포의 구조를 나타낸 것이다. A~D 중 세포막 바깥쪽에 있는 단단한 구조물로서 세포의 형태를 유지하는 역할을 하는 것은?

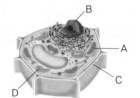

① A
② B
③ C
④ D

해설

A : 엽록체, B : 핵, C : 세포벽, D : 미토콘드리아

세포벽은 식물 세포에 존재하는 것으로 세포를 보호하고 세포 형태를 유지하는 기능을 한다.

- 엽록체(A) : 광합성을 통해 물과 이산화 탄소를 이용하여 포도당을 합성한다.
- 핵(B) : 핵막으로 둘러싸여 있으며 유전 정보를 저장하는 DNA가 있다.
- 미토콘드리아(D) : 세포 호흡이 일어나 에너지를 생성한다.   정답 ③

2 세포막을 통한 물질의 이동

1. 세포막

(1) 세포막의 구조

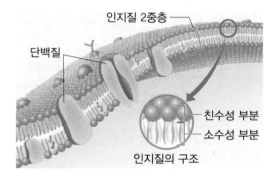

① 세포막은 인지질과 막단백질로 이루어져 있다.
② 인지질은 2중층 형태로 있으며 단백질은 인지질 2중층에 박혀 있는 구조이다.
③ 막단백질은 움직일 수 있다.

(2) 인지질

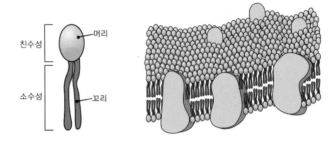

① 물과 잘 어울리는 친수성인 머리 부분과 물과 친화력이 약한 꼬리 부분으로 이루어져 있다.
② 머리 부분은 세포의 안과 밖을 구성하고 꼬리는 서로 마주보는 2중층으로 배열되어 세포막을 이룬다.

(3) 세포막을 통한 물질의 이동
① 세포막은 선택적 투과성이 있어 물질 출입을 조절한다.
② 세포막을 통한 물질의 이동 : 확산, 삼투

2. 확산과 삼투

(1) 확산
① 입자가 스스로 운동하여 농도가 높은 쪽에서 낮은 쪽으로 퍼져 나가는 현상을 말한다.
② 인지질 2중층을 직접 통과하는 확산과 막단백질을 통한 확산으로 구분할 수 있다.

구분	인지질 2중층을 통한 확산	막단백질을 통한 확산
이동 형태	산소 (O₂) 세포 밖 / 세포 안	포도당 세포 밖 / 단백질 세포 안
이동 물질	• 크기가 작은 기체 분자(산소, 이산화 탄소) • 지용성 물질	• 크기가 큰 수용성 물질(포도당, 아미노산 등) • 전하를 띤 이온
예	폐포와 모세혈관 사이 기체 교환	혈액 속 포도당이 조직 세포로 확산

③ 확산과 관련된 현상
  ㉠ 방 안에 디퓨저를 두면 방 안 전체에 디퓨저 향기가 난다.
  ㉡ 물에 잉크를 넣으면 가만히 두어도 물 전체가 잉크색이 된다.

(2) 삼투
① 세포막을 경계로 농도가 낮은 용액에서 농도가 높은 용액으로
  물이 이동하는 현상

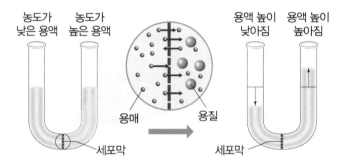

② 동물 세포와 식물 세포에서의 삼투 현상
  ㉠ 세포 안보다 농도가 낮은 용액

동물 세포	식물 세포
세포 안으로 물이 들어오면서 세포의 부피가 커진다. (터짐)	세포 안으로 물이 들어오면서 세포의 부피가 팽창하다가 세포벽이 있어 일정 크기 이상 커지지 않고 일정해진다.

  ㉡ 세포 안과 농도가 같은 용액

동물 세포	식물 세포
세포 안팎으로 물의 이동량이 같아 세포의 부피 변화가 없고 원래 모양이 유지된다.	세포 안팎으로 물의 이동량이 같아 세포의 부피 변화가 없고 원래 모양이 유지된다.

ⓒ 세포 안보다 농도가 높은 용액

동물 세포	식물 세포

세포에서 물이 빠져나가 세포의 부피가 감소한다.	세포에서 물이 빠져나가 세포막이 세포에서 분리된다.

③ 삼투와 관련된 현상
  ㄱ 배추에 소금을 뿌려 두면 숨이 죽는다.
  ㄴ 식물에 비료를 많이 주면 식물이 말라 죽는다.
  ㄷ 시든 식물에 물을 주면 싱싱해진다.

🔍 **기출문제 미리보기**

그림은 세포막 구조를 나타낸 것이다. 이에 대한 설명으로 옳은 것만을 〈보기〉에서 모두 고른 것은?

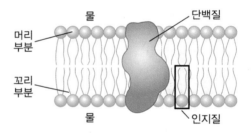

보 기

ㄱ. 주성분은 인지질과 단백질이다.
ㄴ. 인지질의 머리 부분은 친수성이다.
ㄷ. 세포막을 경계로 물질 출입이 일어난다.

① ㄱ   ② ㄱ, ㄴ
③ ㄴ, ㄷ   ④ ㄱ, ㄴ, ㄷ

해설 --------

ㄱ. 세포막은 막단백질과 인지질 2중층으로 되어있다.
ㄴ. 인지질의 머리는 친수성, 꼬리는 소수성이다.
ㄷ. 세포막은 세포 안팎의 물질 출입을 조절해준다.

정답 ④

🔍 기출문제 미리보기

그림과 같이 물질을 종류에 따라 선택적으로 이동시키는 세포막의 특성은?

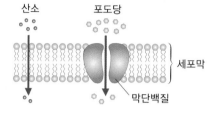

① 내성
② 주기성
③ 종 다양성
④ 선택적 투과성

해설

세포막은 선택적 투과성이 있어 물질의 출입을 조절한다. 산소, 이산화 탄소와 같이 입자의 크기가 작고 소수성인 물질은 인지질 2중층을 통해, 포도당과 같이 분자 크기가 크고 친수성인 물질은 막단백질을 통해 물질의 확산이 일어난다. **정답 ④**

물질대사와 효소

• 물질대사의 의미와 효소의 역할을 이해할 수 있다.

1 물질대사

1. 물질대사

(1) 물질대사
① 생명체 내에서 일어나는 화학반응을 말한다.
② 생체 촉매인 효소가 필요하다.
③ 에너지 출입이 있어 에너지 대사라고 말한다.

(2) 동화 작용과 이화 작용

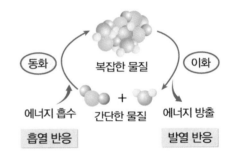

구분	동화 작용	이화 작용
정의	저분자 물질을 합성하여 고분자 물질이 되는 과정	고분자 물질을 분해하여 저분자 물질이 되는 과정
에너지 출입	에너지 흡수(흡열 반응)	에너지 방출(발열 반응)
예	단백질 합성, 광합성	세포 호흡, 소화

2. 세포 호흡과 연소의 비교

구분	세포 호흡	연소
반응 온도	체온 범위	매우 높은 온도(약 400℃)
반응 속도	느림	빠름
에너지 출입	에너지가 여러 단계에 걸쳐 소량씩 단계적으로 방출됨	한 번에 다량의 에너지가 한꺼번에 방출됨
촉매	효소(생체 촉매) 필요	필요 없음
공통점	반응물을 산소와 반응시켜 에너지를 방출함	

🔍 기출문제 미리보기

다음은 생물체 내에서 일어나는 물질대사 과정을 나타낸 것이다. (가)와 (나)에 해당하는 것은?

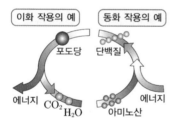

• 아미노산이 결합하여 단백질로 되는 과정에서 에너지가 ☐(가)☐ 된다.

• 포도당이 물과 이산화 탄소로 ☐(나)☐ 되는 과정은 이화 작용이다.

	(가)	(나)		(가)	(나)
①	흡수	분해	②	흡수	합성
③	방출	분해	④	방출	합성

해설

아미노산과 같이 저분자 물질이 단백질과 같은 고분자 물질이 되는 과정을 동화 작용이라고 하며 동화 작용은 에너지 흡수(가)가 일어나는 흡열 반응이다. 포도당이 물과 이산화 탄소로 분해(나)되며 에너지가 방출되는 세포 호흡 과정은 발열 반응이다.

정답 ①

🔍 **기출문제 미리보기**

다음 중 생명체 내에서 물질이 분해되거나 합성되는 모든 화학 반응은?

① 물질대사   ② 부영양화
③ 먹이 그물   ④ 유전적 다양성

해설 --

생명체에서 일어나는 화학 반응을 물질대사라고 한다. 물질대사는 고분자 물질이 저분자 물질로 분해되는 이화 작용과 저분자 물질이 고분자 물질로 합성되는 동화 작용으로 구분할 수 있다.   정답 ①

2 효소

1. 활성화 에너지

(1) 활성화 에너지

① 화학 반응이 일어나는 데 필요한 최소한의 에너지를 말한다.
② 활성화 에너지가 클수록 반응이 일어나기 어렵다.

(2) 효소와 활성화 에너지

① 효소는 활성화 에너지를 감소시켜 반응 속도를 빠르게 해준다.
② 효소에 의해 반응열은 변하지는 않는다.

❯ 반응열
화학 반응이 일어날 때 반응물과 생성물의 에너지 차이로 효소의 유무에 관계없이 일정하다.

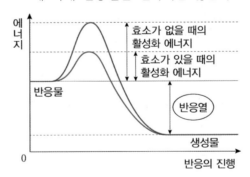

2. 효소

(1) 효소

① 생명체 내에서 합성되어 물질대사를 촉진하는 물질이다.
② 주성분은 단백질로 온도와 pH에 따라 변성될 수 있다.
③ 생체 촉매라고 부른다.
④ 활성화 에너지를 낮추어준다.

(2) 효소의 기질 특이성

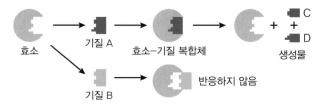

▲ 효소의 기질 특이성

① 효소는 효소마다 고유한 입체구조를 갖기 때문에 입체 구조에
맞는 반응물(기질)과 결합하여 활성화 에너지를 낮춘다.
② 한 종류의 효소는 한 종류의 반응물(기질)에만 작용한다.
③ 효소는 반응 전후에 소모되거나 변하지 않으므로 재사용된다.

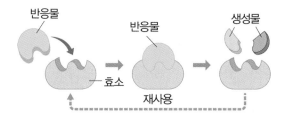

(3) 효소의 작용에 영향을 주는 요인
① 효소마다 최적 pH는 다르다.

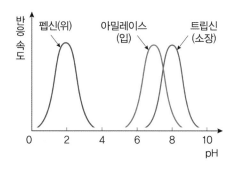

② 효소는 최적 온도보다 온도가 높아지면 단백질 변성으로 기능
을 잃는다.

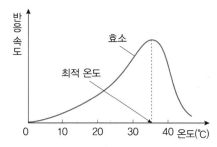

❯ 효소 세제
단백질과 지방 분해 효소를 활용하여 옷감에 묻은 때를 제거할 수 있다.

❯ 소변 검사지
포도당 분해 효소로 만들어진 검사지는 당뇨를 검사할 수 있다.

(4) 효소의 이용

① 김치, 된장, 식혜 등 발효 식품

② 소화제, 소변 검사지

③ 효소를 이용한 세탁 세제, 치약

④ 하천 정화, 공장 폐수 오염물질 제거

03 유전 정보의 흐름

• 세포 내 유전 정보가 전달되는 과정을 이해할 수 있다.

1 유전자와 단백질

1. 유전자

(1) DNA

① 세포 핵 속에 DNA는 단백질이 결합된 상태로 존재한다.

② 세포 분열시 실 형태로 결합되어 있는 DNA와 단백질이 응축되어 염색체가 되어 자손에게 유전 물질을 전달한다.

③ 유전자는 DNA의 특정 부위에 있으며 각 유전자는 특정 단백질에 대한 정보가 저장되어 있다.

④ 한 분자의 DNA에는 수많은 유전자가 있다.

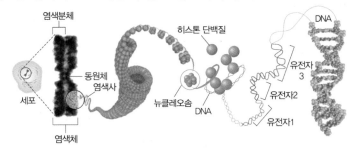

> **뉴클레오솜**
> DNA가 히스톤 단백질을 감고 있는 덩어리

> **염색체**
> 세포 분열시 나타나는 막대 모양의 구조물로 염색이 잘된다. DNA와 단백질로 이루어져 있다.

(2) 유전자와 단백질

유전자의 유전 정보에 따라 다양한 단백질이 합성되고 이 단백질에 의해 다양한 형질이 나타난다.

2. 유전자와 단백질

(1) DNA의 염기

① DNA는 인산 – 당 – 염기로 이루어진 기본 단위체 뉴클레오타이드가 길게 연결된 폴리뉴클레오타이드가 2중 나선 구조로 이루어져 있다.

② DNA의 염기 서열에 따라 유전자에 저장된 단백질의 정보가 달라진다.

③ 생물은 유전 정보에 따라 다양한 단백질을 합성하고 이에 따라 생물은 다양한 형질을 나타내게 된다.

🔵 예 사람의 눈동자 색은 멜라닌 합성 효소의 양에 다양한 눈동자 색이 나타난다.

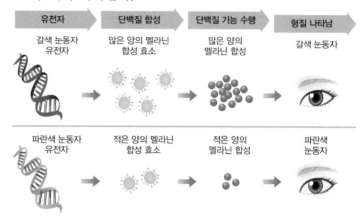

2 유전 정보의 흐름

1. 유전 정보 전달

(1) 생명 중심 원리

① 세포 내에서 이루어지는 유전 정보의 흐름을 설명하는 원리를 말한다.

② DNA의 유전 정보를 RNA에 전달하고 RNA를 이용하여 단백질이 합성되는 흐름이다.

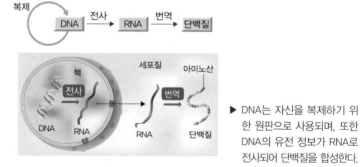

▶ DNA는 자신을 복제하기 위한 원판으로 사용되며, 또한 DNA의 유전 정보가 RNA로 전사되어 단백질을 합성한다.

(2) 전사와 번역

① 전사

㉠ DNA의 유전 정보를 RNA로 전달하는 과정으로 DNA의 이
중 나선 중 한쪽 가닥을 바탕으로 상보적 서열을 갖는 RNA
가 합성된다.

㉡ 핵 안에서 일어난다.

② 번역

㉠ RNA에 유전 정보에 따라 단백질이 합성되는 과정이다.

㉡ 세포질에서 일어난다.

(3) 유전 정보의 전달과 발현

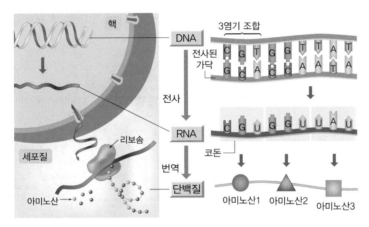

▲ 유전 정보에 따른 단백질 합성 과정

① 전사 및 3염기 조합

㉠ 3염기 조합 : DNA에서 하나의 아미노산을 지정하는 연속된
3개의 염기이다.

㉡ DNA 염기에 상보적인 염기를 가진 RNA가 합성된다.

㉢ 염기의 상보적 관계

DNA 염기	A	G	C	T
↓ (전사)	↓	↓	↓	↓
RNA 염기	U	C	G	A

② 번역 및 코돈

㉠ 코돈 : RNA에서 하나의 아미노산을 지정하는 연속된 3개의
염기이다.

㉡ 코돈이 지정하는 아미노산이 리보솜으로 운반되어 리보솜
에서 단백질이 합성된다.

❯ 3염기 조합을 통해 만들어지
는 코돈

DNA의 염기는 총 4가지이고 이
중 3가지가 짝을 이루기 때문에
$4^3 = 64$가지의 코돈이 형성될 수
있다. 64종류의 코돈으로 20가지
의 아미노산을 지정할 수 있다.

2. 유전 암호 체계의 공통성 및 유전 질환

(1) 유전 암호 체계의 공통성

① 지구에 사는 다양한 생명체는 서로 다른 유전 정보를 가지고 있어 생활 방식과 모습이 다양하지만 거의 모든 생명체의 유전 암호 전달 체계가 같다.

② 모든 생명체가 공통 조상으로부터 진화해왔을 것으로 추정해볼 수 있다.

(2) 유전 질환

① 유전자 이상 : 유전자를 구성하는 DNA의 염기 서열에 이상이 생기는 것을 말한다.

② DNA의 염기 서열 변화로 비정상 단백질이 합성되어 유전 질환이 발생할 수 있다.

예 낫 모양 적혈구 빈혈증

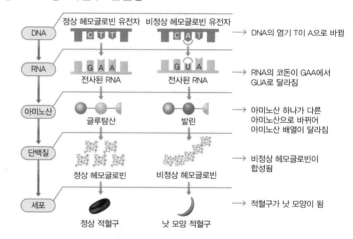

○ 페닐케톤뇨증
유전자 이상으로 페닐알라닌 분해 효소가 만들어지지 않는 질환으로 몸에 페닐알라닌이 축적되어 뇌 조직 손상과 같은 질환을 일으킨다.

🔍 **기출문제 미리보기**

그림은 생물의 단백질 합성 과정을 나타낸 것이다. 물질 (가)는?

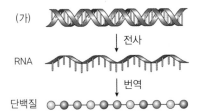

(가)

↓ 전사

RNA

↓ 번역

단백질

① DNA   ② 지방산
③ 글리세롤   ④ 탄수화물

해설

전사는 DNA의 유전 정보를 RNA로 전달하는 과정이다. 이때 DNA의 이중 나선 중 한쪽 가닥을 바탕으로 RNA가 합성된다.

정답 ①

🔍 **기출문제 미리보기**

그림은 DNA에서 단백질이 만들어지는 과정을 나타낸 것이다. (가)와 (나)에 해당하는 것은?

DNA ―(가)→ RNA ―(나)→ 단백질

	(가)	(나)
①	복제	전사
②	전사	번역
③	전사	복제
④	번역	복제

해설

DNA의 유전 정보를 RNA로 전달하는 과정인 (가)는 전사, RNA의 정보를 이용하여 단백질이 합성되는 과정을 (나) 번역이라고 한다. 전사는 핵 안에서, 번역은 세포질에서 일어난다.

정답 ②

필수 개념 정리 문제

정답 및 해설 별책 15p

01 다음 중 생물의 구성 단계에 대한 설명으로 옳지 않은 것은?

① 생명 시스템을 구성하는 구조적·기능적 단위는 세포이다.
② 조직은 기능이 비슷한 세포들의 모임을 말한다.
③ 여러 조직이 모여 고유한 형태와 기능을 하는 것을 기관이라고 한다.
④ 기관은 동물체에만 있는 단계이다.

02 다음은 동물체의 구성 단계를 나타낸 것이다. 동물체의 구성 단계에만 존재하는 (가)는 무엇인가?

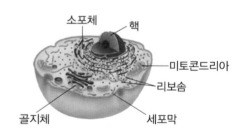

(가)

① 개체   ② 조직계
③ 기관계   ④ 세포

03 그림은 세포막의 구조를 나타낸 것이다. 세포막을 구성하는 A의 단위체는 무엇인가?

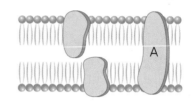

① 포도당   ② 아미노산
③ 핵산   ④ 인지질

04 다음은 동물 세포의 구조를 나타낸 것이다. DNA의 유전 정보에 따라 단백질을 합성하는 것은 무엇인가?

소포체   핵
미토콘드리아
리보솜
골지체   세포막

① 핵   ② 소포체
③ 미토콘드리아   ④ 리보솜

05 그림은 세포막의 구조를 나타낸 것이다. (가)에 해당하는 것은?

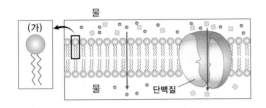

① 인지질   ② 녹말
③ 아미노산   ④ 무기염류

06 다음 중 세포막에 대한 설명으로 옳지 <u>않은</u> 것은?

① 인지질이 단일 구조로 되어있으며 막단백질이 박혀있다.
② 막단백질은 움직일 수 있다.
③ 세포막은 세포 안과 밖의 물질 출입을 조절한다.
④ 막단백질을 거치지 않고 통과하는 물질이 있다.

07 분자가 스스로 운동하여 농도가 높은 곳에서 낮은 곳으로 퍼져나가는 현상을 무엇이라고 하는가?

① 삼투   ② 증발
③ 확산   ④ 농축

08 다음 물질대사에 대한 설명으로 옳지 <u>않은</u> 것은?

① 생물체 내에서 일어나는 화학 반응이다.
② 생체 촉매인 효소가 관여한다.
③ 에너지 흡수 반응만 일어난다.
④ 동화 작용과 이화 작용으로 구분할 수 있다.

09 그림은 인지질 2중층을 통한 물질의 이동 방법이다. 이 같은 방법으로 이동할 수 <u>없는</u> 물질은?

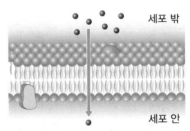

① 산소
② 이산화 탄소
③ 지용성 물질
④ 이온

10 그림은 식물 세포의 구조를 나타낸 것이다. 아래 설명에 해당하는 세포 소기관은 무엇인가?

- 빛에너지를 이용하여 물과 이산화 탄소로 포도당을 만든다.
- 2중막으로 되어 있다.
- 광합성이 일어나는 장소이다.

① 골지체   ② 엽록체
③ 세포막   ④ 액포

11 그림은 식물 세포를 알 수 없는 용액에 넣었을 때 모습이다. 이에 대한 설명으로 옳은 것은?

① 식물 세포보다 농도가 높은 용액에 넣었을 때 모습이다.
② 식물 세포와 적혈구의 농도가 같을 때 적혈구를 같은 용액에 넣으면 적혈구의 부피가 증가한다.
③ 식물 세포는 물이 들어와 터질 수 있다.
④ 폐포와 모세혈관 사이 기체가 교환되는 원리이다.

12 그림은 물질대사 과정을 나타낸 것이다. (가) 과정의 예시로 옳지 <u>않은</u> 것은?

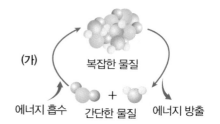

① 세포 호흡
② 광합성
③ 단백질 합성
④ 녹말 합성

13 그림은 화학 반응이 진행될 때 에너지 변화를 나타낸 그래프이다. 효소의 작용에 의해 낮아진 에너지를 무엇이라고 하는가?

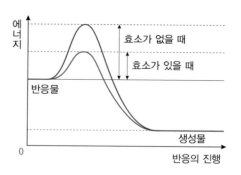

① 반응열
② 효소 에너지
③ 활성화 에너지
④ 비활성 에너지

14 그림은 효소의 작용을 나타낸 것이다. 이 중 재사용이 가능한 물질의 이름과 기호를 바르게 연결한 것은?

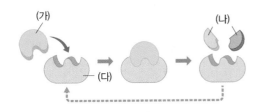

① (가) – 반응물
② (나) – 생성물
③ (다) – 효소
④ (다) – 반응물

15 다음 중 효소의 작용과 관련이 <u>없는</u> 것은?

① 폐에서 산소와 이산화 탄소 기체 교환이 일어난다.
② 엿기름과 밥을 섞어 식혜를 만든다.
③ 세탁 세제에 효소를 첨가하여 때를 제거한다.
④ 요 검사지를 통해 당뇨병을 검사할 수 있다.

16 다음은 유전자 이상에 의한 유전 질환에 대한 설명이다. 다음 설명에 해당하는 유전 질환은?

- 유전자 이상으로 비정상 헤모글로빈이 만들어져 발생한 유전병이다.
- 적혈구 모양이 낫 모양으로 변한다.
- 심한 빈혈 증상이 나타난다.

① 다운 증후군
② 낫 모양 적혈구 빈혈증
③ 페닐케톤뇨증
④ 알비노증

17 그림은 유전 정보가 전달되는 과정과 동물 세포를 나타낸 것이다. ㉠ 과정이 일어나는 장소는?

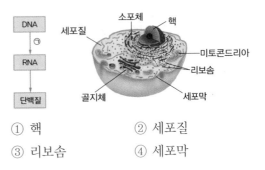

① 핵
② 세포질
③ 리보솜
④ 세포막

18 다음과 같은 현상과 관련 있는 현상은?

- 식물에 비료를 많이 주었더니 식물이 말라 죽었다.
- 시든 식물에 물을 주었더니 싱싱해졌다.

① 확산
② 삼투
③ 기화
④ 광합성

19 그림은 유전 정보에 따른 단백질 합성 과정의 일부를 나타낸 것이다. 하나의 아미노산을 지정하는 RNA의 코돈은 몇 개의 염기로 이루어져 있는가?

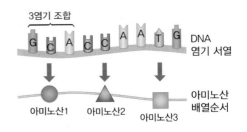

① 1개
② 2개
③ 3개
④ 4개

20 그림은 DNA에서 전사된 RNA의 일부를 나타낸 것이다. RNA가 전사된 DNA의 염기 서열은?

① ACG   ② TCC

③ AGC   ④ TGC

21 그림은 연소와 세포 호흡 과정을 순서 없이 나타 낸 그림이다. 이에 대한 설명으로 옳은 것은?

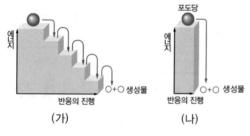

① (가)는 연소반응이다.

② (나)는 생물체 안에서 일어난다.

③ (가)는 단계적으로 에너지가 방출된다.

④ (나)는 생체 촉매인 효소가 필요하다.

22 그림은 아미노산이 펩타이드 결합을 하는 과정 을 나타낸 것이다. 이에 대한 설명으로 옳지 <u>않</u> 은 것은?

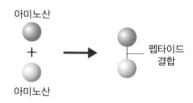

① 동화 작용이다.

② 흡열 반응이다.

③ 미토콘드리아에서 이 과정이 일어난다.

④ 이 과정을 거쳐 단백질이 합성된다.

23 다음은 무엇에 관한 설명인가?

- DNA의 특정 부위에 있다.
- 유전 정보가 저장되어 있는 부위이다.
- 낫 모양 적혈구 빈혈증은 이것 이상에 의한 유전 질환이다.

① 염색체   ② 핵

③ 단백질   ④ 유전자

24 그림은 유전 정보가 전달되고 (다)가 만들어지는 과정을 나타낸 것이다. 이에 대한 설명으로 옳지 <u>않은</u> 것은?

① (가)는 2중 나선 가닥으로 이루어져 있다.

② (나)는 RNA이다.

③ (다)는 리보솜에서 합성된다.

④ (나)의 2개의 염기 조합이 하나의 아미노산을 지정한다.

25 그림은 생물체 내에서 일어나는 어떤 화학 반응의 에너지 변화를 나타낸 것이다. 이와 같은 에너지 변화에 대한 [보기] 설명 중 옳은 것을 모두 고른 것은?

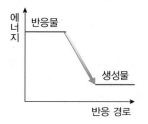

┤ 보기 ├
ㄱ. 동화 작용이다.
ㄴ. 에너지 방출이 일어난다.
ㄷ. 세포 호흡과 광합성이 해당한다.

① ㄱ   ② ㄴ

③ ㄷ   ④ ㄴ, ㄷ

EBS 교육방송교재

고졸 검정고시 **과학**

제**3**편

변화와 다양성

EBS 교육방송교재

고졸 검정고시 **과학**

이 단원에서는 산소와 전자의 이동에 의한 산화 환원 반응과 그 특징에 대해 알아본다. 또 산화 환원 반응과 관련된 생명 현상에 대해서도 살펴본다. 나아가 산과 염기란 무엇인지를 이해하고, 중화 반응의 원리와 특징에 대해 배운다.

산화 환원 반응

- 산소의 이동에 따른 산화 환원 개념을 익힐 수 있다.
- 전자의 이동에 따른 산화 환원 개념을 익힐 수 있다.
- 생활 속 다양한 산화 환원 반응을 이해한다.

1 여러 가지 화학 반응

1. 광합성과 호흡

(1) 광합성

① 광합성 : 식물이 빛에너지를 이용하여 이산화 탄소와 물로 포도
당과 산소를 만드는 과정을 말한다.

② 원시 바다에서 광합성을 하는 세균의 출현으로 원시 바다의 산
소량이 증가하고, 원시 바다에 축적된 산소가 대기 중으로 방
출되며 원시 지구의 대기 조성이 변하였다.

→ 지구에 산소 호흡을 하는 생물이 출현하고 오존층이 형성되
었다.

③ 오존층의 형성으로 자외선이 차단되어 육상 생물이 출현할 수
있게 되었다.

(2) 호흡

① 호흡 : 생물이 산소를 이용해 영양소를 분해하여 에너지를 얻는
작용을 말한다.

② 무산소 호흡에 비해 산소를 이용한 호흡은 다량의 에너지를 낼
수 있다.

2. 철의 이용과 화석 연료의 연소

(1) 철의 이용

① 자연 상태의 철은 대부분 산소와 결합된 산화철의 형태로 존재
한다.

② 철의 제련 : 철광석에서 산소를 제거하여 순수한 철을 얻는 과
정을 말한다.

③ 인류는 철을 제련하면서 다양한 도구와 무기를 만들 수 있게
되었다.

❷ **오존층**
오존(O_3)은 산소 원자 3개로 이루
어진 분자로, 태양에서 방출하는
자외선을 흡수하여 생명체를 보
호해줄 수 있다.

(2) 화석 연료의 연소

① 화석 연료가 공기 중에서 연소되면 산소와 반응하여 이산화 탄소와 물이 생성되고 빛과 함께 많은 열이 방출된다.

② 인류는 화석 연료를 연소시켜 발생하는 열을 사용하여 산업을 발전시켜 왔다.

3. 광합성, 호흡, 철의 제련, 연소 반응의 공통점

모두 산소가 관여하는 반응이다.

2 산화 환원 반응

1. 산소의 이동에 따른 산화 환원 반응

(1) 산화 환원 반응

산화	환원
산소를 얻는 반응	산소를 잃는 반응

산화 환원 반응의 동시성 : 어떤 물질이 산소를 잃으면 산소를 포함하지 않은 물질이 산소를 얻기 때문에 산화와 환원은 동시에 일어난다.

(2) 산화 구리(Ⅱ)와 탄소의 반응

❥ 석회수
수산화 칼슘($Ca(OH)_2$) 수용액으로 이산화 탄소(CO_2)와 만나 탄산 칼슘($CaCO_3$)의 흰색 앙금을 형성하여 뿌옇게 흐려진다.

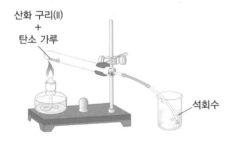

산화 구리(Ⅱ)
+
탄소 가루

석회수

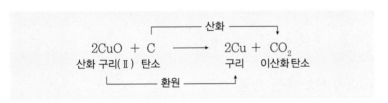

$$2CuO + C \longrightarrow 2Cu + CO_2$$
산화 구리(Ⅱ) 탄소   구리   이산화 탄소

산화 ⟶
환원 ⟶

① 검은색 산화 구리(Ⅱ)와 탄소 가루를 넣고 충분히 가열하였더니 석회수가 뿌옇게 흐려지고, 시험관 속에 붉은색 물질이 생성되었다.

② 환원 : 검은색 산화 구리(Ⅱ)가 산소를 잃고 붉은색 구리가 되었다.

③ 산화 : 탄소가 산소를 얻어 이산화 탄소 기체가 되었다.

④ 석회수가 뿌옇게 흐려지는 것을 통해 이산화 탄소 기체 발생을 확인할 수 있다.

2. 전자의 이동에 따른 산화 환원 반응

(1) 산화 환원 반응

산화	환원
전자를 잃는 반응	전자를 얻는 반응

산화 환원 반응의 동시성 : 어떤 물질이 전자를 잃으면 다른 물질이 그 전자를 얻기 때문에 산화와 환원은 동시에 일어난다.

(2) 황산 구리(Ⅱ)와 아연의 반응

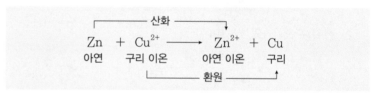

① 푸른색의 황산 구리(Ⅱ) 수용액에 아연판을 넣으면 아연판 표면에 구리가 석출되면서 수용액의 푸른색이 점점 엷어진다.

② 산화 : 아연은 전자를 잃어 아연 이온이 된다.

③ 환원 : 구리 이온은 전자를 얻어 구리 금속이 된다.

④ 푸른색을 띠는 구리 이온의 수가 점차 감소하면서 수용액의 푸른색이 점점 엷어진다.

3. 여러 산화 환원 반응

(1) 광합성의 산화 환원 반응

식물의 엽록체에서 빛에너지를 이용하여 이산화 탄소와 물로 포도당과 산소를 만든다.

● 산화 환원

구분	산화	환원
산소	얻음	잃음
전자	잃음	얻음
수소	잃음	얻음

● 산화제와 환원제
• 산화제 : 자신은 환원되고 다른 물질을 산화시키는 물질
• 환원제 : 자신은 산화되고 다른 물질을 환원시키는 물질

$$6CO_2 + 6H_2O \xrightarrow{\text{빛에너지}} C_6H_{12}O_6 + 6O_2$$

이산화 탄소　물　　　　　포도당　　산소

산화

환원

(2) 세포 호흡의 산화 환원 반응

포도당과 산소가 반응하여 물과 이산화 탄소가 생기고 에너지가
발생한다.

$$C_6H_{12}O_6 + 6O_2 \longrightarrow 6CO_2 + 6H_2O + \text{에너지}$$

포도당　　산소　　　　이산화 탄소　　물

산화

환원

(3) 메테인의 연소 반응

화석 연료인 메테인이 공기 중에서 연소할 때 산소와 반응하여 이
산화 탄소와 물이 생성된다.

$$CH_4 + 2O_2 \longrightarrow CO_2 + 2H_2O$$

메테인　산소　　　　이산화 탄소　　물

산화

환원

(4) 철의 제련

용광로에 철광석과 코크스를 함께 넣고 가열하면 산화 환원 반응
으로 순수한 철을 얻을 수 있다.

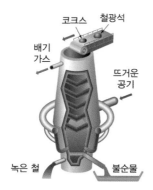

① **코크스(C)의 산화** : 코크스(C)가 산소를 얻어 일산화 탄소(CO)
로 산화된다.

$$\overbrace{2C \;+\; O_2 \;\longrightarrow\; 2CO}^{\text{산화}}$$
탄소   산소   일산화 탄소

② 산화 철(Ⅲ)의 환원

$$Fe_2O_3 \;+\; 3CO \;\longrightarrow\; 2Fe \;+\; 3CO_2$$
산화 철(Ⅲ) 일산화 탄소   철   이산화 탄소

(위쪽 화살표: 산화, 아래쪽 화살표: 환원)

　㉠ 환원 : 산화 철(Fe_2O_3)은 산소를 잃어 철(Fe)이 된다.
　㉡ 산화 : 일산화 탄소(CO)는 산소를 얻어 이산화 탄소(CO_2)가 된다.

(5) 철의 부식
　① 철의 부식 : 철은 공기 중의 산소와 반응하여 녹이 슨다(산화).

$$\overbrace{4Fe \;+\; 3O_2 \;\longrightarrow\; 2Fe_2O_3}^{\text{산화}}$$
철   산소   산화 철(Ⅲ)
└● 붉은 녹의 주성분이다.

　② 철의 부식은 공기 중 산소나 물에 의해 쉽게 부식된다.
　③ 철의 부식 방지
　　㉠ 철의 표면에 페인트를 칠하여 산소나 수분 접촉을 줄인다.
　　㉡ 철 표면에 다른 금속으로 얇은 막을 입힌다.

(6) 생활 속 산화 환원 반응
　① 음식물의 부패
　② 사과의 갈변
　③ 철의 부식 및 일회용 손난로
　④ 반딧불이의 불빛
　⑤ 불꽃놀이 폭죽 폭발
　⑥ 섬유 표백
　⑦ 머리카락 염색

◐ 반딧불이
반딧불이의 몸에 있는 루시페린이라는 물질이 산화되면서 불빛이 난다.

◐ 머리카락 염색
염색약의 과산화 수소는 머리카락의 멜라닌 색소를 산화시켜 머리카락을 탈색시킨다.

🔍 기출문제 미리보기

다음은 숯(C)과 메테인(CH_4)의 연소를 나타낸 화학 반응식이다. ㉠에 공통으로 들어가는 물질은?

- C + $\boxed{㉠}$ → CO_2
- CH_4 + 2$\boxed{㉠}$ → CO_2 + 2H_2O

① Ar   ② H_2
③ O_2 ④ N_2

해설

연소 반응은 물질이 공기 중 ㉠ 산소와 결합하여 빛과 열을 내면서 타는 것을 말한다. 따라서 숯과 메테인 모두 산소와 결합하며 숯과 메테인은 모두 산소를 얻었으므로 산화되었다.   **정답 ③**

🔍 기출문제 미리보기

다음 화학 반응식에서 산소와 결합하여 산화되는 물질은?

$$2CuO + C \rightarrow 2Cu + CO_2$$

① CuO   ② C
③ Cu   ④ CO_2

해설

산화는 물질이 산소를 얻거나 전자를 잃어버리는 것을 말한다. 탄소는 산소를 얻어 이산화 탄소가 되었으므로 탄소가 산화되었다. 산화 구리(Ⅱ)는 산소를 잃고 구리가 되었으므로 환원되었다.   **정답 ②**

산과 염기 및 중화 반응

- 산과 염기의 특징을 파악할 수 있다.
- 중화 반응의 의미를 알고 생활 속에서 중화 반응을 찾을 수 있다.

1 산과 염기

1. 산

(1) 산
① 물에 녹아 수소 이온(H^+)을 내놓는 물질을 산이라고 한다.
② 산의 이온화

물에 녹임 → 산은 물에 녹아 공통으로 H^+을 내놓는다.
수소 이온(H^+)
음이온
산

구분	산	→	H^+ (공통성)	+	음이온 (특이성)
염산	HCl	→	H^+	+	Cl^-
질산	HNO_3	→	H^+	+	NO_3^-
황산	H_2SO_4	→	$2H^+$	+	SO_4^{2-}
탄산	H_2CO_3	→	$2H^+$	+	CO_3^{2-}
아세트산	CH_3COOH	→	H^+	+	CH_3COO^-

③ 산의 종류에 따라 성질이 다른 이유 : 음이온이 다르기 때문이다.

(2) 산성
① 산성 : 산의 공통적인 성질을 말한다.
② 수소 이온(H^+) 때문에 나타난다.
③ 신맛이 나고 금속과 반응하여 수소 기체를 발생시킨다.
④ 탄산 칼슘(달걀 껍데기)과 반응하여 이산화 탄소 기체를 발생시킨다.
⑤ 푸른색 리트머스 종이를 붉게 변화시킨다.
⑥ 수용액에서 이온이 존재하므로 전류가 흐른다.

> **산의 세기**
> 산이 수용액 상태에서 이온화하는 정도에 따라 강산과 약산으로 구분할 수 있다.
> - 강산 : 수용액에서 수소 이온(H^+)을 많이 내놓는 산 **예** 염산
> - 약산 : 수용액에서 수소 이온(H^+)을 적게 내놓는 산 **예** 아세트산

묽은 염산   아세트산 수용액

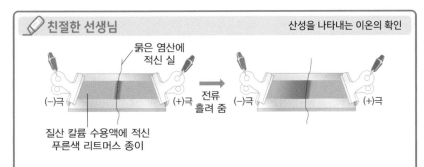

묽은 염산에 적신 실을 질산 칼륨 수용액에 적신 푸른색 리트머스 종이 위에 올려놓고 전류를 흘려주자 (−)극 쪽으로 붉게 변해간다.

① 푸른색 리트머스 종이를 붉게 변하게 하는 이온이 (−)극으로 이동한 것을 통해 물질의 양이온인 수소 이온(H^+)이 산성을 나타냄을 알 수 있다.

② 리트머스 종이에 질산 칼륨 수용액을 적시는 이유 : 리트머스 종이는 전류가 흐르지 않기 때문에 전류가 흐를 수 있도록 질산 칼륨 수용액을 적신다.

③ 묽은 염산이 아닌 묽은 황산, 아세트산 수용액으로 실험을 해도 같은 결과가 나온다.

2. 염기

(1) 염기

① 물에 녹아 수산화 이온(OH^-)을 내놓는 물질을 염기라고 한다.

② 염기의 이온화

구분	염기	→	양이온(특이성)	+	OH^- (공통성)
수산화 나트륨	NaOH	→	Na^+	+	OH^-
수산화 칼륨	KOH	→	K^+	+	OH^-
수산화 칼슘	$Ca(OH)_2$	→	Ca^{2+}	+	$2OH^-$
수산화 암모늄	NH_4OH	→	NH_4^+	+	OH^-

③ 염기의 종류에 따라 성질이 다른 이유 : 양이온이 다르기 때문이다.

❯ 염기의 세기
염기가 수용액 상태에서 이온화
하는 정도에 따라 강염기와 약염
기로 구분할 수 있다.
• 강염기 : 수용액에서 수산화 이
온(OH⁻)을 많이 내놓는 염기
   예 수산화 나트륨
• 약염기 : 수용액에서 수산화 이
온(OH⁻)을 적게 내놓는 염기
   예 암모니아

수산화 나트륨 수용액   암모니아수

(2) 염기성

① 염기성 : 염기의 공통적인 성질을 말한다.
② 수산화 이온(OH^-) 때문에 나타난다.
③ 대부분 쓴맛이 난다.
④ 단백질을 녹이는 성질이 있어 손으로 만지면 미끈거린다.
⑤ 붉은색 리트머스 종이를 푸르게 변화시킨다.
⑥ 수용액에서 이온이 존재하므로 전류가 흐른다.

✏️ 친절한 선생님   염기성을 나타내는 이온의 확인

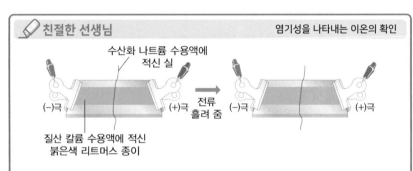

수산화 나트륨을 적신 실을 질산 칼륨 수용액에 적신 붉은색 리트머스 종이
위에 올려놓고 전류를 흘려주자 (+)극 쪽으로 푸르게 변해간다.
① 붉은색 리트머스 종이를 푸르게 변하게 하는 이온이 (+)극으로 이동한
   것을 통해 물질의 음이온인 수산화 이온(OH^-)이 염기성을 나타냄을 알
   수 있다.
② 리트머스 종이에 질산 칼륨 수용액을 적시는 이유 : 리트머스 종이는 전
   류가 흐르지 않기 때문에 전류가 흐를 수 있도록 질산 칼륨 수용액을 적
   신다.
③ 수산화 나트륨 수용액이 아닌 수산화 마그네슘, 수산화 칼륨 수용액으로
   실험을 해도 같은 결과가 나온다.

3. 우리 주변의 산과 염기

(1) 우리 주변의 산
   레몬, 탄산 음료, 사람의 위액

(2) 우리 주변의 염기
   비누, 하수구 세정제, 제산제, 치약, 생선 비린내

2 지시약과 pH

1. 지시약

(1) 지시약

용액의 액성에 따라 색이 변하는 물질

(2) 지시약의 종류 및 색 변화

구분	산성	중성	염기성
리트머스 종이	푸른색 → 붉은색		붉은색 → 푸른색
페놀프탈레인 용액	무색	무색	붉은색
BTB 용액	노란색	초록색	파란색
메틸오렌지	붉은색	노란색	노란색

2. pH

(1) pH

① 수용액 속에 들어있는 수소 이온의 농도를 간단히 숫자로 나타 낸 것을 말한다.

② 수소 이온의 농도가 진할수록 산성이 강하고, pH는 작아진다.

산성	중성	염기성
pH<7	pH = 7	pH>7

(2) 여러 가지 물질의 pH

🔍 기출문제 미리보기

다음은 몇 가지 염기의 이온화를 나타낸 것이다. 염기의 공통적 성질을 나타내는 이온은?

• $KOH \rightarrow K^+ + OH^-$
• $NaOH \rightarrow Na^+ + OH^-$
• $Ca(OH)_2 \rightarrow Ca^{2+} + 2OH^-$

① 칼륨 이온(K^+)   ② 칼슘 이온(Ca^{2+})
③ 나트륨 이온(Na^+)   ④ 수산화 이온(OH^-)

해설

물에 녹아 수산화 이온(OH^-)을 내놓는 물질을 염기라고 하며 염기의 공통적인 성질은 염기의 음이온인 수산화 이온(OH^-)에 의해 나타난다.   정답 ④

3 중화 반응

1. 중화 반응

(1) 중화 반응

$$H^+ + OH^- \rightarrow H_2O$$

① 산의 수소 이온(H^+)과 염기의 수산화 이온(OH^-)이 반응하여 중성인 물이 생성되는 반응을 말한다.
② 산의 수소 이온(H^+)과 염기의 수산화 이온(OH^-)이 1 : 1의 개수비로 반응한다.
③ 혼합 용액 속의 수소 이온(H^+)과 수산화 이온(OH^-)의 수에 따라 중화 반응 후 용액의 액성이 달라진다.

$H^+ > OH^-$	$H^+ = OH^-$	$H^+ < OH^-$
H^+이 남음	1 : 1로 모두 반응함	OH^-이 남음
산성	중성	염기성

(2) 묽은 염산(HCl)과 수산화 나트륨(NaOH) 수용액의 반응

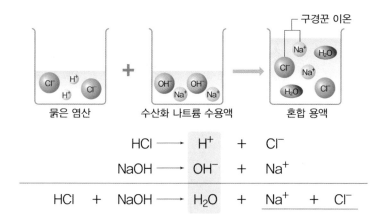

묽은 염산   수산화 나트륨 수용액   혼합 용액

$$HCl \longrightarrow H^+ \ + \ Cl^-$$
$$NaOH \longrightarrow OH^- \ + \ Na^+$$
$$\overline{HCl \ + \ NaOH \longrightarrow H_2O \ + \ Na^+ \ + \ Cl^-}$$

① 알짜 이온 반응식 : $H^+ + OH^- \longrightarrow H_2O$
② 구경꾼 이온 : Na^+, Cl^-

2. 중화 반응의 변화

(1) 중화열

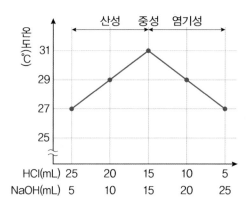

① 중화 반응이 일어나면서 열이 발생하는 데 이를 중화열이라고 한다.
② 산의 수소 이온(H^+)과 염기의 수산화 이온(OH^-)이 모두 반응하여 중화 반응이 완결된 지점을 중화점이라고 하며 중화점에서 온도가 가장 높다.

(2) 지시약의 색 변화

중화점을 지나면서 용액의 액성 변화에 따라 지시약의 색 변화를 관찰할 수 있다.

> **❯ 알짜 이온**
> 화학 반응에 참여하는 이온
>
> **❯ 구경꾼 이온**
> 화학 반응에 참여하지 않고 반응 후에도 용액에 그대로 남아 있는 이온
>
> **❯ 염**
> 중화 반응에서 산의 음이온과 염기의 양이온이 만나 생성된 물질
> 📕 묽은 염산과 수산화 나트륨 수용액을 혼합 후 혼합 용액을 증발시키면 묽은 염산의 음이온인 염화 이온과 수산화 나트륨의 양이온인 나트륨 이온이 만나 염화 나트륨을 얻을 수 있다. 이때 생성되는 염화 나트륨이 염이다.

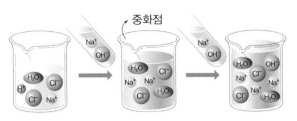

▲ 산성 용액에 염기를 추가하는 경우 BTB 용액의 색 변화 관찰

용액의 성질 / 지시약 종류	산성	중성	염기성
페놀프탈레인 용액	무색	무색	붉은색
메틸오렌지 용액	붉은색	노란색	노란색
BTB 용액	노란색	초록색	파란색

(3) 이온 수 변화

중화 반응이 일어나면서 이온 수의 변화가 나타난다.

　⑩ 일정량의 수산화 나트륨 수용액($NaOH$)에 묽은 염산(HCl)을
　　조금씩 넣는 경우

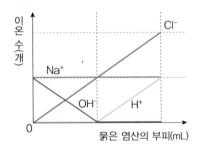

① 처음 넣어준 이온(Na^+, OH^-)

　㉠ 알짜 이온 : 중화 반응에 참여하므로 이온 수가 감소하다 중
　　화점에서 수가 0이 된다(OH^- 감소).

　㉡ 구경꾼 이온 : 중화 반응에 참여하지 않으므로 이온 수의 변
　　화가 나타나지 않는다(Na^+ 변화 없음).

② 추가해준 이온(H^+, Cl^-)

　㉠ 알짜 이온 : 중화 반응에 참여하므로 넣어 주어도 이온 수가
　　증가하지 않다가 중화점이 지나면 반응할 수 있는 처음 넣
　　어준 알짜 이온이 부족하므로 점차 이온 수가 증가한다(중
　　화점 이후 H^+ 증가).

　㉡ 구경꾼 이온 : 중화 반응에 참여하지 않으므로 추가해주는
　　만큼 이온 수가 증가한다(Cl^- 증가).

3. 생활 속 중화 반응

예	중화 반응
산성화된 토양 중화	산성화된 토양에 염기성 물질인 석회 가루를 뿌린다.
벌에 쏘인 경우	벌이나 벌레의 독이 산성을 나타내므로 염기성인 암모니아수를 바른다.
김치의 신맛 제거	김치의 신맛을 제거하기 위해 염기성인 소다를 넣어준다.
제산제	위산이 과다 분비되어 속이 쓰릴 때 약한 염기성 물질을 포함한 제산제를 먹는다.
치약	충치의 원인인 산성 물질의 영향을 줄이기 위해 염기성 치약을 사용한다.
생선 비린내 제거	비린내의 원인은 염기성 물질이므로 이를 제거하기 위해 산성 물질인 레몬즙을 뿌린다.

기출문제 미리보기

다음은 염산(HCl)과 수산화 나트륨($NaOH$) 수용액의 중화 반응을 나타낸 화학 반응식이다. ㉠에 해당하는 물질은?

$$HCl + NaOH \rightarrow \boxed{\quad ㉠ \quad} + NaCl$$

① H_2O ② KCl
③ KOH ④ HNO_3

해설 ---

중화 반응은 산의 수소 이온(H^+)과 염기의 수산화 이온(OH^-)이 반응하여 중성인 물이 생성되는 반응을 말한다. 염산의 수소 이온(H^+)과 수산화 나트륨의 수산화 이온(OH^-)이 반응하여 물(H_2O)을 형성한다.   **정답** ①

기출문제 미리보기

다음 중 산과 염기의 중화 반응 사례가 <u>아닌</u> 것은?

① 속이 쓰릴 때 제산제를 먹는다.
② 철이 공기 중의 산소와 만나 녹슨다.
③ 생선 요리에 레몬이나 식초를 뿌린다.
④ 산성화된 토양에 석회 가루를 뿌린다.

해설
철이 공기 중의 산소를 만나 녹이 스는 것은 산화 환원 작용이다. 산화란 물질이 산소를 얻거나 전자를 잃는 것을 말한다.   정답 ②

필수 개념 정리 문제

정답 및 해설 별책 18p

01 다음은 메테인(CH_4)이 연소하는 화학 반응식이다. (가)에 해당하는 것은?

$$CH_4 + 2(\ 가 \ ) \rightarrow CO_2 + 2H_2O$$

① H_2 ② O_2

③ N_2 ④ C

02 그림은 산화 구리(II)를 가열하는 모습과 이 과정에서 일어나는 화학 반응식을 나타낸 것이다. 반응물질 중 산화된 물질은?

$$2CuO + C \rightarrow 2Cu + CO_2$$

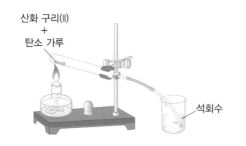

산화 구리(II)
+
탄소 가루

석회수

① CuO ② C

③ Cu ④ CO_2

03 다음은 생활 속 여러 현상이다. 이와 관련된 화학 반응은?

- 손난로를 흔들면 철이 산소와 결합하면서 따뜻해진다.
- 음식물을 공기 중에 오랫동안 방치하면 부패한다.

① 중화 반응

② 산염기 반응

③ 앙금 생성 반응

④ 산화 환원 반응

04 다음은 산화 환원 반응에 대한 설명이다. 옳은 것은?

① 산화는 산소를 잃는 반응이다.

② 산화는 전자를 잃는 반응이다.

③ 환원은 산소를 얻는 반응이다.

④ 환원은 전자를 잃는 반응이다.

05 다음 중 산화 환원 반응이 <u>아닌</u> 것은?

① 광합성 ② 세포 호흡

③ 철의 제련 ④ 제산제

06 다음은 질산 칼륨 수용액에 적신 붉은색 리트머스 종이의 양 끝을 전원으로 연결한 후 가운데 부분에 용액 X에 적신 실을 올려놓았다. 실험 결과 그림과 같이 리트머스 종이가 (+)극 쪽으로 푸르게 변해 갔을 때 물질 X에 해당하는 것은?

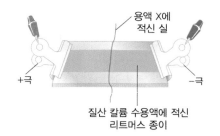

① 물(H_2O)

② 수산화 나트륨(NaOH)

③ 염산(HCl)

④ 메탄올(CH_3OH)

07 다음은 세 종류의 물질이 물에 녹아 이온화될 때의 반응식이다.

- HCl $\rightarrow$ H$^+$ + Cl$^-$
- HNO$_3$ $\rightarrow$ H$^+$ + NO$_3^-$
- H$_2$SO$_4$ $\rightarrow$ 2H$^+$ + SO$_4^{2-}$

이 물질의 공통적인 성질에 대한 설명으로 옳지 않은 것은?

① 대부분 신맛을 낸다.

② 붉은색 리트머스 종이를 푸른색으로 변화시킨다.

③ 금속과 반응하여 수소 기체를 발생시킨다.

④ 탄산 칼슘과 반응하여 이산화 탄소 기체를 발생시킨다.

08 다음은 노란색 BTB 용액에 미지의 용액(X)을 넣어주었을 때의 색 변화를 나타낸 것이다. 미지의 용액 X로 가능한 것은?

① 염화 나트륨 수용액

② 수산화 칼륨 수용액

③ 아세트산 수용액

④ 염산

09 그림은 묽은 염산에 아연판을 넣었을 때 모습을 나타낸 것이다.

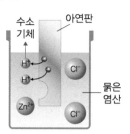

이에 대한 설명으로 옳은 것만 [보기]에서 모두 고른 것은?

┤ 보기 ├
가. 수소 이온은 전자를 잃었다.
나. 아연은 전자를 잃었다.
다. 아연은 산화되었다.

① 가

② 가, 나

③ 가, 다

④ 나, 다

10 광합성에 대한 설명으로 옳지 <u>않은</u> 것은?

① 광합성을 하는 생물의 출현으로 대기 중 산소가 증가하였다.

② 산소의 증가로 무산소 호흡하는 생물이 출현하였다.

③ 오존층의 형성으로 유해한 자외선이 차단되었다.

④ 광합성은 산화 환원 반응이다.

11 다음은 용광로에서 일어나는 철의 제련 과정을 나타낸 것이다.

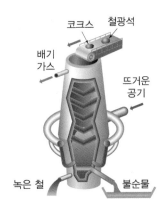

$$Fe_2O_3 + 3CO \longrightarrow 2Fe + 3CO_2$$
산화 철(Ⅲ) 일산화 탄소   철   이산화 탄소

일산화 탄소가 이산화 탄소가 되는 과정을 무엇이라고 하는가?

① 산성   ② 산화

③ 염기성   ④ 환원

12 다음 중 철의 부식을 막는 방법으로 적절한 것만 [보기]에서 고른 것은?

┤ 보기 ├

가. 철을 공기와 접촉하지 않게 소금물에 넣어둔다.

나. 철의 표면에 페인트를 칠하여 산소의 접촉을 차단한다.

다. 철의 표면에 산화가 잘되지 않는 금속을 도금한다.

① 가   ② 나, 다

③ 가, 나   ④ 가, 다

13 다음 중 일회용 손난로의 원리와 같은 원리가 적용된 예를 [보기]에서 모두 고른 것은?

┤ 보기 ├

가. 껍질을 깎은 사과를 공기 중에 두면 갈색으로 변한다.

나. 비린내를 제거하기 위해 레몬즙을 뿌린다.

다. 누렇게 색이 변한 옷을 표백제로 세탁하여 옷을 희게 만든다.

① 가   ② 나, 다

③ 가, 나   ④ 가, 다

14 다음 물질이 공통적인 성질을 나타내게 하는 이온은?

HCl(염산) HNO₃(질산) H₂SO₄(황산)
H₂CO₃(탄산) CH₃COOH(아세트산)

① H^+ ② O_2^-

③ OH^- ④ C

15 다음에서 설명하는 반응은 무엇인가?

> 산의 수소 이온(H^+)과 염기의 수산화 이온(OH^-)이 반응하여 중성인 물이 생성되는 반응을 말한다.

① 중성 반응　　　　② 중화 반응
③ 산화 반응　　　　④ 수산화 반응

16 다음은 숯(C)의 연소를 나타낸 화학 반응식이다. 이에 대한 설명으로 옳은 것은?

> $$C + O_2 \rightarrow CO_2$$

① C는 환원되었다.
② 산화 반응만 일어난다.
③ C는 산소를 얻었다.
④ CO_2는 반응물이다.

17 그림은 같은 농도의 염산(HCl)과 수산화 나트륨 (NaOH) 수용액의 양을 달리하며 혼합한 용액의 온도를 측정하여 나타낸 그래프이다. 용액이 완전히 중화된 지점은?

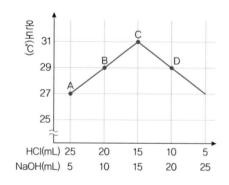

① A　　　　② B
③ C　　　　④ D

18 그림은 염산(HCl)과 수산화 나트륨(NaOH) 수용액의 혼합 용액 모형이다. 이 혼합 용액에 대한 설명으로 옳은 것은?

① 혼합 용액의 액성은 산성이다.
② BTB 용액을 넣었을 때 노란색이 나타난다.
③ 수소 이온(H^+)을 첨가하면 물이 추가로 생성될 수 있다.
④ 전극을 걸어주면 전류가 흐르지 않는다.

19 다음은 질산(HNO_3)과 수산화 나트륨(NaOH) 수용액의 중화 반응을 나타낸 화학 반응식이다. (가)에 들어가는 물질은?

> $$HNO_3 + NaOH \rightarrow (가) + NaNO_3$$

① HCl　　　　② H_2O
③ H_2　　　　④ O_2

20 그림과 같이 묽은 염산(HCl)과 수산화 나트륨 (NaCl) 수용액을 혼합하였다. 이 같은 중화 반응이 일어날 때 수소 이온(H^+) : 수산화 이온(OH^-)의 반응 비율은?

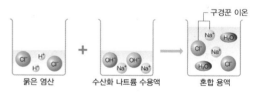

① 1 : 1　　　　② 2 : 1
③ 1 : 2　　　　④ 2 : 3

21 다음은 미지의 용액이 들어있는 두 비커 속 수소 이온과 수산화 이온의 개수 비율을 나타낸 것이다.

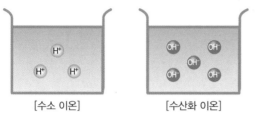

[수소 이온]　　　　[수산화 이온]

이 두 수용액을 혼합했을 때 혼합 용액의 액성에 대한 설명으로 옳은 것을 [보기]에서 골라라.

┤ 보기 ├

가. 혼합 용액에 BTB 용액을 넣으면 초록색이 된다.

나. 푸른색 리트머스 종이를 붉은색으로 변화시킨다.

다. 페놀프탈레인 용액을 넣으면 붉은색이 된다.

① 가　　　　　　② 나

③ 다　　　　　　④ 가, 나

22 그림은 여러 가지 물질의 pH를 나타낸 것이다. 제시된 물질 중에서 염기성이 가장 큰 것은?

① 위액　　　　　② 커피

③ 증류수　　　　④ 표백제

23 다음 [보기]와 가장 관련이 있는 것은?

┤ 보기 ├

• 산성화된 토양에 재나 석회 가루를 뿌려 준다.

• 김치의 신맛을 줄이기 위해 소다를 넣는다.

• 비린내를 제거하기 위해 생선 요리에 레몬즙을 뿌린다.

① 중화 반응　　　② 산화 작용

③ 탄소 순환　　　④ 초전도체

24 수소 이온(H^+)이 100개가 들어있는 수용액을 완전히 중화시키기 위해 필요한 수산화 이온(OH^-)의 개수는?

① 50개　　　　　② 100개

③ 150개　　　　　④ 200개

25 그림은 일정량의 수산화 나트륨(NaOH) 수용액에 같은 농도의 묽은 염산(HCl)을 조금씩 넣을 때, 묽은 염산(HCl)의 부피에 따른 각 이온 수의 변화이다.

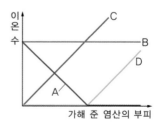

A~D 중 수소 이온(H^+)에 해당하는 것은?

① A　　　　　　② B

③ C　　　　　　④ D

PART 2

생물 다양성

이 단원에서는 지질 시대별로 번성했던 생물들에 대해 알아본다. 또 같은 종의 생물 개체에서 나타나는 변이와 자연 선택에 의한 생물의 진화 과정에 대해서도 배운다. 그리고 이를 통해 생물 다양성과 이를 보전하는 방안을 살펴본다.

01 지질 시대의 생물

- 지질 시대를 구분하는 기준을 이해하고 지질 시대의 특징 및 각 시대를 대표하는 화석을 연결할 수 있다.

1 지질 시대

1. 화석

(1) 화석

① 지질 시대에 살았던 생물의 유해나 흔적이 남아 있는 것을 말한다. 예 발자국, 배설물, 뼈 등

② 화석의 생성 과정 : 생물의 유해나 흔적이 갑자기 퇴적물에 묻힌다. → 퇴적층이 쌓여 오랜 시간이 지나면 화석이 만들어진다. → 지각 변동으로 퇴적층이 땅 위로 올라온 후 침식 작용에 의해 화석이 드러난다.

③ 화석의 생성 조건

㉠ 생물의 개체 수가 많아야 한다.

㉡ 생물체에 단단한 부분이 있어야 한다.

㉢ 생물의 유해나 흔적이 훼손되기 전에 빨리 매몰되어야 한다.

④ 화석을 이용한 해석

㉠ 지층이 생성될 당시의 환경을 알 수 있다.

예 산호 화석 : 따뜻하고 수심이 얕은 바다

㉡ 지층이 생성된 시대를 알 수 있다.

예 삼엽충 : 고생대

❯ 표준 화석과 시상 화석의 조건

세로축: 생존 기간 / 가로축: 분포 면적

- 시상 화석: 긴 기간 좁은 면적 (특정 환경)에 분포
- 표준 화석: 짧은 기간 특정 기간 넓은 면적에 분포

(2) 화석의 종류

표준 화석	시상 화석
• 지층이 생성된 시대를 알려주는 화석 • 특정 시대에 살았던 생물 화석	• 지층의 생성 환경을 알려주는 화석 • 특정 환경에서 살았던 생물 화석
생존 기간이 짧고, 분포 면적이 넓다.	생존 기간이 길고 분포 면적이 좁다.
▶ 고생대 : 삼엽충, 갑주어	▶ 고사리 : 따뜻하고 습한 육지
삼엽충 갑주어	 고사리

▶ 중생대 : 암모나이트, 공룡

암모나이트　　　공룡

▶ 신생대 : 화폐석, 매머드

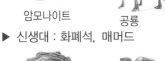

화폐석　　　매머드

▶ 산호 : 따뜻하고 얕은 바다

산호

▶ 조개 : 얕은 바다나 갯벌

조개

2. 지질 시대

(1) 지질 시대

46.00　　　　　　　　　　　　　　　　　5.41　　2.52　0.66(억 년 전)

① 약 46억 년 전 지구가 탄생한 후부터 현재까지의 기간이다.
② 선캄브리아 시대, 고생대, 중생대, 신생대로 구분된다.

(2) 지질 시대 구분 기준

① 화석의 변화를 통해 지질 시대를 구분할 수 있다.
→ 선캄브리아 시대는 화석이 거의 발견되지 않으며, 화석이
많이 발견되는 시대는 생물의 변화를 기준으로 고생대, 중
생대, 신생대로 구분할 수 있다.

② 부정합과 같은 대규모 지각 변동을 기준으로 구분할 수 있다.

2 지질 시대의 환경과 생물

1. 선캄브리아 시대

(1) 선캄브리아 시대의 환경

① 전반적으로 온난하였고 말기에 빙하기가 있었을 것으로 추정
된다.
② 수륙 분포 : 지각 변동이 많았고 화석이 드물게 발견되므로 수
륙 분포 및 환경 추정이 어렵다.

❯ 선캄브리아 시대에 화석이 적은
이유

• 생물의 개체 수가 적었다.
• 몸에 단단한 골격이 없어 화석
형성이 어려웠다.
• 많은 지각 변동과 풍화 작용을
받았기 때문이다.

❯ 부정합
지층이 퇴적되고 새로운 지층이
퇴적되기까지 긴 시간 단절이 확
인되는 관계를 말한다. 부정합을
이루는 두 층의 경계면을 부정합
면이라 하고 부정합면을 기준으
로 산출되는 화석의 종류가 뚜렷
하게 달라진다.

● 스트로마톨라이트
가장 오래된 생물의 흔적으로 남
세균이 여러 겹 쌓여 만들어진 퇴
적 침전물이다.

● 에디아카라 동물군(다세포 생물 화석군)
선캄브리아 시대 후기에 생존한
것으로 확인되는 비교적 진화된
해파리, 해면 등의 다세포 생물의
무리이다. 오스트레일리아의 에
디아카라 언덕에서 화석으로 발
견되었다.

● 삼엽충
고생대의 대표적인 화석

(2) 선캄브리아 시대의 생물

① 생물의 껍질이나 뼈 등 단단한 부분이 없었다.

② 강한 자외선으로 생물이 바다에 살았다.

③ 광합성 세균의 등장으로 바다와 대기에 산소량이 증가하였다.

④ 말기에 최초의 다세포 생물이 출연했다.

⑤ 화석 : 스트로마톨라이트, 에디아카라 동물군 화석

2. 고생대

(1) 고생대의 환경

① 대체로 온난하였고 말기에 빙하기가 있었다.

② 수륙 분포 : 말기에 모든 대륙이 모인 초대륙 판게아가 형성되었다.

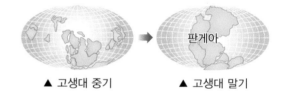

▲ 고생대 중기   ▲ 고생대 말기

(2) 고생대의 생물

① 초기에 생물의 수가 급격히 증가하였다.

② 오존층이 형성되어 육지에 도달하는 자외선이 차단되면서 육상 생물이 등장하였다.

③ 말기에 급격한 환경 변화로 생물의 대멸종이 일어났다.

④ 생물
　㉠ 육지 : 양서류, 곤충류(대형 잠자리 등), 양치식물(고사리 등)이 번성하였다.
　㉡ 바다 : 무척추동물(삼엽충, 방추충, 완족류 등), 어류(갑주어 등)가 번성하였다.

3. 중생대

(1) 중생대의 환경

① 빙하기 없이 전반적으로 온난한 시기였다.

② 수륙 분포 : 판게아가 분리되면서 지각 변동이 활발해지고 대륙과 해양의 분포가 다양해졌다(대서양과 인도양이 형성된 시기).

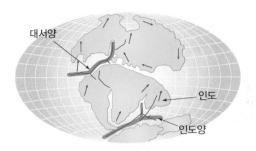

▲ 중생대

(2) 중생대의 생물

① 고생대 대멸종 이후 다시 생물들의 번성이 일어났다.

② 파충류가 번성하였다.

③ 생물

㉠ 육지 : 파충류(공룡 등), 겉씨식물(소철, 은행나무, 잣나무 등)
이 번성하였다.

㉡ 바다 : 암모나이트가 번성하였다.

4. 신생대

(1) 신생대의 환경

① 전기에는 대체로 온난하였으나 말기에 빙하기와 간빙기가 반복
되었다(4번 빙하기, 3번 간빙기).

② 수륙 분포 : 현재와 비슷한 수륙 분포가 형성된 시기이다.

▲ 신생대 말기

(2) 신생대의 생물

① 포유류가 번성하였다.

② 최초의 인류가 출현하였다.

③ 생물

㉠ 바다 : 화폐석이 번성하였다.

㉡ 육지 : 포유류(매머드 등), 조류, 속씨식물(단풍나무, 참나
무 등)이 번성하였다.

❷ 암모나이트

중생대에 번성하였으며, 나선형
껍데기를 가지고 바다에 살았던
연체동물

❷ 시조새

중생대에 번성하였으며, 조류와 파
충류의 특성을 모두 갖고 있었던
멸종 동물

❷ 화폐석

신생대의 바다에 풍부했던 플랑
크톤의 일종으로 유공충(석회질
껍질을 가진 단세포 생물)

❷ 매머드

신생대 지구에 살았던 코끼리와
비슷하게 생긴 동물

🔍 기출문제 미리보기

다음 설명에 해당하는 표준 화석은?

- 신생대에 번성하였다.
- 육지에 살았던 생물이다.

① 매머드　　　　　　　　② 삼엽충
③ 화폐석　　　　　　　　④ 암모나이트

해 설

신생대를 알려주는 대표 화석은 매머드, 화폐석 등이 있다. 그림에 해당하는 것은 매머드이다.　　　　　　　　정답 ①

오답 피하기

② 삼엽충은 고생대에 바닷속에서 살았던 생물이다.

③ 화폐석은 신생대에 바닷속에서 살았던 생물이다.

④ 암모나이트는 중생대에 바닷속에서 살았던 생물이다.

🔍 **기출문제 미리보기**

그림은 우리나라 어느 퇴적층에서 발견된 공룡 발자국 화석을 나타낸 것이다. 이 퇴적층이 생성된 지질 시대는?

① 선캄브리아대
② 고생대
③ 중생대
④ 신생대

해설 --

공룡은 중생대에 번성했던 생물이므로 공룡 발자국이 나타난 퇴적층은 중생대에 생성되었다고 볼 수 있다.   정답 ③

---

3 대멸종과 생물 다양성

1. 대멸종

(1) 생물 대멸종

① 지질 시대에 있었던 많은 생물종이 한꺼번에 멸종하는 것을 말한다.

② 대멸종의 원인

㉠ 판게아 형성 및 분리와 같이 대륙 이동에 따른 수륙 분포 및 해류의 변화가 생겨났다.

㉡ 소행성 충돌로 생긴 재와 먼지가 햇빛을 차단하여 기온이 하강하였다.

㉢ 화산 폭발에 따른 온실 기체 증가와 화산재의 태양 빛의 차단으로 기온이 변화하였다.

(2) 지질 시대 생물 수의 변화

대멸종이 일어난 횟수 : 5번 ➜ 고생대 말기에 가장 큰 규모의 멸종이 일어났다.

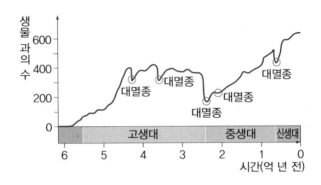

2. 생물 다양성

① 급격하게 변한 환경에 적응하지 못한 생물은 멸종하였다.

② 새로운 환경에 적응한 생물은 다양한 종으로 진화하면서 생물 다양
성이 증가하게 되었다.

02 생물의 진화

- 변이와 자연 선택의 용어를 이해할 수 있다.
- 자연 선택의 다양한 예시를 통해 생물의 진화 과정을 이해한다.

1 변이와 진화

1. 변이

(1) 변이

① 같은 종의 개체 사이에서 나타나는 형질의 차이를 말한다.

② 개체가 살아가는 환경의 차이나 개체의 유전자 차이로 변이가 나타난다.

③ 일반적으로 말하는 변이는 유전적 변이를 나타낸다.

(2) 변이의 구분

① 비유전적 변이 : 환경의 영향으로 나타나는 변이로 형질이 자손에게 전달되지 않는다.

    예 운동으로 근육이 발달하였다.

② 유전적 변이

    ㉠ 유전자의 차이로 나타나는 변이로 형질이 자손에게 유전될 수 있다.

    ㉡ 진화의 원동력이 될 수 있다.

    예 무당벌레의 무늬가 조금씩 다르다.

2. 진화

(1) 진화

① 생물이 오랜 시간에 걸쳐 환경에 적응하며 변하는 현상을 말한다.

② 진화를 통해 지구에 생물종이 다양해지게 되었다.

(2) 진화론

다윈의 자연 선택설, 라마르크의 용불용설 등

2 자연 선택설

1. 다윈의 자연 선택설

(1) 자연 선택설과 용불용설

자연 선택설	용불용설
다윈	라마르크
초기의 기린은 목 길이가 다양했다. → 목이 긴 기린이 생존 경쟁에서 살아남았다. → 목이 긴 기린의 형질이 유전되어 진화되었다.	원래 기린은 목이 짧았다. → 높은 곳의 잎을 먹기 위해 목을 자꾸 길게 뻗어 목이 점차 길어졌다. → 오늘날 기린은 긴 목을 갖게 되었다.
한계점 : 다양한 변이가 나타나는 원인을 설명하지 못했다. 부모의 형질이 자손에게 유전되는 원리를 명확하게 설명하지 못했다.	한계점 : 후천적으로 얻어진 형질은 유전되지 않는다.

(2) 자연 선택설

과잉 생산과 변이	• 과잉 생산 : 생물은 주어진 환경에서 살아남을 수 있는 것보다 더 많은 수의 자손이 태어난다. • 변이 : 과잉 생산된 개체들 사이에서 다양한 형질이 나타난다.

↓

생존 경쟁	• 과잉 생산된 자손들 간에 먹이, 서식지, 배우자 등을 두고 생존 경쟁이 일어난다.

↓

자연 선택	• 적자생존 : 환경에 잘 적응한 개체가 생존 경쟁에서 살아남아 더 많은 자손을 남긴다. • 해당 환경에 유리한 형질을 가진 개체의 비율이 높아진다.

↓

진화	• 자연 선택 과정이 오랫동안 누적되어 진화가 일어난다.

(3) 다윈의 진화론의 영향
   ① 과학 : 유전학, 생명 과학의 이론적 기반을 제시해주었다.
   ② 사회 : 제국주의, 자본주의 사회 발달 및 약육강식, 인종차별 등을 정당화하고 설명하는 데 이용되기도 하였다.

● 자연 선택과 공업암화

공업화 전   공업화 후

나무줄기가 밝은 색일 때는 밝은 색 나방이 천적에게 잡아먹히는 비율이 낮아 개체 수가 많았지만 산업화로 공장 오염물질로 인해 나무줄기가 어두운 색을 나타내자 어두운 색 나방이 천적에게 잡아먹히는 비율이 낮아져 검은색 나방의 개체 수가 증가한다.

2. 자연 선택에 의한 생물의 진화

(1) 핀치의 자연 선택

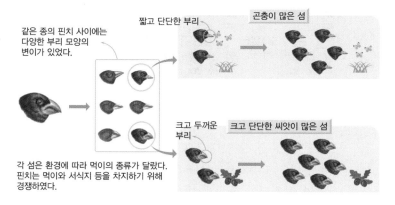

① 다양한 변이를 가진 한 종의 핀치가 서로 다른 먹이 환경에 놓이게 되었다.

② 각 환경에 유리한 변이를 가진 핀치가 자연 선택되었고 오랜 시간 동안 서로 다른 먹이 환경에 적응한 결과 서로 다른 종으로 진화하게 되었다.

③ 먹이에 따라 부리의 모양과 크기가 다르게 진화되었다.

(2) 낫 모양 적혈구 자연 선택

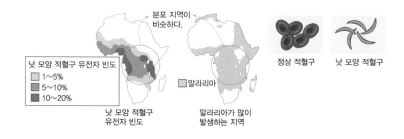

① 낫 모양 적혈구 빈혈증은 유전자 돌연변이로 나타난다.

② 말라리아를 일으키는 병원체는 정상 적혈구에 영향을 주기 때문에 말라리아가 유행하는 지역에서는 낫 모양 적혈구를 가진 사람이 생존에 더 유리하다.

③ 말라리아가 자주 발생하는 아프리카 일부 지역에서는 낫 모양 적혈구를 가진 사람의 비율이 다른 지역보다 높게 나타난다.

❍ 낫 모양 적혈구 빈혈증
적혈구가 낫 모양으로 변해 산소 운반에 문제가 생겨 심한 빈혈을 일으키며 혈관이 막히는 질병이다. 생존에 매우 불리하기 때문에 드물게 발견된다.

❍ 말라리아
말라리아 원충이라는 병원체에 의해 감염되는 질병으로 모기에 의해 전염된다. 오한과 고열, 구토 증상이 나타나고 치료가 안 되는 경우 사망할 수 있다.

(3) 항생제 내성 세균의 자연 선택

① 많은 세균 중 일부가 항생제 내성을 갖는 세균으로 존재한다.
② 항생제를 사용하는 환경에서 항생제에 내성이 없는 세균은 대
부분 죽고 항생제 내성 세균이 주로 살아남는다.
③ 항생제를 지속적으로 사용하는 환경에서는 항생제 내성 세균이
자연 선택되어 항생제 내성 세균 집단이 주를 이루게 된다.

03 생물 다양성과 보전

- 생물 다양성의 의미와 종류 및 중요성을 이해한다.
- 생물 다양성의 감소 원인과 대책을 생각할 수 있다.

1 생물 다양성

1. 생물 다양성

생물의 다양한 정도를 의미하며, 생물이 지닌 유전자의 다양성, 생물 종의 다양성, 생물이 서식하는 생태계의 다양성을 모두 포함한다.

(1) 유전적 다양성

① 같은 종 사이에서 나타나는 다양한 형질의 차이를 의미한다.

② 같은 종이라도 서로 다른 유전자를 가지고 있기 때문에 나타난다.

③ 유전적 다양성이 높을수록 급격한 환경 변화에도 적응하여 살아남는 개체가 존재할 가능성이 높다.

예 얼룩말의 줄무늬, 무당벌레의 겉날개 무늬와 색 등

(2) 종 다양성

① 일정한 지역에 얼마나 많은 생물종이 고르게 분포하며 살고 있는지를 의미한다.

② 생물종이 많을수록, 종의 분포 비율이 균등할수록 종 다양성이 높다.

③ 종 다양성이 높을수록 생태계가 안정적이다.

아시아 무당벌레

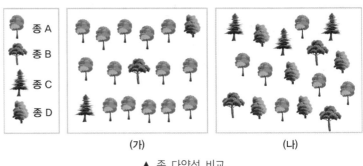

▲ 종 다양성 비교

(가)와 (나)는 개체 수와 생물종 수가 같지만 (나)가 (가)에 비해 고르게 분포되어 있으므로 (나)가 (가)보다 종 다양성이 높다.

(3) 생태계 다양성

① 생물 서식지의 다양한 정도를 의미한다.

② 서식 환경의 차이로 인해 다양한 생태계가 존재한다.

③ 생태계가 다양할수록 종 다양성과 유전적 다양성이 높아진다.

▲ 열대우림　　　　▲ 갯벌　　　　▲ 습지

2. 생물 다양성의 구성과 기능

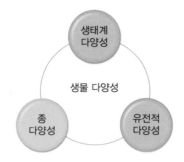

① 개체들 간의 유전적 다양성은 종 다양성 유지에 중요한 역할을 하고, 종 다양성은 생태계의 안정성과 생물 다양성을 유지하는 원천이 된다.

② 유전적 다양성, 종 다양성, 생태계 다양성 모두 생물 다양성 유지에 중요한 역할을 한다.

기출문제 미리보기

일정한 지역 내에 살고 있는 생물종의 다양한 정도를 나타낸 것은?

① 개체 수　　　　　　② 소비자
③ 영양 단계　　　　　④ 종 다양성

해설

종 다양성은 일정한 지역에 얼마나 많은 생물종이 고르게 분포하며 살고 있는지를
의미한다.　　　　　　　　　　　　　　　　　　　　　정답 ④

오답 피하기

① 개체 수 : 일정 범위 내 존재하는 생물 각각의 수를 말한다. 종 다양성은 생물종
　수 및 분포 정도를 비교한다.
② 소비자 : 스스로 양분을 만들지 못하고 다른 생물을 먹이로 살아가는 생물을 말
　한다.
③ 영양 단계 : 먹이 그물에서 에너지를 얻는 생물 집단을 말한다.

2 생물 다양성 보전

1. 생물 다양성의 중요성

(1) 생태계 평형 유지

생물 다양성이 높은 경우 생태계 평형 유지에 유리하다.

구분	종 다양성이 낮은 경우	종 다양성이 높은 경우
먹이 그물		
외부 교란	멸종하는 생물이 나타나기 쉽다.	한 종이 사라져도 다른 종이 대체한다.
생태계	생태계 평형이 깨지기 쉽다.	생태계 평형이 유지된다.

(2) 생물 자원

① 의식주 재료 제공

의복	식량	주택
목화(면), 누에(비단) 등은 의복을 만드는 재료로 이용된다.	벼, 밀, 옥수수, 사과 등은 식량으로 이용할 수 있다.	나무, 풀 등을 이용하여 집을 지을 수 있다.

② 의약품의 원료

버드나무	아스피린(진통제)
주목	항암제
푸른 곰팡이	항생제
팔각	독감 치료제
개똥쑥	말라리아 치료제

▶ 팔각
중국에서 사용하는 향신료로 독감 치료제인 타미플루를 만드는 데 이용한다.

③ 생물 유전자 자원 : 다른 생물로부터 유용한 유전자를 얻을 수 있다.

   예 해충 저항성 옥수수

④ 생물 에너지 자원

   ㉠ 오래 전에 살았던 생물의 유해로부터 형성된 석탄, 석유, 천연 가스 등의 화석 연료를 얻을 수 있다.

   ㉡ 식물과 미세 조류 등으로부터 바이오 연료를 얻는다.

⑤ 환경 조절자의 역할 수행

   ㉠ 식물은 홍수나 산사태 예방에 도움을 준다.

   ㉡ 숲은 인간 생활에 적합한 기후 조건을 만들어 준다.

⑥ 관광 자원 : 다양한 생태계는 사람에게 휴식 장소, 여가 활동 장소, 관광 장소 등을 제공한다.

2. 생물 다양성 감소

(1) 서식지 파괴와 단편화

① 생물 다양성 감소의 가장 큰 원인이다.

② 서식지 파괴 : 삼림의 벌채, 습지 매립 등으로 서식지가 줄어들어 생물종과 수가 감소한다.

③ 서식지 단편화 : 도로나 댐 건설 등으로 서식지가 분리되면 서식지 면적 감소와 함께 서식지가 분리되어 생물의 이동이 제한되어 고립되므로 생물종과 수가 감소한다.

▶ 서식지 단편화
서식지 단편화가 일어나면 서식지 중앙부 면적 감소가 크기 때문에 서식지의 가장자리에 사는 생물종보다 중앙에 사는 생물종이 더 큰 영향을 받는다.

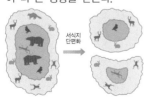

(2) 불법 포획과 남획

　① 불법 포획이나 남획을 통해 생물의 개체 수가 급격하게 감소하면 생물의 멸종이 일어날 수 있다.

　② 특정 생물종의 감소로 먹이 사슬에 영향을 줄 수 있다.

(3) 외래종 유입

　① 외래종은 원래 살고 있던 서식지가 아닌 다른 지역으로 이동한 생물로 새로운 환경에서 적응하여 대량 번식할 경우 고유종의 생존을 위협할 수 있다.

　② 외래종 유입으로 먹이 관계에 변화가 일어나 생태계 평형이 깨진다.

　　🅔 뉴트리아, 가시박, 배스, 블루길 등

(4) 환경 오염

　① 대기 오염으로 인해 산성비가 내리면 토양의 산성화가 나타날 수 있다.

　② 생활 하수, 공장 폐수, 화학 비료 등이 토양이나 물을 오염시켜 생물에게 영향을 준다.

　③ 중금속은 생물 농축을 일으켜 생태계 평형을 깨뜨린다.

3. 생물 다양성 보전을 위한 노력

(1) 개인의 노력

　① 쓰레기 분리 배출, 자원 재활용 등 자원과 에너지를 절약한다.

　② 저탄소 제품 사용 등과 같은 환경 오염에 영향을 줄 수 있는 요인을 줄인다.

(2) 사회적·국가적 노력

　① 법률 제정을 통해 야생 생물과 서식지를 보호한다.

　② 생태 통로를 건설하여 서식지 분리를 줄여준다.

　③ 멸종 위기종 복원 사업과 생물의 유전자를 관리한다.

　　🅔 종자은행

　④ 생물 다양성이 높은 지역은 국립 공원으로 관리한다.

　⑤ 외래종 유입을 감시하고 관리한다.

　⑥ 희귀 생물의 불법 포획과 남획을 금지한다.

(3) 국제적 노력

　생물 다양성에 관한 협약을 체결한다.

　🅔 람사르 협약, 생물 다양성 협약 등

❍ 생물 다양성 감소 원인

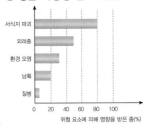

❍ 생물 다양성 협약
생물 다양성 보전과 생물 자원의 지속 가능한 이용을 위해 채택하였다.

❍ 람사르 협약
물새 서식지인 습지 보전을 위해 채택된 협약이다.

01 다음은 여러 가지 화석의 모습을 나타낸 것이다. (가)~(라) 중 갑주어가 등장한 시기와 같은 지질 시대 화석은?

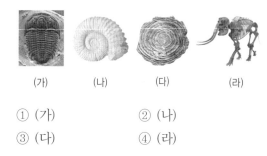

(가)   (나)   (다)   (라)

① (가)   ② (나)
③ (다)   ④ (라)

02 다음 여러 가지 화석 중 생성 당시의 환경을 알려 주는 화석은?

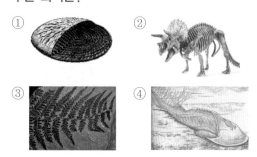

03 다음 [보기] 중 화석이 생성되기 좋은 조건으로 옳은 것만 고른 것은?

┤ 보기 ├

가. 묻힌 개체 수가 적을수록 좋다.
나. 몸에 단단한 부분이 있다.
다. 다양한 지각 변동을 받아야 한다.

① 가   ② 나
③ 다   ④ 가, 다

04 그림은 지질 시대에 생물종의 수 변화를 나타낸 그래프이다. 가장 큰 규모의 대멸종이 일어난 시기의 기호와 지질 시대 이름이 바르게 연결된 것은?

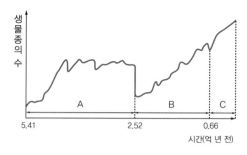

① A – 선캄브리아 시대
② A – 고생대
③ B – 신생대
④ C – 중생대

05 다음은 지질 시대를 구분한 모습이다.

각 시대의 이름이 바르게 연결된 것은?

① (가) – 고생대
② (나) – 신생대
③ (다) – 중생대
④ (라) – 선캄브리아 시대

06 다음은 무엇에 대한 설명인가?

> 약 46억 년 전 지구가 탄생한 후부터 현재까지의 기간을 말하며 발견되는 화석이나 지층의 변화 등을 기준으로 선캄브리아 시대, 고생대, 중생대, 신생대로 나눈다.

① 지구계
② 지권
③ 대폭발 우주론
④ 지질 시대

07 다음 (가)에 들어갈 말은?

> 지질 시대에 있었던 많은 생물종이 한꺼번에 멸종하는 것을 (가)라고 한다. 지금까지 지구에는 다섯 번의 (가)가 있었다.

① 대폭발
② 지각 변동
③ 판구조론
④ 대멸종

08 다음 중 같은 종 내에서 나타나는 서로 다른 형태, 습성, 기능 등의 형질의 차이를 무엇이라고 하는가?

① 진화
② 종 다양성
③ 변이
④ 유전자

09 다음은 다윈의 자연 선택설 과정의 일부를 나타낸 것이다. 빈칸에 들어갈 알맞은 말은?

> 과잉 생산 → 변이 → 생존 경쟁 → (   )
> → 진화

① 용불용설
② 자연 선택
③ 돌연변이
④ 대멸종

10 그림은 핀치의 부리 모양이 다양해지는 과정을 나타낸 것이다.

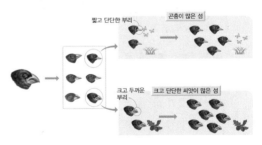

핀치 부리 모양이 달라지게 된 가장 큰 환경 요인은?

① 온도
② 먹이
③ 강수량
④ 빛의 세기

11 그림과 같이 생물 서식지가 다양한 정도를 뜻하는 말은?

▲ 열대우림　　　▲ 갯벌　　　▲ 습지

① 종 다양성
② 생태계 다양성
③ 유전자 다양성
④ 변이

12 그림은 면적이 동일한 두 지역 (가)와 (나)에 분포하는 식물종 A~D를 나타낸 것이다.

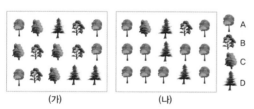

이에 대한 설명으로 옳은 것을 [보기]에서 모두 고른 것은?

┤ 보기 ├
A. (가)가 (나)보다 종 다양성이 높다.
B. (가)와 (나)의 식물 개체 수는 같다.
C. (나)보다 (가)가 식물종 수가 많다.

① A, B　　　　② B, C
③ A, C　　　　④ C

13 그림은 생물 다양성의 세 가지를 나타낸 그림이다. 유전자의 차이로 인한 다양성에 해당하는 그림과 용어가 바르게 연결된 것은?

(가)　　　　(나)　　　　(다)

① (가) - 종 다양성
② (나) - 생태계 다양성
③ (가) - 유전적 다양성
④ (다) - 종 다양성

14 다음은 생물로부터 의약품의 원료를 얻고 사용하는 예시이다.

버드나무	주목
아스피린(진통제)	항암제
푸른 곰팡이	**개똥쑥**
항생제	말라리아 치료제

이와 같이 생물로부터 얻을 수 있는 모든 생물적 자원을 무엇이라고 하는가?

① 화석 연료　　　② 빛에너지
③ 생태계　　　　④ 생물 자원

15 다음 중 생물 다양성 감소의 원인으로 보기 어려운 것은?

① 서식지 단편화　　② 국립 공원
③ 생물 남획　　　　④ 외래종 유입

16 그림과 같이 서식지가 단절되면 생물종의 이동이 어려워지고 고립되어 생물 개체 수 감소 및 멸종으로 이어질 수 있다. 이렇게 단편화된 서식지를 연결해주기 위해 설치하는 것을 무엇이라고 하는가?

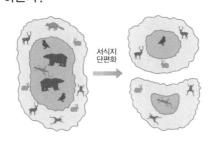

① 람사르 협약   ② 생태 통로

③ 종자은행   ④ 국립 공원

17 다음 중 생물 다양성에 관한 설명으로 옳은 것은?

① 종 다양성이 클수록 생태계 평형 유지가 어렵다.

② 서식지가 다양할수록 생물종 다양성이 크다.

③ 유전적 다양성이 높을수록 급격한 환경변화에 적응하기 어렵다.

④ 생태계 다양성이 높은 지역은 종 다양성이 낮아진다.

18 다음은 지질 시대를 알려주는 여러 화석의 모습을 나타낸 것이다. 최초의 인류가 출현한 지질 시대와 같은 시대의 화석은?

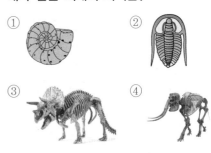

19 다음은 고생대의 특징을 설명한 글이다. (   )에 들어갈 말로 옳은 것은?

> 고생대는 대기권에 오존층이 형성되면서 생물이 육상으로 진출할 수 있게 되었다. 이 시기에 번성했던 생물은 삼엽충이나 갑주어가 있고 식물은 (   )이 번성하였다. 고생대 말에 대규모 대멸종이 일어난다.

① 종자 식물   ② 겉씨 식물

③ 속씨 식물   ④ 양치 식물

20 다음 그림과 가장 관련이 깊은 진화론은?

초기의 기린은 목   목이 긴 기린이 생존   목이 긴 기린의 형질이
길이가 다양했다.   경쟁에서 살아남았다.   유전되어 진화되었다.

① 돌연변이설   ② 자연 선택설

③ 격리설   ④ 용불용설

EBS ◐● 교육방송교재

고졸 검정고시 **과학**

제**4**편

환경과 에너지

생태계와 환경

이 단원에서는 생물과 환경과의 상호 관계에 대해 알아본다. 이를 통해 생태계가 어떻게 구성되고 변화하는지를 이해한다. 또 지구 환경의 변화 과정에 대해서도 살펴본다. 마지막으로 에너지의 전환과 보존 방안에 대해 배운다.

생물과 환경

- 생태계를 생물적 요인과 비생물적 요인으로 구분해볼 수 있다.
- 환경과 생물의 관계를 이해할 수 있다.

1 생태계

1. 생태계

(1) 생태계

생물이 다른 생물 및 환경과 밀접한 관계를 맺으며 영향을 주고받는 하나의 시스템을 말한다.

개체	개체군	군집	생태계
하나의 생명체	일정한 지역에 같은 종의 개체가 무리를 이루는 것	일정한 지역에서 서로 관계를 맺고 살아가는 여러 개체군 집단	일정한 공간에서 자연환경과 생물이 밀접한 관계를 맺으며 서로 영향을 주고받는 체계

(2) 생태계의 종류

① 열대 우림, 삼림, 초원, 갯벌, 사막, 연못, 공원, 어항 등이 있다.

② 생태계는 어항 등과 같이 작은 생태계부터 바다와 같이 큰 생태계까지 다양하다.

2. 생태계의 구성 요소

(1) 생물적 요인

생태계에 존재하는 모든 생물로 역할에 따라 생산자, 소비자, 분해자로 구분한다.

생산자	• 빛에너지를 이용하여 광합성을 통해 스스로 양분을 합성할 수 있다. • 식물, 조류, 식물 플랑크톤
소비자	• 스스로 양분을 만들지 못하여 다른 생물을 먹이로 하여 살아간다. • 초식 동물, 육식 동물
분해자	• 스스로 양분을 만들지 못하고 생물의 사체나 배설물을 분해하여 양분을 얻는다. • 버섯, 곰팡이, 세균

(2) 비생물적 요인

① 생물을 둘러싸고 있는 모든 환경 요인으로 생물에게 필요한 물질 및 환경을 제공한다.

② 빛, 온도, 물, 토양, 공기 등이 있다.

(3) 생태계 구성 요소의 관계

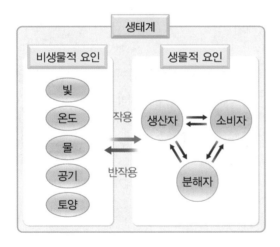

① 작용 : 비생물적 요인이 생물적 요인에 영향을 준다.

　예 빛이 강한 곳의 잎은 두껍다.

② 반작용 : 생물이 비생물적 요인에 영향을 준다.

　예 낙엽이 쌓여 토양이 비옥해진다.

③ 상호 작용 : 생물들 간에 서로 영향을 주고받는다.

　예 풀이 무성해지자 토끼의 개체 수가 증가하였다.

🔍 **기출문제 미리보기**

다음 중 생태계의 비생물적 요인은?

① 세균   ② 온도
③ 곰팡이   ④ 식물 플랑크톤

해설

비생물적 요인은 생물을 둘러싸고 있는 모든 환경 요인으로 빛, 온도, 물, 토양, 공기 등이 있다. 세균, 곰팡이는 생물적 요인 중 분해자에 속하고 식물 플랑크톤은 스스로 양분을 합성할 수 있으므로 생물적 요인 중 생산자에 속한다. **정답 ②**

2 생물과 환경의 관계

1. 빛과 생물

(1) 빛의 세기

▲ 빛의 세기와 식물의 잎 두께

① 빛의 세기가 강한 곳에 서식하는 식물의 잎은 두껍고, 약한 곳에 서식하는 식물의 잎은 얇고 넓다.

② 한 식물 개체에서도 강한 빛을 받는 잎이, 약한 빛을 받는 잎보다 두껍다.

(2) 빛의 파장

바다의 깊이에 따라 도달하는 빛의 파장과 양이 다르기 때문에 바다의 깊이에 따라 서식하는 해조류의 분포가 다르다.

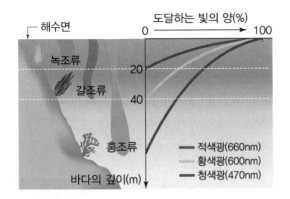

● 녹조류
녹색을 띤 조류
예 파래, 청각 등

● 갈조류
갈색을 띤 조류
예 미역, 다시마 등

● 홍조류
붉은색을 띤 조류
예 김, 우뭇가사리 등

(3) 일조 시간

① 태양 빛이 비춰지는 시간으로 식물의 개화나 동물의 생식에 영향을 준다.

② 식물

㉠ 붓꽃은 일조 시간이 길어지는 봄과 초여름에 핀다.

㉡ 코스모스는 일조 시간이 짧아지는 가을에 꽃이 핀다.

③ 동물

㉠ 꾀꼬리는 일조 시간이 길어지는 봄에 번식한다.

㉡ 송어와 노루는 일조 시간이 짧아지는 가을에 번식한다.

✏️**친절한 선생님**

- 장일 식물 : 일조 시간이 길어지는 봄과 초여름에 꽃이 피는 식물 예 붓꽃
- 단일 식물 : 일조 시간이 짧아지는 가을에 꽃이 피는 식물 예 코스모스

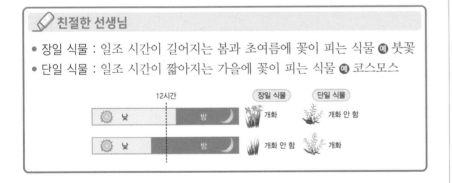

---

2. 온도와 생물

(1) 식물

① 기온이 매우 낮은 툰드라에 사는 털송이풀은 잎이나 꽃에 털이 나 있어 체온이 낮아지는 것을 막는다.

② 겨울의 추위를 견디기 위해 잎을 떨군다(낙엽).

③ 동백나무와 같은 상록수는 잎의 큐티클층이 두꺼워 잎을 떨어뜨리지 않고 겨울을 날 수 있다.

○ 변온 동물
주위의 온도에 따라 체온이 변하는 동물이다. 어류, 양서류, 파충류, 무척추동물 등이 해당된다.

○ 정온 동물
기온과 관계없이 일정한 체온을 유지할 수 있는 동물이다. 조류와 포유류는 정온 동물이다.

(2) 동물

① 일부 포유류는 먹이가 부족한 겨울에 기온이 낮아지면 에너지 소모를 줄이기 위해 겨울잠을 잔다.

② 개구리나 뱀과 같은 변온 동물은 겨울이 오면 겨울잠을 잔다.

③ 추운 지방에 사는 동물일수록 깃털이나 털이 발달되어 있고, 피하 지방층이 두꺼우며, 몸 말단부의 크기가 작다.

④ 더운 지방에 사는 동물은 몸집이 작고 말단부가 커서 열을 잘 방출한다.

| 북극여우 | 사막여우 |

3. 공기와 생물

(1) 호흡과 광합성

① 공기 중 산소는 생물의 호흡에 이용되고 호흡을 통해 공기 중으로 이산화 탄소가 배출된다.

② 공기 중 이산화 탄소는 광합성에 이용되고 광합성을 통해 공기 중으로 산소가 배출된다.

③ 광합성과 호흡으로 공기의 성분이 변한다.

(2) 고산 지대와 평지 비교

① 고산 지대는 평지에 비해 공기가 희박하다.

② 공기가 희박한 고산 지대에 사는 사람들은 산소의 효율적 운반을 위해 평지에 사는 사람들에 비해 적혈구가 많다.

4. 물과 생물

물은 생물체의 몸을 구성하고 생명 유지에 반드시 필요하므로 생물은 체내 수분을 유지하기 위해 다양한 형태로 적응한다.

(1) 동물

① 수분 증발 방지를 위한 적응

㉠ 곤충 몸 표면이 키틴질로 되어있다.

㉡ 조류와 파충류의 알은 수분을 보호하기 위해 단단한 껍데기로 싸여 있다.

㉢ 파충류의 몸 표면이 비늘로 덮여 있다.

② 수분 손실을 줄이기 위한 적응

㉠ 사막에 사는 캥거루쥐는 수분 배출을 줄이기 위해 농도가 진한 오줌을 배설한다.

㉡ 낙타는 땀을 잘 흘리지 않는다.

(2) 식물

① 물이 적은 곳에 사는 식물 : 물을 저장하는 저수 조직이 발달하고, 일부 식물은 잎이 가시의 형태로 바뀐다. **예** 선인장 잎

② 물이 많은 곳에 사는 식물 : 관다발이나 뿌리가 발달하지 않았고 물 위에 떠서 살 수 있다. **예** 수련, 연꽃

③ 육상 식물 : 뿌리, 줄기, 잎이 잘 발달되어 있다.

5. 토양과 생물

(1) 토양의 역할

생물이 살아가는 터전을 제공하고 생물에게 다양한 물질을 제공한다.

(2) 생물이 토양에 영향을 주는 경우

① 지렁이와 두더지가 토양을 돌아다니며 토양의 통기성을 높여 준다.

② 미생물이 사체나 배설물을 분해함으로써 토양의 성분을 변화시킬 수 있다.

(3) 토양의 공기 양과 세균의 분포

① 토양이 깊지 않은 곳은 공기를 많이 포함하여 호기성 세균이 살기 적합하다.

② 토양이 깊은 곳은 공기를 적게 포함하여 혐기성 세균이 살기 적합하다.

▶ **호기성 세균**
산소를 이용하여 유기물을 분해하여 살아가는 세균

▶ **혐기성 세균**
산소를 이용하지 않고 유기물을 분해하여 살아가는 세균

생태계

- 생태계 내에서의 먹이 관계 및 에너지 흐름을 이해할 수 있다.
- 생태계 평형 원리를 이해하고 생태계 평형이 깨지는 요인을 알 수 있다.

1 먹이 관계

1. 먹이 관계

(1) 먹이 사슬

생물 사이의 먹고 먹히는 관계를 사슬 모양으로 나타낸 것을 의미한다.

생산자 → 1차 소비자 → 2차 소비자 → 3차 소비자 … → 최종 소비자

(2) 먹이 그물

여러 생물의 먹이 사슬이 복잡하게 얽혀 그물처럼 나타나는 것이다.

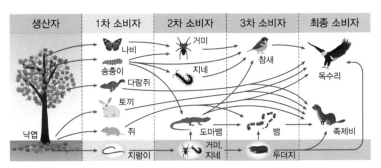

2. 에너지 흐름

태양 에너지 (근원) → 화학 에너지 (유기물) → 생물의 열에너지 (생명 활동으로 방출)

(1) 먹이 사슬과 에너지 흐름

생태계에서 에너지는 먹이 사슬을 통해 상위 영양 단계로 이동한다.

(2) 에너지 전환 관계

① 태양 에너지는 근원 에너지로 광합성을 통해 화학 에너지로 저장된다.

② 유기물에 화학 에너지로 저장된 에너지는 각 영양 단계에 속하는 생물의 생명 활동을 통해 이동하면서 열에너지로 방출되고, 방출되고 남은 것은 상위 영양 단계로 이동한다.

③ 상위 영양 단계로 갈수록 에너지양은 감소한다.

④ 에너지는 순환하지 않고 흐르기 때문에 생태계가 유지되기 위해서는 에너지가 공급되어야 한다.

3. 생태 피라미드

(1) 생태 피라미드

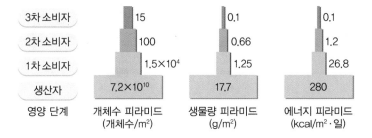

① 먹이 사슬에서 각 영양 단계에 속하는 생물의 에너지양, 생물량, 개체 수를 상위 영양 단계로 쌓아 올린 것이다.

② 에너지양, 생물량, 개체 수가 상위 영양 단계로 갈수록 줄어드는 피라미드 형태로 나타난다.

(2) 생태 피라미드의 의미

① 에너지 피라미드 : 각 영양 단계에 속한 생물의 생명 활동을 통해 방출된 열에너지는 다음 영양 단계로 전달되지 않기 때문에 상위 영양 단계로 갈수록 에너지양이 감소한다.

② 생물량 피라미드 : 생물량은 일정한 공간에 서식하는 생물 전체의 무게로, 일반적으로 상위 영양 단계로 갈수록 생물량은 감소한다.

③ 개체 수 피라미드 : 개체 수는 일정한 공간에 서식하는 생물의 개체 수로, 일반적으로 하위 영양 단계의 생물일수록 개체 수가 많다.

2 생태계 평형

1. 생태계 평형

(1) 생태계 평형

① 생태계를 구성하는 생물의 종류와 개체 수, 물질의 양, 에너지 흐름 등이 안정된 상태를 유지하는 것을 말한다.

② 종 다양성이 높으면 생태계 평형이 잘 유지된다.

생물종이 적은 생태계	생물종이 다양한 생태계
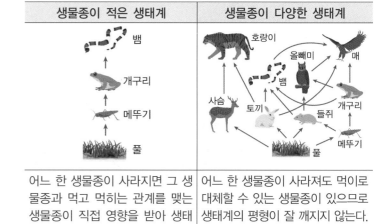	
어느 한 생물종이 사라지면 그 생물종과 먹고 먹히는 관계를 맺는 생물종이 직접 영향을 받아 생태계 평형이 쉽게 깨진다.	어느 한 생물종이 사라져도 먹이로 대체할 수 있는 생물종이 있으므로 생태계의 평형이 잘 깨지지 않는다.

(2) 생태계 평형 유지 원리

① 안정된 생태계는 어떤 요인에 의해 일시적으로 생태계 평형이 깨지더라도 시간이 지나면 먹이 사슬에 의해 대부분 생태계 평형이 회복된다.

② 생태계 평형이 회복되는 과정

그림	먹이 사슬에 의해 생태계 평형이 회복되는 과정
1단계	생산자, 1차 소비자, 2차 소비자가 피라미드 형태인 생태계 평형 상태이다.
2단계	1차 소비자의 개체 수가 일시적으로 증가하면 생태계 평형이 깨진다.
3단계	생산자의 개체 수는 감소하고, 2차 소비자의 개체 수는 증가한다.
4단계	2차 소비자의 증가로 1차 소비자의 개체 수가 감소한다.
5단계	생산자 개체 수는 증가하고, 2차 소비자의 개체 수는 감소하여 다시 생태계 평형이 회복된다.

2. 생태계 평형 유지를 위한 노력

(1) 환경 변화와 생태계
① 안정된 생태계에서는 환경 변화로 인해 일시적인 생물 종류와 개체 수가 변하더라도 대부분 생태계 평형을 회복할 수 있다.
② 생태계 평형을 회복할 수 있는 한계를 넘는 환경 변화가 일어나면 생태계 평형이 깨질 수 있다.

(2) 생태계 평형이 깨지는 원인
① **자연재해** : 홍수, 산사태, 화산 폭발과 같은 자연재해로 생물의 서식지가 감소하고 먹이 그물의 변화를 일으켜 생태계 평형을 깨뜨린다.
② **인간의 활동**
  ㉠ 무분별한 벌목은 숲의 생태계를 파괴하고 생물의 서식지를 감소시킨다.
  ㉡ 식량 대량 생산을 위해 경작지를 개발하면서 숲이 파괴되고 서식지 감소가 일어난다.
  ㉢ 도심화로 인해 건물이 무질서하게 세워지고 공기 순환이 원활해지지 못하면서 오염물질이 쌓이고 기온이 높아지는 열섬 현상이 나타난다.
  ㉣ 생활 하수, 공장 폐수, 축산 폐수로 인한 환경 오염은 생물의 생존을 위협한다.
  ㉤ 산업화로 인해 화석 연료의 사용이 증가하고 온실 기체의 증가는 지구 온난화를 일으킨다. 지구의 평균 기온 상승은 기후 변화를 야기하여 서식지 감소나 생물종의 멸종을 일으킨다.

◐ 열섬 현상
도심의 기온이 주위 기온보다 높은 현상으로 도심과 주변 지역의 온도를 연결하는 등온선을 그릴 경우 섬의 등고선과 비슷하게 나타난다고 해서 도심의 고온부를 '열섬'이라 부른다.

(3) 생태계 보전을 위한 노력
  ① 생물의 서식지를 보호하고 훼손된 서식지를 복원한다.
  ② 분리된 서식지를 연결하는 생태 통로를 설치하고 생태적 가치가 있는 곳은 국립 공원으로 지정한다.
  ③ 도시 열섬 현상을 완화하기 위해 옥상 정원을 가꾸고, 도시 중심부에 숲을 조성한다.
  ④ 멸종 위기 생물을 천연 기념물로 지정하여 보호한다.

🔍 기출문제 미리보기

다음 설명의 ㉠에 해당하는 것은?

생태계를 구성하는 생물의 종류와 개체 수, 에너지의 흐름이 급격히 변하지 않아 생태계가 안정적으로 유지되는 상태를 ㉠ (이)라고 한다.

① 생산자   ② 서식지
③ 생태계 평형   ④ 유전적 다양성

해 설 --
생태계 평형이란 생태계를 구성하는 생물의 종류와 개체 수, 물질의 양, 에너지 흐름 등이 안정된 상태를 유지하는 것을 말한다.   정답 ③

오답 피하기 --
① 생산자 : 생태계를 구성하는 요소 중 생물적 요소로 스스로 양분을 합성할 수 있는 독립 영양 생물이다.
② 서식지 : 생물이 살아가는 공간을 말한다.
④ 유전적 다양성 : 한 지역에 살고 있는 같은 생물종 간의 형질의 차이를 말한다.

🔍 기출문제 미리보기

다음 중 벼, 메뚜기, 개구리 세 개체군이 살고 있는 지역의 안정된 생태계 평형 상태를 나타낸 것은? (단, 각 영양 단계의 면적은 생물량을 나타낸다.)

①

②

③
| 개구리 |
| 메뚜기 |
| 벼 |

④
| 개구리 |
| 메뚜기 |
| 벼 |

해설

생태 피라미드는 먹이 사슬에서 각 영양 단계에 속하는 생물의 에너지양, 생물량, 개체 수를 상위 영양 단계로 쌓아올린 것이다. 일반적으로 안정적인 생태계의 생태 피라미드는 하위 영양 단계에서 상위 영양 단계로 갈수록 줄어드는 피라미드 형태로 나타난다. 따라서 벼>메뚜기>개구리 순으로 생물량이 많은 형태의 피라미드가 안정된 생태계 평형 상태이다.

정답 ④

지구 환경 변화

- 기후 변화에 대해 알아보고 지구 온난화를 이해한다.
- 대기와 해수의 순환을 알 수 있다.
- 사막화와 엘니뇨 현상을 이해한다.

1 기후 변화

1. 기후 변화

❯ 기후
오랜 기간 동안 평균적으로 나타나는 대기 상태

(1) 기후 변화

일정 지역에서 오랜 기간에 걸쳐 기후가 변하는 현상을 말한다.

(2) 기후 변화 연구 방법

① 나이테 연구 : 기후가 온난하면 나무의 생장 속도가 빨라 나이테의 간격이 넓어진다.

❯ 빙하 코어
빙하에 구멍을 뚫어 채취한 얼음 기둥

② 빙하 코어 연구 : 빙하 코어 속 공기 방울에는 과거의 대기 성분이 들어 있으므로 기후를 알 수 있다.

③ 화석 연구 : 퇴적물이나 지층 속에서 과거 생물의 화석이 발견되므로 과거에 번성하였던 생물의 종을 연구하여 기후를 알 수 있다.

2. 기후 변화의 원인

(1) 지구 내적 원인

① 화산 활동으로 분출된 화산 가스나 화산재로 기온의 변화가 생겼다.

② 대륙이 이동하면서 수륙 분포의 변화가 생기고 이로 인해 해류의 변화가 생겼다.

③ 대기 중 이산화 탄소와 같은 온실 기체의 농도 변화로 기온 변화가 생겼다.

④ 빙하 면적의 변화로 반사율이 변하였다.

(2) 지구 외적 원인

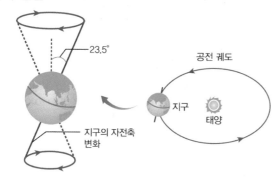

① 자구 자전축의 기울기 변화가 주기적으로 변한다.
② 지구 자전축 기울기 방향 변화가 주기적으로 변한다.
③ 지구 공전 궤도 모양 변화가 주기적으로 변한다.
→ 태양 복사 에너지 입사량이 변하여 기후가 변한다.

2 지구 온난화

1. 지구 온난화

(1) 온실 효과

대기가 없을 때	대기가 있을 때
태양 복사 에너지 / 지구 복사 에너지 / 지구	태양 복사 에너지 / 지구 복사 에너지 / 온실 효과 / 대기권 / 갇힌 적외선 복사 / 지구

① 지구가 태양으로부터 받은 태양 복사 에너지를 지구 복사 에너
  지로 방출하는 과정에서 지구 복사 에너지의 일부를 온실 기체
  가 지표로 재복사하여 지구의 온도가 높아지는 현상을 말한다.
② **온실 기체** : 온실 효과를 일으키는 기체로 이산화 탄소, 메테인
  등이 있다.

(2) 지구 온난화
  대기 중 온실 기체의 양이 증가하면서 온실 효과가 강화되어 지구
  평균 기온이 상승하는 현상을 말한다.

❯ **태양 복사 에너지**
태양에서 복사 형태로 들어오는
에너지

❯ **지구 복사 에너지**
지구에서 복사 형태로 방출하는
에너지

❯ **지구의 복사 평형**
흡수한 태양 복사 에너지양과 방
출한 지구 복사 에너지양이 같아
지구의 평균 기온이 일정하게 유
지되는 상태를 말한다.

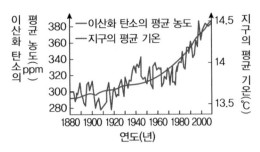

▲ 대기 중 이산화 탄소의 평균 농도 변화와 지구의 평균 기온 변화

2. 지구 온난화의 영향

(1) 지구 온난화 영향

① 빙하의 융해와 해수의 열팽창으로 해수면이 상승한다.

② 해수면 상승으로 인해 저지대가 침수되고 생물의 서식지가 감소한다.

③ 수온 상승으로 기상 이변이 발생한다.

④ 이상 기후로 생태계 변화 및 사막화가 진행된다.

⑤ 해수에 녹은 이산화 탄소가 해양 산성화를 일으킨다.

(2) 한반도의 지구 온난화

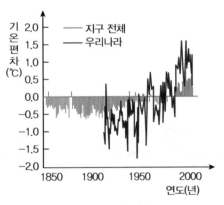

▲ 평균 기온 편차

① 우리나라의 평균 기온 상승률은 지구 전체 평균 기온 상승률보다 높다.

② 지구 온난화로 인해 한반도의 여름이 길어지고 겨울이 짧아진다.

③ 봄꽃의 개화 시기가 빨라졌다.

④ 난류성 어종의 서식지가 북상한다.

3. 지구 온난화 대책

① 온실 기체의 배출량을 줄이기 위해 화석 연료의 사용을 억제한다.

② 화석 연료를 대체할 수 있는 대체 에너지를 개발한다.

③ 광합성을 통해 이산화 탄소 양을 감소시킬 수 있도록 산림 면적을 확대한다.

④ 이산화 탄소 배출 감소를 위한 국제 협약을 준수한다.

🔍 기출문제 미리보기

다음 설명에 해당하는 것은?

- 대기 중 온실 기체가 증가하여 지구의 평균 온도가 올라가는 현상이다.
- 이 현상으로 대륙의 빙하가 녹으면서 해수면이 상승할 수 있다.

① 황사　　　　　　　　② 산성비
③ 쓰나미　　　　　　　④ 지구 온난화

해설

지구 온난화는 대기 중 온실 기체의 증가로 온실 효과가 강화되어 지구의 평균 기온이 높아지는 현상이다. 지구 온난화로 인해 빙하가 녹고 해수의 열팽창이 일어나 해수면이 상승할 수 있다. **정답 ④**

🔍 기출문제 미리보기

지구 대기 중에 온실 기체가 증가하여 현재 나타나는 현상으로 옳은 것은?

① 해수면이 높아진다.
② 지구의 평균 기온이 낮아진다.
③ 빙하의 분포 면적이 넓어진다.
④ 바다의 평균 수온이 낮아진다.

해설

지구 온난화로 지구의 평균 기온이 상승한다. 평균 기온 상승으로 인해 빙하가 녹고 해수의 열팽창에 의해 해수면이 높아진다. 바다의 평균 수온이 높아져 기상 이변이 발생한다. 해수에 녹은 이산화 탄소에 의해 해양 산성화가 일어나 해양 생태계에 영향을 줄 수 있는 등 지구 온난화는 지구 시스템에 많은 영향을 준다. **정답 ①**

3 대기와 해수의 순환

1. 위도별 에너지 불균형

(1) 위도별 복사 에너지양 비교

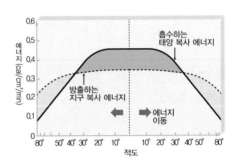

① 지구는 구형이기 때문에 위도별 단위 면적당 에너지 흡수량이 달라진다.
② 저위도 : 태양 복사 에너지 > 지구 복사 에너지 ➜ 에너지 과잉
③ 고위도 : 태양 복사 에너지 < 지구 복사 에너지 ➜ 에너지 부족

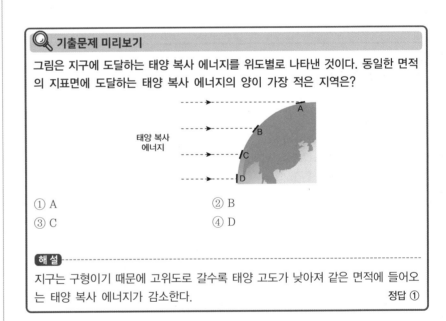

🔍 기출문제 미리보기

그림은 지구에 도달하는 태양 복사 에너지를 위도별로 나타낸 것이다. 동일한 면적의 지표면에 도달하는 태양 복사 에너지의 양이 가장 적은 지역은?

① A   ② B
③ C   ④ D

해설 ------
지구는 구형이기 때문에 고위도로 갈수록 태양 고도가 낮아져 같은 면적에 들어오는 태양 복사 에너지가 감소한다.   정답 ①

(2) 에너지 불균형 해소

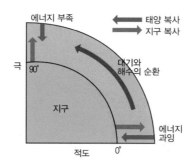

① 저위도는 에너지가 남고 고위도는 에너지가 부족하여 위도별 에너지 불균형이 발생한다.

② 저위도의 남는 에너지가 대기와 해수에 의해 고위도로 이동한다.

2. 대기 대순환

(1) 대기 대순환

① 지구 전체 규모의 대기 순환을 말한다.

② 위도별 에너지 불균형과 지구의 자전에 의해 발생한다.

(2) 대기 대순환 모형

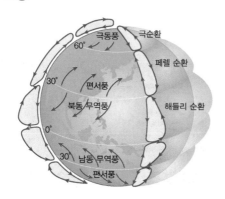

구분	위도	대기 이동 방향	바람
해들리 순환	적도 ~ 위도 30°	적도에서 더운 공기가 상승하여 위도 30°에서 하강한다.	무역풍
페렐 순환	위도 30° ~ 위도 60°	위도 30°에서 하강한 공기가 위도 60°에서 상승한다.	편서풍
극순환	위도 60° ~ 위도 90°	극지방의 찬 공기가 하강하여 위도 60°에서 상승한다.	극동풍

(3) 대기 대순환의 영향

    ① 에너지 불균형을 해소해준다.

    ② 해수의 표층 순환을 형성한다.

(4) 대기 대순환과 기압

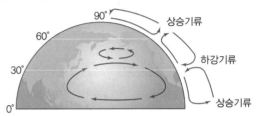

위도	기류	기압	기후
위도 0°	상승 기류	적도 저압대 형성	습한 기후, 열대 우림 분포
위도 30°	하강 기류	아열대 고압대 형성	건조한 기후, 사막 분포
위도 60°	상승 기류	한대 저압대 형성	습한 기후

3. 해수의 순환

(1) 해수의 표층 순환

    ① 표층 해류의 순환을 표층 순환이라고 한다.

    ② 해수의 표층 순환은 주로 해수면 위에서 지속적으로 부는 바람에 의해 발생한다.

(2) 표층 순환 모형

    ① 무역풍대 : 동 ➡ 서로 해류가 흐른다.

        예 북적도 해류, 남적도 해류

    ② 편서풍대 : 서 ➡ 동으로 해류가 흐른다.

        예 북태평양 해류, 남극 순환 해류

◐ 표층 해류

해수면 위에서 바람의 마찰에 의해 해양의 표층을 따라 흐르는 해류이다.

◐ 표층 해류의 방향

❶ 동서 방향의 표층 해류

    대기 대순환의 바람에 의해 동서 방향의 해류가 발생한다.

❷ 남북 방향의 표층 해류

    동서 방향으로 흐르는 해류가 대륙에 막히면 해류의 방향이 남북 방향으로 바뀐다.

---

③ 난류 : 저위도 → 고위도로 흐르는 해류로 수온이 높다.
　　예 쿠로시오 해류

④ 한류 : 고위도 → 저위도로 흐르는 해류로 수온이 낮다.
　　예 캘리포니아 해류

(3) 아열대 순환

① 무역풍과 편서풍에 의해 발생한 해류의 순환이다.

② 순환 방향이 북반구와 남반구에서 반대이다.

　㉠ 북태평양 : 북적도 해류 → 쿠로시오 해류 → 북태평양 해류
　　→ 캘리포니아 해류(시계 방향)

　㉡ 남태평양 : 남적도 해류 → 동오스트레일리아 해류 → 남극
　　순환 해류 → 페루 해류(시계 반대 방향)

4. 엘니뇨와 라니냐

(1) 엘니뇨

① 평상시

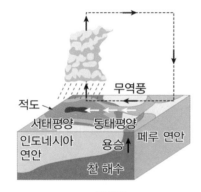

▲ 평상시

㉠ 무역풍의 영향으로 적도 부근의 따뜻한 해수가 서쪽으로 이
동한다.

㉡ 서태평양의 기후(인도네시아 연안) : 따뜻한 해수의 이동으로
표층 수온이 높다.

　→ 해수 증발이 활발하고 상승 기류가 강해 비가 많이 온다.

㉢ 동태평양의 기후(페루 연안) : 따뜻한 해수의 이동으로 차가
운 해수가 용승하여 표층 수온이 낮아진다. → 하강 기류가
발달하고 맑고 건조하다.

② 엘니뇨

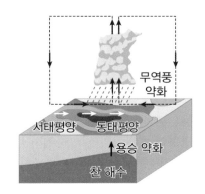

▲ 엘니뇨

무역풍 약화 ➔ 남적도 해류 약화 ➔ 용승 약화 ➔ 페루 연안의 수온 상승

㉠ 평상시보다 무역풍이 약해지면서 적도 부근의 따뜻한 해수
가 동쪽으로 이동한다.
㉡ 서태평양의 기후(인도네시아 연안) : 평상시보다 수온이 낮아
진다.
➔ 수증기 증발이 감소하여 날씨가 건조해지고 가뭄, 산불
이 자주 발생한다.
㉢ 동태평양의 기후(페루 연안) : 평상시보다 표층 수온이 높아
진다.
➔ 상승 기류를 형성하여 강수량이 증가하고 홍수와 폭우가
발생할 수 있다.
➔ 용승이 약화되어 산소와 영양 염류가 부족해 어획량이
감소한다.
③ 엘니뇨의 영향 : 규모가 작은 엘니뇨는 남태평양 주변 지역에만
영향을 주지만 규모가 큰 엘니뇨는 대기 대순환을 변화시켜 전
세계에 기상 이변을 일으킨다.

(2) 라니냐

엘니뇨와 반대로 무역풍이 평소보다 강화되며 나타나는 현상이다.

무역풍 강화 ➔ 남적도 해류 강화 ➔ 용승 강화 ➔ 페루 연안의 수온 하강

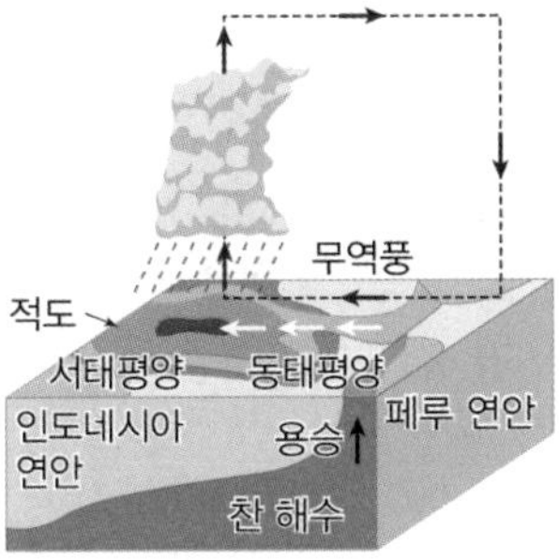

▲ 평상시

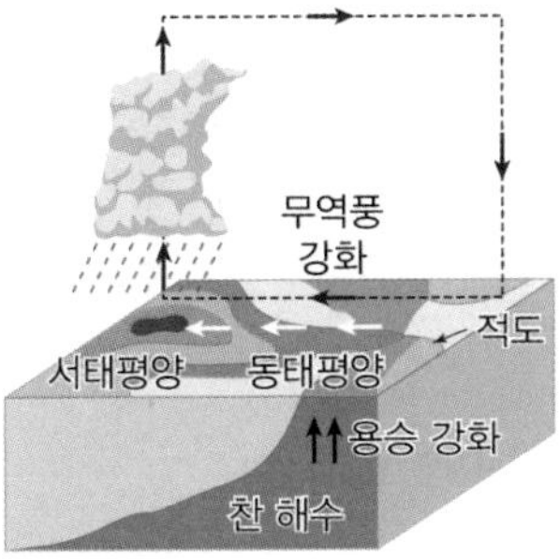

▲ 라니냐

구분	엘니뇨	라니냐
모식도	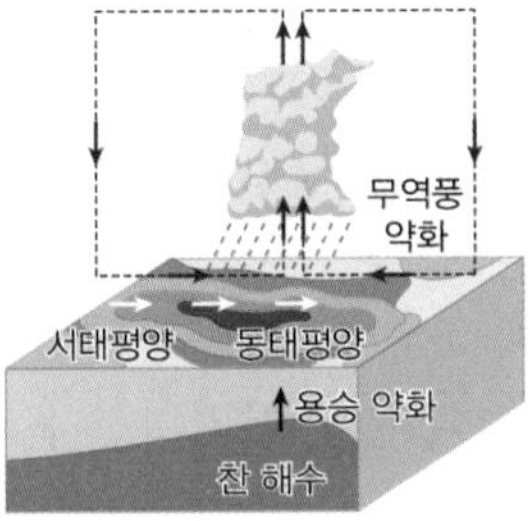 [엘니뇨]	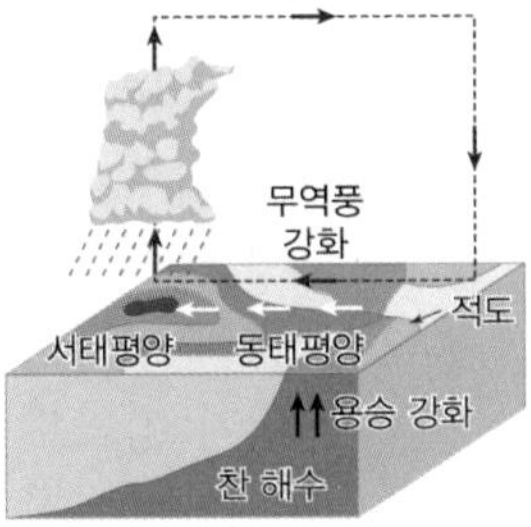 [라니냐]
무역풍	평소보다 약화	평소보다 강화
동태평양 (페루 연안)	[수온 상승] 상승 기류 발달로 강수량이 증가하여 홍수와 폭우 발생	[수온 하강] 하강 기류 발달, 강수량이 감소하여 가뭄과 산불이 발생한다. 용승 강화로 냉해를 입기도 한다.
서태평양 (인도네시아 연안)	[수온 하강] 하강 기류 발달, 강수량이 감소하여 가뭄과 산불이 발생한다.	[수온 상승] 상승 기류 발달로 강수량이 증가하여 홍수와 폭우 발생

5. 사막화

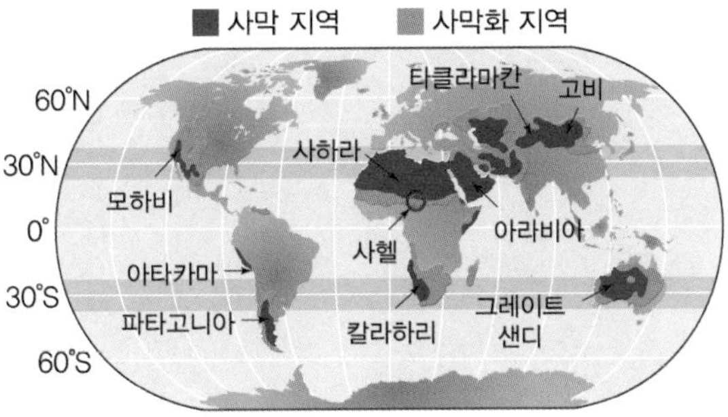

엘니뇨
크리스마스 전후로 나타나기에 스페인어로 엘니뇨(아기 예수)라고 불렸다.

라니냐
엘니뇨와 반대 현상이 동일한 지역에서 일어나자 스페인어로 라니냐(여자아이)라고 불렸다.

(1) 사막화

　① 사막 주변 지역의 토지가 자연적·인위적 원인으로 황폐해지면서 사막이 점차 넓어지는 현상을 사막화라고 한다.

　② 고압대가 형성되는 위도 30° 부근에 분포하며 하강 기류가 발달하여 대체로 날씨가 맑고 기후가 건조하다.

(2) 사막화의 원인

　① 대기 대순환의 변화로 증발량이 많아지고 강수량이 줄어든다.

　② 인간의 활동으로 과잉 경작, 과잉 방목이 발생한다.

　③ 무분별한 삼림 벌채로 인해 토양이 황폐화한다.

(3) 사막화의 영향

　① 황사 발생 빈도가 증가한다.

　② 토지 황폐화로 식량 부족이 나타난다.

　③ 생물의 서식지 변화로 인해 생태계 변화가 나타난다.

　④ 농경지 감소로 작물 재배가 어려워진다.

(4) 사막화의 대책

　① 나무를 심고 숲의 면적을 늘린다.

　② 삼림 벌채를 최소화한다.

　③ 가축의 방목을 줄인다.

　④ 사막화 피해를 줄이기 위한 국제 협약을 준수한다.

기출문제 미리보기

다음 설명에 해당하는 현상은?

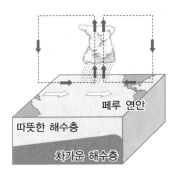

페루 연안

따뜻한 해수층

차가운 해수층

- 무역풍 약화로 페루 연안의 차가운 해수의 용승이 약화된다.
- 동태평양 적도 부근 연안의 수온이 평소보다 높아지면서 부근 어장이 황폐화 된다.

① 쓰나미   ② 엘니뇨
③ 대기 대순환   ④ 지구 온난화

해설

엘니뇨는 무역풍이 평상시보다 약해지면서 서태평양의 따뜻한 해수가 동쪽으로 이동한다. 따라서 페루 연안의 수온이 높아지고 차가운 해수의 용승이 약화되면서 영양 염류 및 산소 공급이 적어져 어장이 황폐화된다.   정답 ②

🔍 기출문제 미리보기

그림은 지구 대기 대순환을 나타낸 것이다. 이에 대한 설명으로 옳은 것만을 〈보기〉
에서 모두 고른 것은?

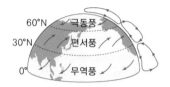

보 기

ㄱ. 무역풍과 극동풍의 방향은 서로 반대이다.

ㄴ. 30°N 지표 부근에는 상승 기류가 발달한다.

ㄷ. 30°N~60°N에서는 주로 편서풍의 영향을 받는다.

① ㄱ   ② ㄷ

③ ㄱ, ㄴ   ④ ㄴ, ㄷ

해 설

ㄱ. 무역풍과 극동풍은 동 → 서로 바람이 분다.

ㄴ. 위도 30°는 하강 기류가 발생하여 아열대 고압대가 형성되고 건조하다. 따라서
위도 30° 부근에 사막이 많이 분포한다.

ㄷ. 위도 30°~60°는 서 → 동으로 부는 편서풍이 분다. 따라서 위도 30°~60°에
서 표층 해류는 서 → 동으로 해류가 흐른다.

정답 ②

04 에너지 전환과 이용

- 에너지 전환 과정을 다양한 예시를 보며 적용할 수 있다.
- 에너지 효율과 열기관에 대해 이해하고 효율적인 에너지 이용에 대해 생각한다.

1 에너지 전환

1. 여러 가지 에너지

(1) 에너지

① 일을 할 수 있는 능력을 말한다.

② 단위는 일의 단위와 같은 J(줄)을 사용한다.

(2) 에너지 종류

① 빛에너지 : 빛의 형태로 전달되는 에너지이다.

② 열에너지 : 온도가 높은 물체에서 낮은 물체로 이동하는 에너지이다.

③ 화학 에너지 : 화학 결합을 통해 물질에 저장된 에너지이다.

④ 핵에너지 : 핵분열이나 핵융합이 일어날 때 발생하는 에너지이다.

⑤ 파동 에너지 : 소리나 파도와 같이 진동으로 전달되는 에너지이다.

⑥ 전기 에너지 : 전하가 이동하며 전류가 흐를 때 사용되는 에너지이다.

⑦ 운동 에너지 : 운동하는 물체가 가지는 에너지이다. ———┐ 역학적 에너지
⑧ 퍼텐셜 에너지 : 높은 곳에 있는 물체가 가지는 에너지이다. ———┘

2. 에너지 전환과 보존

(1) 에너지 전환

① 한 형태의 에너지가 다른 형태의 에너지로 바뀌는 것을 말한다.

② 자연과 일상에서 일어나는 모든 변화 속에서 에너지 전환이 일어난다.

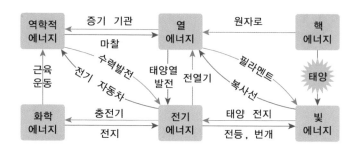

▲ 일상생활에서 일어나는 여러 가지 에너지 전환과 이용 형태

현상 및 이용	에너지 전환
광합성	빛에너지 → 화학 에너지
폭포	퍼텐셜 에너지 → 운동 에너지
음식 섭취	화학 에너지 → 운동 에너지, 열에너지
세탁기	전기 에너지 → 운동 에너지
배터리 충전	전기 에너지 → 화학 에너지
휴대 전화 배터리 사용	전기 에너지 → 운동 에너지(진동) 전기 에너지 → 빛에너지(화면) 전기 에너지 → 소리 에너지(스피커) 전기 에너지 → 열에너지(핸드폰 몸체)

(2) 에너지 보존 법칙

① 한 에너지가 다른 형태의 에너지로 전환될 때, 에너지는 새로 생겨나 소멸되지 않고, 그 총량이 항상 일정하게 보존된다.

② 감소한 에너지의 총량만큼 다른 형태의 에너지가 증가하여 전체적으로 에너지 총량에는 변화가 없다.

③ 에너지 절약의 필요성 : 에너지 총량은 보존되지만 전환된 형태의 에너지가 다시 사용하기 어려운 형태로 전환되기 때문에 사용 가능한 형태의 에너지양은 계속 감소한다. 따라서 에너지를 절약해야 한다.

🖲 전기 에너지 전환을 이용하여 텔레비전을 켰을 때 발생하는 열이나 빛, 소리는 공간으로 퍼져나간 후에는 다시 사용하기 어렵다.

(3) 역학적 에너지 전환과 보존

① 역학적 에너지 : 퍼텐셜 에너지와 운동 에너지의 합을 역학적 에너지라고 한다.

㉠ 퍼텐셜 에너지 = 9.8 × 질량 × 높이

ⓒ 운동 에너지 = $\frac{1}{2}$ × 질량 × 속력^2

② 역학적 에너지 전환

　　　⊙ 자유 낙하 운동 : 퍼텐셜 에너지 ➡ 운동 에너지

　　　ⓒ 연직 위로 던진 물체의 운동 : 운동 에너지 ➡ 퍼텐셜 에너지

③ 역학적 에너지 보존 : 공기 저항이나 마찰이 없을 때 역학적 에너지는 항상 일정하다.

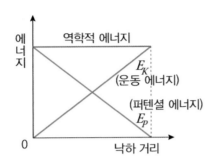

퍼텐셜 에너지 + 운동 에너지 = 역학적 에너지이므로, 그래프의 역학적 에너지는 일정하다.

 기출문제 미리보기

그림과 같이 질량이 같은 세 물체 A, B, C를 각각 1h, 2h, 3h의 높이에서 가만히 놓았을 때, 지면에 도달하는 순간 운동 에너지가 가장 작은 것은? (단, 모든 저항은 무시한다.)

① A
② B
③ C
④ 모두 같다.

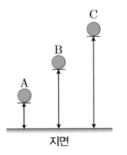

해설
모든 저항이 무시된 공간에서 역학적 에너지는 보존된다. 따라서 물체의 낙하가 일어날 때 퍼텐셜 에너지가 모두 운동 에너지로 전환되므로 퍼텐셜 에너지가 가장 작은 물체가 낙하할 때 운동 에너지가 가장 작다. 퍼텐셜 에너지 = 9.8 × 질량 × 높이이므로 질량이 같은 물체의 낙하 운동에서는 높이가 낮은 물체의 퍼텐셜 에너지가 가장 작다.

정답 ①

🔍 기출문제 미리보기

다음 중 사용 중인 전기 기구에서의 에너지 전환에 대한 설명으로 옳지 <u>않은</u> 것은?

① 전등에서 전기 에너지가 빛에너지로 전환된다.
② 다리미에서 전기 에너지가 열에너지로 전환된다.
③ 전열기에서 운동 에너지가 전기 에너지로 전환된다.
④ 선풍기에서 전기 에너지가 운동 에너지로 전환된다.

해설
전열기는 전기 에너지를 열에너지로 전환하여 사용한다.   정답 ③

2 에너지의 효율적 이용

1. 에너지 효율

(1) 에너지 효율

공급한 에너지 중에서 유용하게 사용된 에너지의 비율(%)을 말한다.

$$에너지\ 효율(\%) = \frac{사용한\ 에너지의\ 양}{공급된\ 에너지의\ 양} \times 100$$

(2) 에너지 소비 효율 등급

▲ 에너지 소비 효율 등급 표시

① 가전제품의 등급은 에너지 소비 효율을 5단계로 구분하여 나타낸다.
② 에너지 소비 효율 1등급인 제품의 에너지 효율이 가장 우수하다.
③ 에너지 소비 효율 등급이 높은 제품을 사용하면 에너지를 절약할 수 있다.

2. 열기관

(1) 열기관

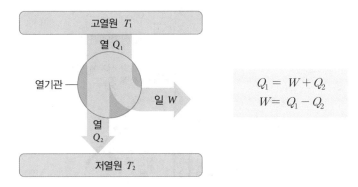

$$Q_1 = W + Q_2$$
$$W = Q_1 - Q_2$$

① 연료를 연소시켜 발생한 열에너지를 일로 전환하는 장치를 말한다.
② 고열원에서 공급된 열(Q_1)을 받아 외부에 일(W)을 하고 저열원(Q_2)으로 열에너지가 방출된다.

(2) 열효율(e)

$$열효율(e) = \frac{한\ 일의\ 양}{공급된\ 열량} = \frac{W}{Q_1} = \frac{Q_1 - Q_2}{Q_1} = 1 - \frac{Q_2}{Q_1} < 1$$

① 공급한 열량 중 열기관이 한 일의 비율을 말한다.
② 열효율이 높을수록 저열원으로 방출하는 열에너지의 양이 적다.
③ 열효율은 1이 될 수 없다.

3. 에너지의 효율적 이용

(1) 하이브리드 자동차

엔진과 전기 모터를 함께 사용하여 운행 중 버려지는 에너지를 전기 에너지로 전환하여 사용하므로 에너지 효율이 높다.

> **하이브리드**
> 두 개 이상의 요소가 합쳐진다는 뜻으로 두 가지 이상의 기술을 접목한 기술을 하이브리드 기술이라고 한다.

(2) 에너지 제로 하우스

필요한 에너지를 태양, 지열, 풍력 등의 재생 에너지를 통해 얻고, 단열로 외부와의 열 출입을 차단하는 미래형 주택이다.

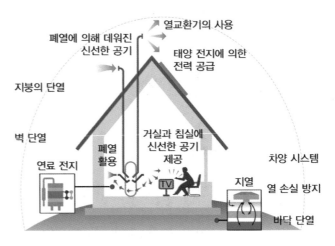

(3) LED 전구

전기 에너지가 열에너지로 손실되는 비율을 낮추고 효율을 높인 전구로 형광등에 비해 수명과 효율이 모두 높다.

(4) 에너지의 효율적 이용을 위한 노력

① 에너지 소비 효율 등급 표시 : 에너지 효율이 높은 제품을 사용하는 것이 좋다.

② 대기 전력 저감 프로그램 실시 : 대기 전력을 줄인 제품에 에너지 절약 표시를 붙인다.

③ 일상생활에서 에너지를 절약하기 위해 노력하고 전자 기기를 사용하지 않는 경우 플러그를 뽑거나 대기 전력 자동 차단 멀티탭을 사용한다.

● 대기 전력
기기를 사용하지 않는 동안 낭비되는 전력이다. 컴퓨터나 텔레비전 등의 전기 기기는 실제로 사용하지 않는 상태에서도 전력이 소비된다.

● 대기 전력 저감 우수 제품 표시
소비자들이 에너지 절약 제품을 쉽게 알 수 있다.

🔍 기출문제 미리보기

표는 조명 기구 A~D의 같은 시간 동안 공급된 전기 에너지와 발생한 빛에너지를 나타낸 것이다. 빛에 대한 에너지 효율이 가장 높은 조명 기구는?

조명 기구	A	B	C	D
전기 에너지(J)	20	20	40	40
빛에너지(J)	5	10	5	10

① A   ② B
③ C   ④ D

해설

에너지 효율은 공급한 에너지 중에서 유용하게 사용된 에너지의 비율(%)을 의미하므로 공급한 전기 에너지 대비 사용된 빛에너지 비율을 비교할 수 있다.

$A = \dfrac{5}{20} = 0.25$, $B = \dfrac{10}{20} = 0.5$, $C = \dfrac{5}{40} = 0.125$, $D = \dfrac{10}{40} = 0.25$ 　　정답 ②

🔍 기출문제 미리보기

그림은 고열원에서 열(Q_1)을 흡수하여 일(W)을 하고 저열원으로 열(Q_2)을 방출하는 열기관의 1회 순환 과정을 나타낸 것이다. 열효율이 20%인 열기관이 고열원에서 1,000J의 열을 흡수했을 때 저열원으로 방출하는 열은?

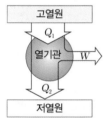

① 300J
② 500J
③ 800J
④ 900J

해설

열효율(e) = $\dfrac{\text{열기관이 한 일(W)}}{\text{열기관이 흡수한 열(Q}_1)}$ × 100이고 열기관이 흡수한 열량(Q_1)이 1000J

이므로 20% = $\dfrac{\text{열기관이 한 일(W)}}{1000\text{J}}$ × 100이다. 따라서 열기관이 한 일(W)은 200J

임을 알 수 있다. 열기관이 흡수한 열(Q_1) = 한 일(W) + 방출한 열(Q_2)이므로 저열원으로 방출한 열(Q_2)은 1000J − 200J = 800J이다. 　　정답 ③

🔍 기출문제 미리보기

그림은 열기관의 1회 순환 과정을 나타낸 것이다. 이에 대한 설명으로 옳은 것만을 〈보기〉에서 모두 고른 것은? (단, 열기관이 흡수한 열은 Q_1, 방출한 열은 Q_2, 한 일은 W이다.)

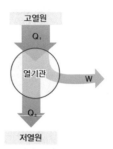

보기

ㄱ. $Q_1 > Q_2$
ㄴ. $W = Q_1 + Q_2$
ㄷ. W가 클수록 열효율이 크다.

① ㄱ   ② ㄴ
③ ㄱ, ㄷ   ④ ㄴ, ㄷ

해설

ㄱ. 열기관이 흡수한 열(Q_1) = 한 일(W) + 방출한 열(Q_2)이므로 열기관이 흡수한 열(Q_1)이 방출한 열(Q_2)보다 크다.
ㄴ. 한 일(W) = 열기관이 흡수한 열(Q_1) − 방출한 열(Q_2)이다.
ㄷ. 열효율은 열기관이 흡수한 열량(Q_1) 중 일(W)로 전환된 비율이므로 일(W)이 클수록 열효율이 크다.

정답 ③

01 다음 중 생태계 구성 요소 중 생물적 요인에 들어가지 <u>않는</u> 것은?

① 호랑이   ② 세균

③ 빛   ④ 소나무

02 그림은 북극여우와 사막여우의 모습을 나타낸 것이다. 이들 모습의 차이에 영향을 준 환경요인은?

북극여우   사막여우

① 온도   ② 물

③ 토양   ④ 공기

03 생태계에 대한 설명으로 옳은 것은?

① 생태계는 생물적 요인으로만 이루어졌다.

② 생태계의 크기는 매우 크다.

③ 생태계의 생물적 요인은 생산자, 소비자, 분해자로 구분할 수 있다.

④ 생태계를 구성하는 생물들은 서로 영향을 주지 않는다.

04 다음은 생태계 구성 요소를 나타낸 것이다. A에 해당하는 예로 옳은 것은?

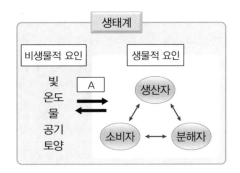

① 낙엽이 쌓여서 토양이 비옥해졌다.

② 지렁이가 흙 속을 돌아다니며 토양의 통기성을 높인다.

③ 가을에 기온이 낮아지면 은행나무 잎이 노랗게 변한다.

④ 메뚜기의 개체 수가 증가하면 개구리의 개체 수도 증가한다.

05 다음은 생태계 내에서 에너지 흐름을 나타낸 것이다.

(가) → 화학 에너지 → 생물의 열에너지

광합성에 의해 화학 에너지로 저장되는 (가)는 무엇인가?

① 조력 에너지

② 태양 에너지

③ 지구 내부 에너지

④ 퍼텐셜 에너지

06 다음에서 제시하는 현상과 관련된 환경요인에 의한 생물의 적응 모습으로 옳은 것은?

> 토양의 표면은 호기성 세균이 많이 분포하고 토양의 깊은 곳은 공기를 싫어하는 혐기성 세균이 많이 분포한다.

① 선인장의 잎이 바늘 모양으로 변해있다.
② 개구리는 날씨가 추워지면 겨울잠을 잔다.
③ 고산지대에서 생활하는 사람은 평지에서 생활하는 사람보다 적혈구 수가 많다.
④ 빛의 세기가 강한 곳의 잎은 두껍다.

07 그림은 수심에 따른 해조류의 분포를 나타낸 그림이다. 이와 같이 해조류의 분포가 달라진 것과 가장 관련이 깊은 요인은?

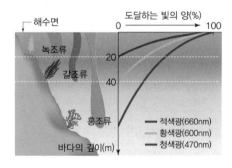

① 빛의 세기
② 빛의 파장
③ 일조시간
④ 공기

08 다음은 무엇에 대한 설명인가?

> 먹이 사슬에서 각 영양 단계에 속하는 생물의 에너지양, 생물량, 개체 수를 하위 영양 단계부터 상위 영양 단계로 쌓아 올린 것이다.

① 생태계
② 먹이그물
③ 생태계 평형
④ 생태 피라미드

09 그림은 생태계 평형이 회복되는 과정의 일부를 나타낸 것이다.

1차 소비자의 개체 수가 일시적으로 증가하여 생태계 평형이 깨졌을 때 (나)에 들어갈 그림으로 적절한 것은?

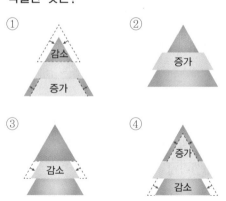

10 다음 중 생태계 보전을 위한 노력으로 적절하지 <u>않은</u> 것은?

① 도로 건설 등으로 나뉜 서식지를 연결하는 생태 통로를 설치한다.

② 생태적 가치가 있는 곳은 국립공원으로 지정한다.

③ 열섬 현상을 완화하기 위해 도시에 숲이나 옥상 정원을 제거한다.

④ 멸종 위기 생물을 천연기념물로 지정하여 보호한다.

11 다음은 과거 기후 변화를 연구하는 방법에 대한 설명이다. 아래 설명에 해당하는 방법은?

> 빙하가 형성되면서 빙하에 포함된 공기 방울이나 나이테 등을 연구하여 과거 대기 성분 및 기후 등을 알 수 있다.

① 화석 연구

② 나무의 나이테 연구

③ 빙하 코어 연구

④ 천문 연구

12 다음은 지구의 평균 기온 및 이산화 탄소의 농도 변화를 나타낸 그래프이다.

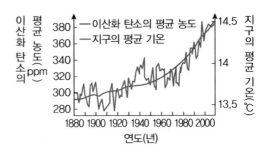

이와 같이 온실 기체의 양이 증가하면서 지구 평균 기온이 상승하는 현상을 무엇이라고 하는가?

① 온실 효과

② 지구 온난화

③ 해수면 상승

④ 복사 평형

13 다음 중 지구 온난화로 인해 나타나는 현상이 <u>아닌</u> 것은?

① 해수면 상승

② 해양 산성화

③ 생태계 평형

④ 기상 이변

14 다음은 우리나라의 지구 온난화에 대한 설명이다. 옳지 <u>않은</u> 것은?

① 우리나라의 평균 기온 상승률은 지구 평균 기온 상승률보다 높다.

② 여름이 짧아지고 겨울이 길어진다.

③ 봄꽃의 개화 시기가 점차 빨라진다.

④ 수온 상승으로 난류성 어종이 증가한다.

15 다음 그림은 북반구의 대기 대순환과 표층 해류 순환을 나타낸 것이다.

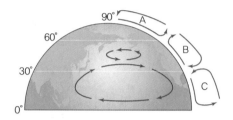

편서풍에 영향을 주는 순환의 기호와 이름이 바르게 연결된 것은?

① A − 해들리 순환

② B − 페렐 순환

③ C − 극순환

④ C − 해들리 순환

16 다음은 무엇에 대한 설명인가?

> 크고 작은 여러 규모의 대기 순환 중에서 지구 전체 규모로 일어나는 순환으로 지구 자전에 의해서 적도에서 극 사이에 3개의 순환 세포가 형성된다.

① 해수의 표층 순환

② 엘니뇨

③ 대기 대순환

④ 사막화

17 그림은 엘니뇨 현상이 일어날 때를 나타낸 것이다. 엘니뇨가 일어난 원인으로 옳은 것은?

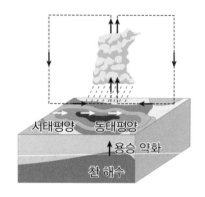

① 무역풍 약화   ② 무역풍 강화

③ 편서풍 약화   ④ 편서풍 강화

18 다음 대기를 구성하는 성분 중 온실 효과를 일으키는 기체가 <u>아닌</u> 것은?

① 질소   ② 수증기

③ 이산화 탄소   ④ 메테인

19 다음은 사막화의 대책을 나타낸 것이다. 사막화의 원인으로 옳지 <u>않은</u> 것은?

> • 삼림 벌채 및 가축의 방목을 줄인다.
> • 사막화 방지를 위한 국가 간 협약을 준수한다.
> • 나무를 심는다.

① 인구 증가에 따른 과잉 경작

② 무분별한 산림 벌채

③ 대기 대순환에 의해 지속적인 가뭄

④ 숲의 조성

20 그림은 북반구 대기 대순환에 의해 지표 부근에서 부는 바람을 나타낸 것이다.

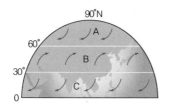

[보기]에서 설명하는 바람의 이름과 기호가 바르게 연결된 것은?

┤ 보기 ├
- 위도 0~30° 부근에서 부는 바람이다.
- 동 → 서로 해류를 흐르게 하는 바람이다.

① A – 무역풍
② B – 편서풍
③ C – 극동풍
④ C – 무역풍

21 다음 중 에너지 전환의 예가 잘못된 것은?

① 배터리 충전 : 전기 에너지 → 화학 에너지
② 선풍기 : 전기 에너지 → 운동 에너지
③ 광합성 : 열에너지 → 화학 에너지
④ 음식 섭취 : 화학 에너지 → 열에너지

22 다음은 어떤 형광등의 에너지 효율을 나타낸 것이다.

공급한 전기 에너지가 1000J일 때 이 형광등이 빛에너지로 전환하는 데 사용된 에너지는?

① 100J
② 200J
③ 800J
④ 1200J

23 그림은 열기관에서 에너지 흐름을 나타낸 것이다.

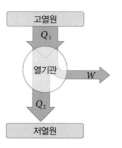

이에 대한 설명으로 옳지 <u>않은</u> 것은?

① 열기관이 한 일은 $Q_1 - Q_2$이다.
② Q_1이 일정할 때 W가 커질수록 Q_2가 작아진다.
③ Q_1이 일정할 때 W가 커질수록 열효율이 높다.
④ 열효율이 높을수록 저열원으로 이동하는 에너지가 커진다.

24 표는 열기관 (가)와 (나)의 고열원에 열에너지를 공급해주었더니 열기관이 열에너지를 흡수하고 외부에 한 일을 나타낸 것이다.

구분	(가)	(나)
열기관이 흡수한 에너지(J)	400	100
외부에 한 일(J)	100	50

이에 대한 설명으로 옳은 것만을 [보기]에서 모두 고른 것은?

┤ 보기 ├
ㄱ. (가)가 (나)보다 열효율이 높다.
ㄴ. 저열원으로 빠져나간 열은 (가)가 더 많다.
ㄷ. (나)의 열효율은 50%이다.

① ㄱ
② ㄷ
③ ㄱ, ㄴ
④ ㄴ, ㄷ

25 다음 중 에너지 전환 및 보존에 대한 설명으로 옳은 것만을 [보기]에서 모두 고른 것은?

┤ 보기 ├
ㄱ. 에너지가 전환될 때 대부분 열에너지로 전환되면서 에너지 총량은 감소한다.
ㄴ. 에너지가 전환될 때마다 에너지의 일부는 다시 사용하기 어려운 에너지로 전환된다.
ㄷ. 마찰이 있는 공간에서 역학적 에너지는 보존된다.

① ㄱ
② ㄴ
③ ㄷ
④ ㄱ, ㄴ

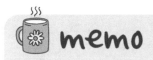

memo

 교육방송교재

고졸 검정고시 **과학**

PART 2

발전과 신재생 에너지

이 단원에서는 전기 에너지를 생산하고 수송하는 과정에 대해 알아본다. 또 태양 에너지가 생성되고 전환되는 과정에 대해 살펴본다. 나아가 핵발전, 태양광 발전은 물론 신재생 에너지의 종류와 특징, 에너지 문제 해결 방안에 대해서도 배운다.

전기 에너지의 생산과 수송

• 전자기 유도 개념을 이해하고 발전 방식에 적용시킬 수 있다.
• 효율적인 송전을 위해 변압기를 이해한다.

1 전자기 유도와 발전기

1. 전자기 유도

(1) 전자기 유도

코일 근처에서 자석을 움직이거나 자석 근처에서 코일을 움직일 때 코일에 전류가 흐르는 현상이다.

자석의 움직임		검류계 바늘의 움직임
N극	가까이 할 때	오른쪽으로 움직인다.
	멀리 할 때	왼쪽으로 움직인다.
S극	가까이 할 때	왼쪽으로 움직인다.
	멀리 할 때	오른쪽으로 움직인다.
자석을 빠르게 움직일 때		검류계 바늘이 크게 움직인다.
자석이 정지해 있을 때		검류계 바늘이 움직이지 않는다.

(2) 유도 전류

① 전자기 유도에 의해 코일에 흐르는 전류를 말한다.
② 자기장의 변화를 방해하는 방향으로 유도 전류가 흐른다.
③ 유도 전류의 세기 : 자석을 빨리 움직일수록, 자석의 세기가 셀수록, 코일을 감은 수가 많을수록 유도 전류가 세게 흐른다.

> ✏️ **친절한 선생님**   패러데이 법칙
>
> 코일에 유도된 전류의 세기는 코일의 감은 수와 단위 시간당 코일을 통과하는 자기장 변화에 비례한다.

▶ 기전력
전류를 흐를 수 있게 하는 전압

▶ 전류가 흐르는 도선 주위의 자기장
전류가 흐르는 코일 주변에는 막대자석과 유사한 자기장이 형성된다.

▲ 자석 주위의 자기장

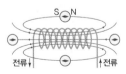

▲ 전류가 흐르는 코일 주위의 자기장

구분	N극의 움직임		S극의 움직임	
	가까이 할 때	멀리 할 때	가까이 할 때	멀리 할 때
자기장 변화	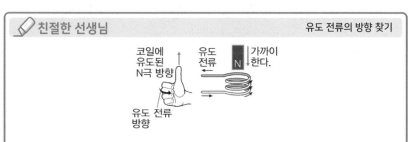			
유도 전류	코일 위쪽이 N극이 되도록 전류가 유도된다.	코일 위쪽이 S극이 되도록 전류가 유도된다.	코일 위쪽이 S극이 되도록 전류가 유도된다.	코일 위쪽이 N극이 되도록 전류가 유도된다.
	B ➔ Ⓖ ➔ A	A ➔ Ⓖ ➔ B	A ➔ Ⓖ ➔ B	B ➔ Ⓖ ➔ A

✏️ **친절한 선생님**   유도 전류의 방향 찾기

N극 쪽으로 오른손 엄지손가락을 향할 때, 네 손가락이 감긴 방향이 코일에 흐르는 유도 전류의 방향이다.

2. 전자기 유도의 이용

(1) 발전기

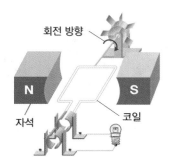

① 전자기 유도를 이용하여 전기를 발생시키는 장치를 발전기라고 한다.

② **에너지 전환** : 역학적 에너지(운동 에너지) ➔ 전기 에너지

③ 영구 자석 사이에서 코일이 회전할 때 코일을 통과하는 자기장이 변하여 전기 에너지가 만들어진다.

| 0°일 때 | 45° 회전했을 때 | 90° 회전했을 때 |

(2) 생활 속 간이 발전기

| 악력기를 이용한 발전기 | 흔들이 손전등 | 자전거 발전기 |

① 악력 발전기 : 악력기를 쥐거나 펼 때 발광 다이오드에 불이 켜진다.
② 흔들이 손전등 : 손전등을 흔들 때 자석이 코일 속을 통과하여 불이 켜진다.
③ 자전거 발전기 : 페달을 돌릴 때 자석이 코일 속을 회전하여 전조등에 불이 켜진다.

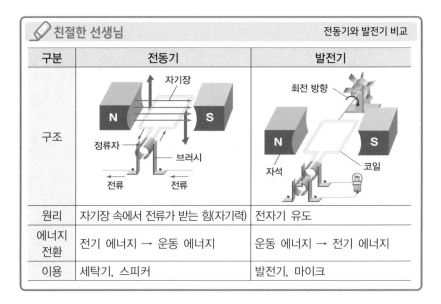

🖍 친절한 선생님   전동기와 발전기 비교

구분	전동기	발전기
구조		
원리	자기장 속에서 전류가 받는 힘(자기력)	전자기 유도
에너지 전환	전기 에너지 → 운동 에너지	운동 에너지 → 전기 에너지
이용	세탁기, 스피커	발전기, 마이크

(3) 교통카드

　자기장이 형성된 단말기에 코일이 내장된 카드를 가까이하면 유도
전류가 흘러 카드에 내장된 메모리칩의 정보가 기록, 변화가 일어
난다.

(4) 무선 충전기, 전기 기타 등도 전자기 유도가 이용되었다.

3. 여러 가지 발전 방식

(1) 발전소의 발전기

① 발전소에서는 터빈을 회전시키면, 터빈과 연결된 발전기가 함
　께 회전하면서 전기 에너지를 생산한다.
② 발전기에서는 터빈의 운동 에너지가 전기 에너지로 전환된다.
③ 발전기에 연결된 터빈을 돌리는 에너지원에 따라 화력 발전,
　수력 발전, 핵발전 등으로 구분된다.

(2) 여러 가지 발전

① 화력 발전

에너지원	화석 연료의 화학 에너지
원리	연료의 연소로 물을 끓여 얻은 고온, 고압의 수증기로 터빈을 돌린다.
에너지 전환	화학 에너지 ➜ 열에너지 ➜ 운동 에너지 ➜ 전기 에너지

② 수력 발전

에너지원	높은 곳에 위치한 물의 퍼텐셜 에너지
원리	댐에 의해 높은 곳에 있던 물이 낮은 곳으로 떨어지면서 터빈을 돌린다.
에너지 전환	퍼텐셜 에너지 ➜ 운동 에너지 ➜ 전기 에너지

③ 핵발전

에너지원	핵연료의 핵에너지
원리	핵에너지로 물을 끓여 얻은 고온, 고압의 수증기로 터빈을 돌린다.
에너지 전환	핵에너지 → 열에너지 → 운동 에너지 → 전기 에너지

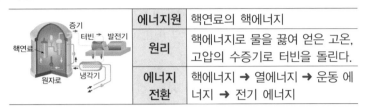

🔍 기출문제 미리보기

그림과 같이 코일에 자석을 가까이 가져갈 때 검류계의 바늘이 왼쪽으로 움직였다.
다음 중 검류계의 바늘이 오른쪽으로 움직이는 경우는? (단, 다른 조건은 모두 같다.)

① 더 강한 자석을 사용한다.
② 코일의 감은 수를 늘린다.
③ 자석을 더 빠르게 가까이 한다.
④ 자석을 코일에서 멀어지게 한다.

해설 --

유도 전류는 자기장의 변화를 방해하는 방향으로 흐른다. 따라서 같은 극의 자석을
가까이 가져갈 때와 자석이 멀어질 때 전류의 방향은 바뀐다. 또한 자석의 극을 바
꾸어 자석을 코일에 가까이 가져가도 유도 전류의 방향이 변하여 검류계 바늘이 반
대로 움직인다.   정답 ④

오답 피하기 --

①, ②, ③ 자석의 세기가 세지거나 코일의 감은 수가 늘어나거나 자석의 움직임이
빨라져서 자기장의 변화가 커지면 유도 전류의 세기가 세진다.

기출문제 미리보기

그림과 같이 코일에 자석을 가까이 할 때 발생하는 유도 전류의 세기를 크게 하는 방법으로 옳은 것만을 〈보기〉에서 모두 고른 것은?

보기

ㄱ. 더 강한 자석을 사용한다.
ㄴ. 자석의 움직임을 더 빠르게 한다.
ㄷ. 단위 길이당 코일의 감은 수를 적게 한다.

① ㄱ   ② ㄷ
③ ㄱ, ㄴ   ④ ㄴ, ㄷ

해설

유도 전류의 세기는 자석이 셀수록, 자석이 빠르게 움직일수록, 코일의 감은 수가 많을수록 유도 전류가 세다.
정답 ③

2 전기 에너지의 효율적 수송

1. 전력

(1) 전기 에너지

$$전기\ 에너지(E) = 전압(V) \times 전류(I) \times 시간(t)$$

① 전류가 흐를 때 전기 기구에 공급하는 에너지를 말한다.
② 단위 : J

(2) 전력

$$전력(P) = \frac{전기\ 에너지(E)}{시간(t)} = \frac{전압(V) \times 전류(I) \times 시간(t)}{시간(t)}$$
$$= 전압(V) \times 전류(I)$$

① 단위 시간 동안 생산 또는 사용하는 전기 에너지를 말한다.
② 단위 : J/s, W(와트)

2. 전력 수송

(1) 전력 수송 과정

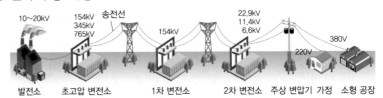

① 발전 : 발전소에서 전기 에너지를 생산한다.
② 송전 : 발전소에서 생산한 전력을 공장이나 빌딩, 가정 등으로
수송하는 과정이다.
③ 변전 : 전압을 높이거나 낮추는 과정이다.
④ 배전 : 전기를 사용하는 장소까지 분배하여 공급하는 과정이다.

(2) 전력 손실

① 송전 과정에서 송전선에 전류가 흐를 때 저항에 의해 발생하는
손실 전력이다.
② 전기 에너지의 일부가 열에너지로 전환되면서 손실된다.
③ 손실 전력의 크기

$$손실\ 전력(P_{손실}) = 전압(V) \times 전류(I) = 전류^2(I^2) \times 저항(R)$$

㉠ 송전선에 흐르는 전류의 세기가 셀수록 손실 전력이 크다.
㉡ 송전선의 저항이 클수록 손실 전력이 크다.

(3) 손실 전력을 줄이는 방법

$$P_{손실} = I^2 \times R$$

① 송전선의 저항을 줄여준다.
㉠ 저항이 작은 송전선을 사용한다.
㉡ 송전선을 굵게 만든다.
㉢ 송전선의 길이를 짧게 만든다.
② 송전 전류의 세기를 줄여준다.
㉠ 일정한 전력이 송전될 때 전압을 높여주면 전류의 세기를
줄여줄 수 있다.
㉡ 전류의 세기가 $\dfrac{1}{n}$ 로 줄어들면 손실 전력은 $\dfrac{1}{n^2}$ 만큼 줄어
든다.

◉ 옴의 법칙
전압 = 전류 × 저항
(V)　　(I)　　(R)

✎ 친절한 선생님   손실 전력의 비교

발전소에서 1000W의 전력을 생산하여 저항이 2Ω인 송전선으로 송전하는 경우의 비교

송전 전압	1000V	100V
송전선에 흐르는 전류의 세기	1A	10A
손실 전력 $P_{손실} = I^2 \times R$	$(1A)^2 \times 2\Omega = 2W$	$(10A)^2 \times 2\Omega = 200W$
	전류의 세기가 10배로 증가하면 손실 전력은 100배로 증가한다.	

3. 변압기

(1) 변압기

① 송전 과정에서 전압을 변화시키는 장치이다.

③ 전자기 유도를 이용하여 전압을 변화시킨다.

③ 철심에 코일이 양쪽으로 감겨져 있는 구조이다.

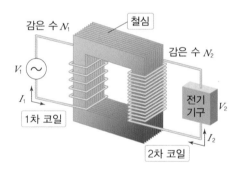

(2) 변압기의 원리

① 1차 코일에 전류의 세기와 방향이 변하는 교류 전류가 흐른다.

② 1차 코일의 전류 방향이 변하면서 자기장의 변화가 생긴다.

③ 1차 코일에 의한 자기장 변화가 2차 코일에 영향을 준다.

④ 2차 코일을 통과하는 자기장의 변화로 2차 코일에 유도 전류가 발생한다.

> ❑ 교류와 직류
> 전류의 세기와 방향이 변하는 전류를 교류라 하고, 한 방향으로 흐르는 전류를 직류라고 한다.

(3) 코일의 감은 수와 전압

$$\frac{V_1}{V_2} = \frac{N_1}{N_2} = \frac{I_2}{I_1}$$

V_1 : 1차 코일 전압 V_2 : 2차 코일 전압
N_1 : 1차 코일 감은 수 N_2 : 2차 코일 감은 수
I_1 : 1차 코일 전류 I_2 : 2차 코일 전류

① 전압은 코일의 감은 수에 비례한다.
  ㉠ 전압을 높일 때는 1차 코일보다 2차 코일을 더 많이 감는다.
  ㉡ 전압을 낮출 때는 1차 코일보다 2차 코일을 적게 감는다.
② 변압기에서 전력 손실이 없을 때 1차 코일의 전력과 2차 코일의 전력이 같다.
  ㉠ 전력 = 전압 × 전류이고 전력의 변화가 없으므로 전압이 높아지면 전류의 세기는 감소한다.
  ㉡ 전류의 세기는 코일의 감은 수에 반비례한다.

4. 안전하고 효율적인 전력 수송

(1) 안전한 전력 수송
  ① 전기 시설을 땅속에 묻어 도시 미관 개선, 통행 불편 해소, 사고의 위험 등으로부터 보호한다(전선 지중화).
  ② 로봇이 선로를 점검하고 수리하여 고전압 송전에 의한 안전사고를 줄일 수 있다.
  ③ 송전탑을 인적 드문 지역에 높게 설치하거나 고압 송전선 주변에 안전장치를 설치한다.

(2) 효율적인 전력 수송
  ① 송전선에 흐르는 전류를 줄여 손실되는 전력을 줄인다.
  ② 송전선으로 저항이 0인 초전도체를 이용한 케이블을 사용하면 열이 발생하지 않아 기존 전선보다 전력 손실이 적다.
  ③ 거미줄처럼 복잡한 송전망을 구축하면 송전 문제 발생 시 우회 송전할 수 있고 전력 수송 거리를 줄일 수 있다.
  ④ 지능형 전력망인 스마트 그리드를 통해 소비자의 전력 수요량과 전력 공급량에 대한 정보를 실시간으로 주고받아 효율적으로 전력 관리를 할 수 있다.

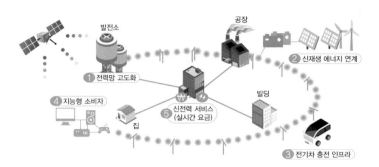

▲ 지능형 전력망(스마트 그리드)

🔍 기출문제 미리보기

그림은 변압기의 구조를 나타낸 것이다. 1차 코일과 2차 코일에 걸리는 전압 크기의 비 V_1 : V_2는? (단, 도선과 변압기에서 에너지 손실은 무시한다.)

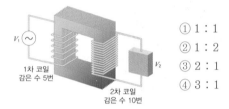

1차 코일
감은 수 5번

2차 코일
감은 수 10번

① 1 : 1
② 1 : 2
③ 2 : 1
④ 3 : 1

해설

변압기는 전자기 유도를 이용하여 전압을 변화시키는 장치로 전압은 1차 코일과 2차 코일의 감은 수에 비례한다. 1차 코일 : 2차 코일 감은 수의 비율이 1 : 2이므로 전압의 비율도 V_1 : V_2 = 1 : 2가 된다.

정답 ②

태양 에너지 생성과 전환

- 지구 에너지의 근원인 태양 에너지 생성 원리를 이해한다.
- 태양 에너지를 근원으로 하는 에너지 순환 과정을 적용할 수 있다.

1 태양 에너지 생성

1. 태양

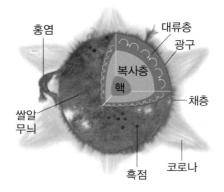

(1) 태양

① 태양은 태양계 전체 질량의 약 99.8%를 차지한다.

② 대부분 수소와 헬륨으로 구성되어 있다.

③ 태양계에서 스스로 에너지를 생성하는 유일한 별이다.

(2) 태양 내부 구조

① 핵 : 수소 핵융합 반응이 일어나 온도가 매우 높고 원자핵과 전자가 분리된 상태로 존재한다.

② 복사층 : 핵에서 생성된 에너지가 복사 형태로 외부로 전달된다.

③ 대류층 : 복사층에 의해 전달된 에너지에 의해 상하부 온도 차로 대류가 일어나 열이 태양 표면으로 전달된다.

(3) 태양 표면(광구)

① 흑점 : 주위보다 온도가 낮아 어둡게 보이는 곳을 말한다.

② 쌀알 무늬 : 대류 현상에 의해 광구 표면에 밝고 어두운 부분이 반복적으로 나타난다.

2. 태양 에너지 생성

(1) 수소 핵융합 반응

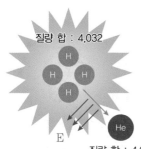

질량 합 : 4.032

E

질량 합 : 4.003

4H $\longrightarrow$ He + 에너지

① 수소 원자핵 4개가 융합하여 1개의 헬륨 원자핵으로 변하는 과
정에서 질량 결손이 생긴다.

② 감소된 질량이 에너지로 전환된다.

🖋 친절한 선생님   아인슈타인의 질량 에너지 등가 원리

- 질량 결손이란 핵분열이나 핵융합이 일어날 때 질량의 합이 핵반응 전보다
  줄어드는데, 이때 나타나는 질량 차이를 질량 결손이라고 부른다.
- 질량 – 에너지 등가 원리 : 질량과 에너지는 서로 변환될 수 있는 양으로, 핵
  반응에 의한 질량 결손이 발생하면 이때 방출하는 에너지는 $E = \Delta m c^2$ 으
  로 계산할 수 있다.
  (E : 에너지, Δm : 감소한 질량, c : 빛의 속력)

---

(2) 태양 에너지 생성

① 초고온 초고압 상태인 태양의 핵에서 수소 핵융합 반응이 일어
나 에너지가 생성된다.

② 태양 중심부의 온도는 약 1,500만K, 표면의 온도는 약 6,000K
정도이다.

2 태양 에너지 전환과 순환

1. 태양 에너지

(1) 태양 에너지

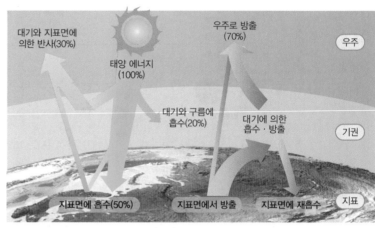

① 지표면과 대기로 흡수된 태양 에너지는 지구에서 일어나는 에너지 순환의 근원이 된다.

② 태양 에너지는 직접 다른 에너지로 전환이 되기도 하고 다른 형태로 축적된 후 또 다른 에너지로 전환되기도 한다.

③ 태양의 빛에너지를 이용하는 경우와 열에너지 이용으로 구분해 볼 수 있다.

▶ 태양 에너지가 근원이 아닌 에너지
지열 발전, 핵발전, 조력 발전

(2) 태양 에너지 전환과 이용

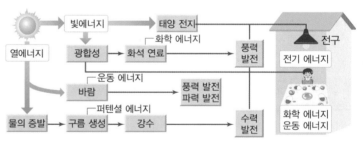

태양광 발전	태양 빛에너지 → 전기 에너지
광합성	태양 빛에너지 → 화학 에너지
화력 발전	태양 빛에너지 → 생물 화학 에너지(먹이 사슬 이동) → 화석 연료 화학 에너지 → 열에너지 → 전기 에너지
기상 현상	태양 열에너지 → 퍼텐셜 에너지(증발) → 운동 에너지 (비, 눈)
수력 발전	태양 열에너지 → 퍼텐셜 에너지 → 전기 에너지
태양열 발전	태양 열에너지 → 전기 에너지

2. 태양 에너지 순환

(1) 태양 에너지와 물과 대기의 순환

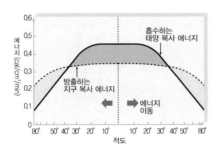 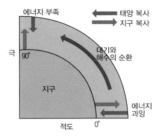

① 지구는 구형이므로 위도에 따라 태양 에너지 흡수량이 달라진다.
② 저위도는 에너지가 남고, 고위도는 에너지가 부족하다.
③ 저위도의 남는 에너지가 대기와 해수의 순환에 의해 고위도로 이동한다.
④ 물의 순환은 지표면의 다양한 변화를 만들고 생명 활동을 유지시키며, 우리 생활의 다양한 측면에 이용된다.
⑤ 대기가 순환하면서 일으킨 바람과 파도의 운동 에너지를 이용하면 전기 에너지를 생산할 수 있다.

(2) 태양 에너지와 탄소 순환

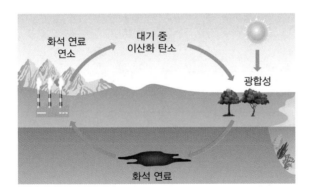

① 화석 연료
  ㉠ 동물과 식물이 땅에 묻혀 열과 압력을 받아 만들어진 것으로 화학 에너지 형태로 에너지가 저장되어 있다.
  ㉡ 석탄, 석유, 천연가스 등이 있다.
② 기권 ➡ 생물권 : 대기 중의 이산화 탄소는 광합성을 통해 화학 에너지인 포도당으로 저장된다(빛에너지 ➡ 화학 에너지).

③ 생물권 → 생물권 : 화학 에너지로 저장된 유기물은 먹이 사슬을 거치며 탄소 이동이 일어난다.

④ 생물권 → 지권 : 생물의 유해는 화석 연료가 된다.

⑤ 지권 → 기권 : 화석 연료가 연소되어 공기 중 이산화 탄소가 된다.

⑥ 화석 연료가 가진 화학 에너지의 근원은 태양 에너지이고, 화석 연료의 연소를 통해 화학 에너지로 저장된 에너지는 다양한 다른 형태의 에너지로 전환될 수 있다.

🔍 **기출문제 미리보기**

다음 중 탄소의 순환 과정에서 화석 연료가 연소되어 기체가 발생할 때 상호 작용하는 지구 시스템의 권역은?

① 기권과 수권　　　　　　　② 지권과 기권
③ 수권과 생물권　　　　　　④ 외권과 생물권

해설 --
화석 연료는 동물과 식물의 유해가 땅속에 묻혀 형성된 것으로 지권에 포함된다. 화석 연료의 연소 과정을 통해 탄소는 기권인 대기 중으로 이산화 탄소 형태로 이동하므로 지권과 기권의 상호 작용이다.　　　　　　　　　　　정답 ②

다양한 발전 방식

● 핵발전, 태양광 발전, 풍력 발전의 원리 및 특징을 이해하고 적용할 수 있다.

1 핵발전

1. 핵발전

(1) 핵발전 원리

우라늄이 핵분열할 때 발생하는 열로 물을 끓이고 이때 발생하는 수증기로 터빈을 돌려 전기 에너지를 생산한다.

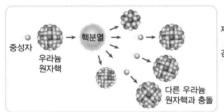 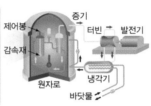

(2) 핵발전에서 에너지 전환

핵에너지 ➡ 열에너지 ➡ 운동 에너지 ➡ 전기 에너지

2. 핵발전의 장단점

(1) 장점

① 화력 발전에 비해 연료비가 저렴하다.
② 에너지 효율이 높아 대용량 발전이 가능하다.
③ 이산화 탄소를 거의 배출하지 않는다.
④ 원료가 전 세계에 고루 분포하여 에너지원의 안정적인 공급이 가능하다.

(2) 단점

① 우라늄의 매장량이 한정되어 있다.
② 발전 과정에서 사용한 냉각수가 바다로 배출되면 해수의 온도를 높인다.
③ 핵발전에서 발생하는 방사성 폐기물의 처리가 어렵다.
④ 방사능 유출의 위험이 있고 유출될 경우 피해 규모가 크다.

❯ 우라늄
우라늄은 화학 원소로 원소 기호는 U, 원자번호는 92인 방사성 금속 원소로 원자력 발전소에서 에너지원으로 쓰인다.

❯ 감속재와 제어봉
• 감속재 : 우라늄과 충돌하는 중성자의 속도를 느리게 하는 물질
• 제어봉 : 연쇄 반응 속도를 조절하기 위해 중성자를 흡수하여 중성자의 수를 줄여주는 물질

2 태양광 발전

1. 태양광 발전

(1) 태양광 발전의 원리

태양의 빛에너지를 반도체로 만든 태양 전지를 이용하여 전기 에너지로 전환한다.

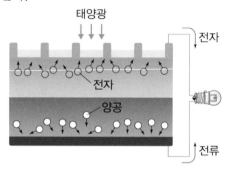

> 태양 전지에 태양광이 흡수되면 태양 전지 내부에서
> 자유 전자의 이동이 발생한다.
>
> ↓
>
> 전자들이 태양 전지 내부에서 한쪽으로 몰리면서 기전력이 생긴다.
>
> ↓
>
> 외부 회로를 연결하면 한쪽 전극으로 이동한 전자의 이동이
> 발생하면서 전류가 흐른다.

(2) 태양광 발전에서 에너지 전환

태양 빛에너지 ➡ 전기 에너지

2. 태양광 발전의 장단점

(1) 장점

① 에너지원이 청정하고 발전 과정의 공해가 없다.

② 자원 고갈의 염려가 없다.

③ 발전 과정에서 이산화 탄소와 같은 온실 기체나 오염 물질, 폐기물이 발생하지 않는다.

(2) 단점

① 계절과 일조량에 따라 전력 생산량 및 발전 시간이 제한적이다.

② 설치 시 큰 면적이 필요하고 초기 설치 비용이 많이 든다.

③ 태양 전지에서 반사되는 빛이 주변에 피해를 줄 수 있다.

▶ 태양 전지
태양의 빛에너지를 전기 에너지로 전환하는 장치로 터빈을 돌리는 과정이 없다.

▶ 기전력
전압을 발생시켜 전류를 흐르게 하는 능력을 의미한다.

▶ 자유 전자
금속 원자의 가장 바깥 껍질의 전자로 상온에서 자유롭게 움직일 수 있다.

3 풍력 발전

1. 풍력 발전

(1) 풍력 발전의 원리

바람의 운동 에너지를 이용해 터빈을 돌려 전기를 얻을 수 있다.

(2) 풍력 발전에서 에너지 전환

운동 에너지 → 전기 에너지

2. 풍력 발전의 장단점

(1) 장점

① 운영 비용이 거의 들지 않아 전력 생산 단가가 저렴하다.
② 오염 물질을 만들어내지 않고 고갈의 위험이 없다.
③ 국토를 효율적으로 이용할 수 있다.

(2) 단점

① 바람의 세기가 일정하지 않아 발전량을 예측하기 어렵다.
② 소음에 의한 피해 및 새들이 충돌하는 문제가 발생할 수 있다.
③ 일정 수준의 바람을 유지하는 지리적 조건이 어렵다.
④ 설치 과정에서 자연 경관을 훼손할 수 있다.

 기출문제 미리보기

풍력 발전 과정에서 일어나는 에너지 전환으로 옳은 것은?

① 열에너지 → 빛에너지
② 열에너지 → 전기 에너지
③ 운동 에너지 → 전기 에너지
④ 화학 에너지 → 운동 에너지

해설
풍력 발전은 바람의 운동 에너지를 이용해 터빈을 돌려 전기를 얻는 것으로 운동 에너지가 전기 에너지로 전환된다.   정답 ③

기출문제 미리보기

다음 중 그림과 같은 에너지 전환을 주로 이용하는 장치는?

빛에너지 ──────→ 전기 에너지

① 냉장고   ② 프리즘
③ 전기 난로   ④ 태양 전지

해설
태양 전지는 반도체를 이용하여 태양 빛에너지를 전기 에너지로 전환할 수 있다.
정답 ④

기출문제 미리보기

그림과 같이 핵분열로 발생한 열에너지로 터빈을 돌려 전기 에너지를 생산하는 발전 방식은?

① 핵발전   ② 파력 발전
③ 풍력 발전   ④ 태양광 발전

해설

핵발전은 우라늄과 같은 무거운 원소의 핵분열을 통해 결손된 질량이 에너지로 전환되는 것을 이용한다. 핵분열 결과 발생한 열에너지를 이용하여 물을 끓이고 수증기로 터빈을 돌려 전기 에너지를 얻는다.   **정답** ①

미래를 위한 기술

• 화석 연료를 대체할 수 있는 신재생 에너지의 종류 및 특징을 이해한다.

1 화석 연료

1. 화석 연료의 종류

(1) 석탄

식물의 유해가 오랜 시간에 걸쳐 열과 압력을 받아 형성된다.

(2) 석유, 천연가스

미생물들이 오랜 시간에 걸쳐 열과 압력을 받아 형성된다.

2. 화석 연료의 문제점과 대책

(1) 화석 연료의 연소

화석 연료의 사용으로 인해 발생하는 이산화 탄소, 메테인 등은 온실 효과를 일으키는 온실 기체로 화석 연료 사용의 급증은 지구 온난화의 원인이 된다.

(2) 화석 연료의 문제점

① 지구 온난화와 대기 오염의 원인이 된다.
② 화석 연료의 매장량이 한정되어 있어 고갈될 에너지이다.
③ 매장 지역이 편중되어 있어 국가 간 갈등의 원인이 된다.

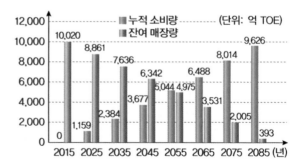

(3) 화석 연료 사용의 문제에 대한 대책

① 화석 연료 사용을 줄인다.

② 고갈의 염려가 적고, 지구 온난화와 환경 오염의 영향이 적은 새로운 에너지를 개발해야 한다.

2 신재생 에너지

1. 신재생 에너지

(1) 신재생 에너지
① 신에너지와 재생 에너지를 합한 에너지를 말한다.
② 신에너지 : 기존에 사용하지 않았던 형태의 에너지를 말한다.
  예 연료 전지, 석탄 액화 가스화 등
③ 재생 에너지 : 물, 지열, 햇빛 등 에너지 자원의 고갈 없이 재사용이 가능한 에너지를 말한다.
  예 태양열, 태양광, 풍력, 수력, 해양, 폐기물, 바이오, 지열 에너지 등

▶ 석탄 액화 가스화
석탄을 액화나 가스화하여 사용하면 효율이 높아질 뿐만 아니라, 황산화물과 같은 오염 물질의 배출량을 90% 이상 감소시킬 수 있다.

(2) 신재생 에너지의 장단점

장점	단점
• 화석 연료와 같은 자원 고갈의 염려가 없다. • 지속적인 에너지 공급이 가능하여 지속 가능한 발전이 가능하다. • 온실 기체 배출로 인한 기후 변화나 환경 오염 문제가 거의 없다.	• 기존의 에너지원에 비해 초기 투자 비용이 많이 든다. • 화석 연료에 비해 에너지 효율이 낮아 개발이 필요하다.

2. 해양 에너지

(1) 조력 발전

▶ 조력 발전
조력 발전은 밀물 또는 썰물일 때 한 방향만을 이용하는 방식과 밀물과 썰물 양방향을 모두 이용하는 방식이 있다.

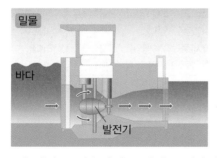

① 밀물과 썰물 때 생기는 해수면의 높이차를 이용하여 전기 에너지를 생산한다.

◯ 조수 간만의 차(조차)
• 바닷물의 높이가 가장 높아졌을 때와 가장 낮아졌을 때의 높이 차이를 말한다.
• 우리나라 서해안이 조수 간만의 차가 크다.

◯ 시화호의 조력 발전소

우리나라는 조수 간만의 차가 큰 서해안의 시화호에 조력 발전소를 건설하여 운영하고 있다.

② 조수 간만의 차가 큰 곳에 방조제를 쌓아 밀물 때 바닷물을 받아들여 해수면의 높이 차를 이용해 터빈을 돌리고 전기 에너지를 생산한다.
③ 장점과 단점

장점	단점
• 고갈의 염려가 없다. • 발전에 드는 비용이 비교적 저렴하다. • 밀물과 썰물이 매일 일어나므로 발전량을 예측할 수 있다. • 발전소가 한번 건설되면 오랫동안 이용할 수 있다.	• 초기 건설비가 많이 든다. • 조수 간만의 차가 큰 곳에 설치해야 하므로 설치 장소가 제한적이다. • 갯벌이 파괴되어 해양 생태계에 혼란을 줄 수 있다.

(2) 파력 발전

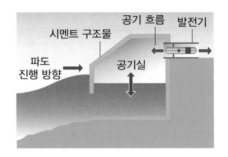

① 파도가 칠 때 해수면의 움직임을 이용하여 전기 에너지를 생산한다.
② 파도와 함께 해수면의 높이 차이가 생기고 발전기 안의 공기가 압축될 때 공기의 흐름으로 터빈을 돌려 전기 에너지를 생산한다.
③ 장점과 단점

장점	단점
• 고갈의 염려가 없다. • 연료비가 들지 않고, 소규모로 설치할 수 있다. • 방파제로 활용할 수 있다. • 오염 물질을 만들지 않는다.	• 날씨에 따라 파도가 약해지면 발전량이 적다. • 파도에 노출되므로 내구성이 약하다.

3. 연료 전지

(1) 연료 전지
① 연료의 화학 반응을 통해 화학 에너지를 전기 에너지로 전환하는 장치이다.

② 수소 연료 전지 : 수소와 산소의 화학 반응으로 만들어진 화학
　에너지를 전기 에너지로 바꾸는 장치이다.

(2) 연료 전지의 원리

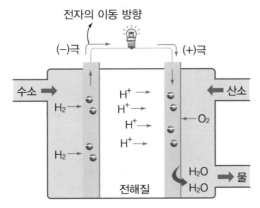

(－)극	수소의 산화	$2H_2 \rightarrow 4H^+ + 4e^-$
(＋)극	산소의 환원	$O_2 + 4H^+ + 4e^- \rightarrow 2H_2O$
연료 전지(전체) 반응식		$2H_2 + O_2 \rightarrow 2H_2O + $ 에너지

① (－)극으로 공급된 수소는 전자를 내놓고 수소 이온이 된다.
② 전해질을 통해 수소 이온은 (＋)극으로 이동하고, 도선을 따라
　전자가 (＋)극으로 이동한다.
③ (＋)극으로 이동한 수소 이온은 전자와 공급된 산소와 결합하여
　물을 형성한다.

◐ 산화
물질이 산소를 얻거나 수소와 전
자를 잃음

◐ 환원
물질이 산소를 잃거나 수소와 전
자를 얻음

(3) 연료 전지의 장점과 단점

장점	단점
• 연료의 화학 에너지로부터 전기 에너지로 직접 전환되었으므로 에너지 효율이 높다. • 수소와 산소의 반응을 통해 최종 생성물로 물만 생성되므로 환경 오염 물질이 거의 배출되지 않는다.	• 수소를 생산하는 데 비용과 초기 비용이 많이 든다. • 수소의 저장과 보관이 어렵고 폭발의 위험이 있다.

4. 바이오 에너지

(1) 바이오 에너지

생물체를 분해하거나 발효시켜 얻는 에너지를 말한다.
　⊙ 사탕수수를 활용하여 에탄올 생성

(2) 바이오 에너지의 장점과 단점

    ① 장점 : 기존의 화석 연료 기반 시설에 그대로 사용할 수 있고, 에너지 효율이 높다.

    ② 단점 : 바이오 연료 사용이 증가하면 곡물 가격이 상승하고, 경작지를 확장하면 산림이 훼손될 수 있다.

5. 여러 가지 발전 방식

(1) 태양열 발전

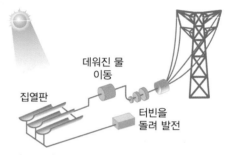

❯ 태양열 발전과 태양광 발전
- 공통점 : 고갈의 염려가 없다.
- 차이점 : 태양열 발전은 터빈을 돌려 전기를 얻고 태양광 발전은 태양 전지를 활용하여 터빈을 돌리지 않는다.

    ① 태양열로 물을 끓여 얻은 수증기로 터빈을 돌려 전기를 얻는다.

    ② 환경 오염이 없고 설치 후 지속적으로 사용이 가능하다.

    ③ 넓은 설치 면적이 필요하고 계절과 기후의 영향을 많이 받는다.

(2) 지열 발전

    ① 땅속 뜨거운 지하수나 수증기로 물을 끓여 전기 에너지를 생산한다.

    ② 지열 발전과 난방 효과를 동시에 얻을 수 있다.

    ③ 설치 장소가 제한적이다.

(3) 조류 발전

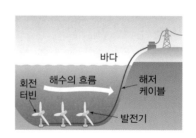

① 조석 현상에 따른 해수의 흐름을 이용하여 전기 에너지를 생산한다.

② 대규모 발전이 가능하다.

③ 전기 에너지 생산 효율이 낮다.

기출문제 미리보기

다음 설명에 해당하는 발전 방식은?

- 태양의 빛에너지를 직접 전기 에너지로 전환한다.
- 광전 효과를 기반으로 하는 태양 전지를 이용한다.

① 조력 발전 ② 풍력 발전
③ 원자력 발전 ④ 태양광 발전

해설

광전 효과란 금속 등의 물질에 일정한 진동수 이상의 빛을 비추었을 때, 물질의 표면에서 전자가 튀어나오는 현상으로 태양 전지에 태양 빛을 비춰주면 전자들의 이동에 의해 전류가 흐를 수 있게 되는 것은 태양광 발전의 원리이다. **정답 ④**

오답 피하기

① 조력 발전 : 방조제를 쌓아 밀물과 썰물에 의해 나타나는 바닷물의 높이차를 이용하여 전기 에너지를 생산한다.
② 풍력 발전 : 바람의 운동 에너지를 이용하여 발전기와 연결된 날개를 돌려 전기 에너지를 생산한다.
③ 원자력 발전(핵발전) : 우라늄이 핵분열할 때 발생하는 열에너지를 전기 에너지로 전환하는 발전 방식이다.

기출문제 미리보기

다음 설명에 해당하는 재생 에너지는?

- 고구마, 사탕수수 등의 유기물을 이용해 만든 연료로부터 에너지를 얻는다.
- 대규모로 에너지를 얻는 과정에서 농작물의 가격이 상승하고, 환경오염을 일으킬 수 있다.

① 풍력 에너지 ② 바이오 에너지
③ 태양광 에너지 ④ 핵융합 에너지

해설

바이오 에너지는 생물체를 분해하거나 발효시켜 얻는 에너지로 다량의 유기물을 활용하기 위해 농작물의 경작지를 확장하면서 환경 오염을 유발하거나 농작물 가격 상승이 일어날 수 있다. **정답 ②**

🔍 기출문제 미리보기

다음 사례 중 파력 에너지를 이용하는 것은?

① 태양열을 이용하여 난방을 한다.
② 경유를 자동차의 연료로 이용한다.
③ 파도의 운동을 이용하여 전기를 생산한다.
④ 지구 내부의 열로 데워진 지하수를 가정에서 이용한다.

해설
바람에 의해 생기는 파도의 운동 에너지인 파력 에너지를 이용하여 전기 에너지를
생산한다.   정답 ③

오답 피하기
① 태양열 발전 및 이용
② 석유, 천연가스와 같은 화석 연료의 이용
④ 지열 발전 및 난방 이용

3 에너지 문제 해결을 위한 노력

1. 친환경 에너지 도시

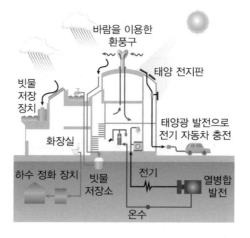

(1) 에너지
    ① 지역 환경에 맞는 신재생 에너지를 활용하여 에너지를 생산한다.
    ② 단열 및 공기 순환 등을 고려하여 버려지는 열을 활용할 수 있다.
    ③ 오수를 정화하여 화장실에 이용할 수 있다.

(2) 교통

    ① 도로는 보행자, 자전거 통행자에게 우선권을 주고 대중교통 이
       용을 권장한다.

    ② 태양광 발전을 통해 전기 자동차를 충전하여 사용한다.

2. 적정 기술

(1) 적정 기술

    ① 공동체의 문화, 정치, 환경적 특성에 맞는 단순한 수준의 기술
       을 적정 기술이라고 한다.

    ② 대규모 사회 기반 시설 없이 지속적인 생산과 소비가 가능한 기
       술이다.

    ③ 삶의 질을 개선할 수 있는 친환경적인 기술이다.

(2) 적정 기술을 적용한 예

▲ 항아리 냉장고　　▲ 생명 빨대　　▲ 큐 드럼　　▲ 페트병 전구

    ① 항아리 냉장고 : 두 항아리 사이에 채운 모래에 물을 붓고 젖은
       천으로 덮으면 물이 증발하면서 항아리 속 온도가 낮아진다.

    ② 생명 빨대 : 빨대 속에 정수 장치가 있어서, 빨대로 물을 빨아들
       이면 깨끗한 물을 마실 수 있다.

    ③ 큐 드럼 : 먼 곳에서 물을 담아올 때 바닥에 굴리면서 옮길 수
       있도록 바닥이 바퀴 형태로 되어 있다.

    ④ 페트병 전구 : 페트병을 지붕에 설치하여 전기가 없이도 빛의
       산란을 이용하여 어둠을 밝힌다.

01 그림은 코일 주위에서 자석을 운동시킬 때 검류계의 움직임을 확인하는 과정이다.

자석을 코일에 가까이 가져가거나 멀리할 때 검류계의 바늘이 움직이는데 이것은 코일에 ( )이/가 형성되었기 때문이다. ( )에 들어갈 알맞은 말은?

① 전기 저항
② 전자
③ 유도 전류
④ 손실 전력

02 다음은 무엇에 대한 설명인가?

> 코일 주위에 자석이 움직이거나 자석 주위에 코일이 움직이면서 코일을 지나는 자기장이 변할 때 코일에 유도 전류가 흐르는 현상을 말한다.

① 자기력
② 전자기 유도
③ 전자석
④ 정전기 유도

03 그림은 코일과 검류계를 연결하고 자석을 이용하여 전자기 유도를 실험하는 모습과 N극을 코일에 가까이 할 때 0점을 기준으로 검류계의 바늘의 움직임을 나타낸 것이다. 검류계 바늘의 움직임을 반대로 움직이기 위한 방법으로 옳은 것을 [보기]에서 모두 고른 것은?

> ┤ 보기 ├
> 가. 가까이 가져가는 자석의 극을 S극으로 바꾼다.
> 나. 더 센 자석으로 바꾼다.
> 다. 더 빠른 속도로 N극을 가까이 가져간다.

① 가
② 나
③ 가, 나
④ 나, 다

04 다음 중 전자기 유도를 이용한 예시로 옳은 것만 모두 고른 것은?

> ㄱ. 세탁기   ㄴ. 교통 카드
> ㄷ. 발전기   ㄹ. 흔들이 손전등

① ㄱ, ㄴ
② ㄱ, ㄷ
③ ㄴ, ㄷ, ㄹ
④ ㄱ, ㄴ, ㄹ

05 전력이 400W인 전기 제품에 200V의 전압을 걸어 주었을 때 이 전기 제품에 흐르는 전류의 세기는?

① 2A
② 20A
③ 200A
④ 400A

06 다음은 전력 수송 과정의 일부를 설명한 글이다. 설명에 해당하는 과정은?

> 전력 수송 과정에서 전압을 높이거나 낮추는 과정이다.

① 발전
② 송전
③ 변전
④ 배전

07 그림은 발전기의 구조를 나타낸 것이다.

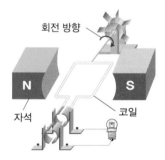

발전기에서 일어나는 에너지 전환으로 옳은 것은?

① 운동 에너지 → 열에너지
② 열에너지 → 전기 에너지
③ 운동 에너지 → 전기 에너지
④ 전기 에너지 → 운동 에너지

08 다음 설명에 해당하는 발전 방식은?

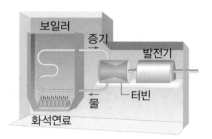

> • 석유나 석탄과 같은 화석 연료에 저장된 화학 에너지로 물을 끓여 터빈을 돌린다.
> • 에너지 전환 : 화학 에너지 → 전기 에너지

① 풍력 발전
② 핵발전
③ 수력 발전
④ 화력 발전

09 그림은 코일에서 N극이 멀어지고 있는 모습이다.

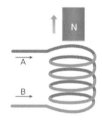

코일에 흐르는 유도 전류의 방향이 같은 경우는?

① N극을 코일에 가까이 가져간다.
② S극을 코일에 가까이 가져간다.
③ S극을 코일에서 멀리 움직인다.
④ 자석을 움직이지 않는다.

10 송전 과정에서 전압을 변화시키는 장치를 무엇이라고 하는가?

① 발전소
② 변압기
③ 검류계
④ 전동기

11 그림은 변압기의 구조를 나타낸 것이다.

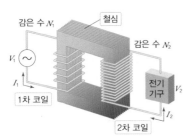

1차 코일과 2차 코일의 감은 수의 비율이 2 : 3 이고, 1차 코일의 전압이 20V라면 2차 코일의 전압은?

① 10V

② 20V

③ 30V

④ 40V

12 다음 변압기에 대한 설명으로 옳지 <u>않은</u> 것은? (단, 변압기에서 전력 손실은 없다)

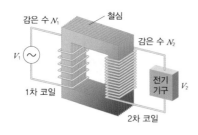

① N_1보다 N_2가 많으면 V_1보다 V_2가 높아진다.

② 1차 코일에는 교류가 흐른다.

③ 전류의 세기는 코일의 감은 수에 비례한다.

④ $\dfrac{V_1}{V_2} = \dfrac{N_1}{N_2}$ 가 성립한다.

13 다음은 송전 과정에서 손실되는 전력을 줄이기 위한 방법이다. 이 중 옳지 <u>않은</u> 것은?

① 송전 전류의 세기를 높여준다.

② 송전 전압을 높인다.

③ 저항이 작은 송전선을 사용한다.

④ 송전선을 굵게 만들어 사용한다.

14 효율적이고 안전한 전력 수송을 위한 방법으로 옳지 <u>않은</u> 것은?

① 송전선을 저항이 0인 초전도체를 이용하여 전력 손실을 줄인다.

② 전기 시설을 땅속에 묻어 사고의 위험을 막고, 도시 미관을 개선할 수 있다.

③ 송전탑이 너무 높으면 수리하기가 어려우므로 접근이 쉬운 곳에 낮게 설치한다.

④ 고전압 송전을 통해 송전선에 흐르는 전류를 줄여 손실되는 전력을 줄일 수 있다.

15 다음은 손실 전력에 대한 자료이다. 송전선의 저항이 일정할 때 전류의 세기가 $\dfrac{1}{2}$ 배로 감소하는 경우 손실되는 전력은 몇 배가 되는가?

$$손실 \ 전력 = (전류)^2 \times 저항$$
$$P_{손실} = I^2 R$$

① 2배

② 4배

③ $\dfrac{1}{2}$ 배

④ $\dfrac{1}{4}$ 배

16 다음은 태양 중심부에서 일어나는 수소 핵융합 반응을 나타낸 것이다. ( )에 들어갈 알맞은 것은?

$$4( ) \rightarrow He + 에너지$$

① H   ② He
③ O   ④ N

17 다음 과정을 통해 전기를 생산하는 발전 방식에 대한 설명으로 옳지 <u>않은</u> 것은?

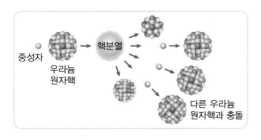

① 이산화 탄소를 거의 배출하지 않는다.
② 자원 고갈의 염려가 없다.
③ 핵발선이라고 한다.
④ 방사성 폐기물 처리가 어려운 단점이 있다.

18 다음과 같은 특징을 갖는 발전 방식은 무엇인가?

- 태양의 빛에너지를 변환하여 전기를 생산한다.
- 터빈을 돌리지 않고 태양 전지를 이용한다.
- 오염물질을 만들지 않는다.
- 설치 시 큰 면적이 필요하고 초기 설치비가 많이 든다.

① 태양열 발전   ② 태양광 발전
③ 지열발전   ④ 풍력발전

19 화석 연료에 대한 설명으로 옳은 것만을 [보기]에서 모두 고른 것은?

| 보기 |

ㄱ. 만들어지는 데 매우 오랜 시간이 걸린다.
ㄴ. 지속적인 에너지 공급이 가능한 재생 에너지이다.
ㄷ. 현재 화석 연료의 소비량을 고려할 때 머지않은 미래에 고갈될 것으로 예상된다.

① ㄱ, ㄴ   ② ㄴ, ㄷ
③ ㄱ, ㄷ   ④ ㄱ, ㄴ, ㄷ

20 신재생 에너지란 신에너지와 재생 에너지를 합한 합성어이다. 이 중 기존에 사용하지 않은 기술을 활용한 신에너지에 해당하는 것은?

① 풍력 발전   ② 지열 발전
③ 파력 발전   ④ 석탄 액화 가스화

21 다음의 발전 방식 중 태양 에너지가 근원이 <u>아닌</u> 발전 방식은?

① 태양광 발전　　② 풍력 발전
③ 지열 발전　　　④ 화력 발전

22 그림은 연료 전지의 모습이다. 연료 전지에 대한 설명으로 옳지 <u>않은</u> 것은?

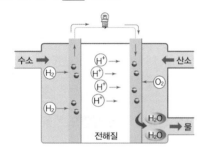

① 수소는 전자를 잃는 반응이 일어난다.
② 오염 물질을 거의 만들어내지 않는다.
③ 화학 에너지를 전기 에너지로 전환하는 장치이다.
④ 수소가 풍부하므로 비용의 문제가 없다.

23 다음 설명에 해당하지 <u>않는</u> 것은?

> • 과학과 기술의 혜택에서 소외된 사회를 위해 삶의 질을 개선하는 단순한 수준의 기술이다.
> • 친환경적이고 대규모 사회 기반 시설이 필요하지 않다.

① 항아리 냉장고　　② 생명 빨대
③ 큐 드럼　　　　　④ 세탁기

24 그림은 효율적인 전력 사용을 위해 사용되는 시스템을 나타낸 것이다. 전력 공급자와 소비자 사이에 실시간으로 정보를 주고받고 상황에 맞게 탄력적으로 대응할 수 있는 시스템을 무엇이라고 하는가?

① 전선 지중화
② 지능형 전력망(스마트 그리드)
③ 초전도 케이블
④ 변전소

25 그림은 핵발전이 일어나는 원자로 내에서 일어나는 과정을 나타낸 것이다. 핵발전의 원료로 이용되는 (가)는 무엇인가?

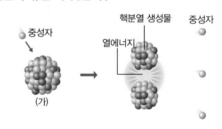

① 석탄　　　　② 금
③ 우라늄　　　④ 구리

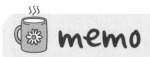

memo

제5편

실전 모의고사 및

기출문제

EBS ◑● 교육방송교재
고졸 검정고시 **과학**

실전 모의고사

실전 모의고사

정답 및 해설 **별책** 30p

01 다음 물질을 구성하는 입자 중 양전하를 띠는 것은 무엇인가?

① 중성자   ② 전자

③ 양성자   ④ 원자

02 그림과 같은 원리로 형성되는 스펙트럼의 종류를 무엇이라고 하는가?

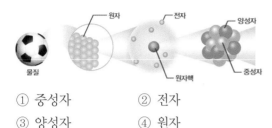

> 빛이 저온의 기체를 통과하면서 특정 파장의 빛이 흡수되어 검은 선(흡수선)이 나타난다.

① 연속 스펙트럼

② 흡수 스펙트럼

③ 방출 스펙트럼

④ 방출선 스펙트럼

03 다음은 질량이 매우 큰 별에서 일어나는 현상이다. ( ) 안에 알맞은 말은?

> 질량이 태양보다 10배 이상 큰 별에서는 핵융합 반응으로 ( )까지 생성되면 더 이상 핵융합 반응이 일어나지 않고 중력 수축이 일어나다 한계에 도달하면 초신성 폭발이 일어나 ( )보다 무거운 원소가 생성된다.

① 헬륨   ② 철

③ 우라늄   ④ 산소

04 그림은 주기율표의 일부를 나타낸 것이다.

주기 \ 족	1	2	13	14	15	16	17	18
1								A
2	B						C	
3						D		

A~D 중 전자의 배치가 화학적으로 안정되어 반응성이 작고 다른 원소와 화학 결합을 하지 않고 원자 상태로 존재하는 것은?

① A   ② B

③ C   ④ D

05 그림은 수소(H_2), 산소(O_2), 질소(N_2), 물(H_2O) 분자의 공유결합 모형을 나타낸 것이다.

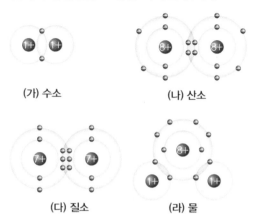

(가) 수소   (나) 산소

(다) 질소   (라) 물

(가)~(라) 중 공유 전자쌍이 가장 많은 것은?

① (가)   ② (나)
③ (다)   ④ (라)

06 다음 중 암석을 구성하는 광물의 대부분을 차지하는 규산염 사면체의 모습이다. A에 해당하는 원소는?

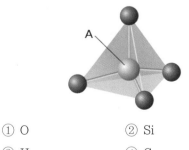

① O   ② Si
③ H   ④ C

07 다음 중 세포 소기관 리보솜에서 생성되는 물질의 단위체로 옳은 것은?

① 포도당   ② 아미노산
③ 뉴클레오타이드   ④ 중성 지방

08 다음 설명에 해당하는 것과 관련된 물질은?

- 송전 과정에서 손실되는 전력을 줄이기 위해 특정 온도에서 전기 저항이 0이 되는 물질을 사용할 수 있다.
- 임계 온도 이하에서 전기 저항이 0이므로 많은 전류를 흐르게 하여 강한 자기장의 전자석을 만들 수 있다.
- 자기 부상 열차, 자기 공명 영상 장치(MRI)에 이용된다.

① 그래핀   ② 초전도체
③ 반도체   ④ 풀러렌

09 다음 중 역학적 시스템에 대한 설명으로 옳은 것은?

① 역학적 시스템에 속하는 힘은 중력뿐이다.
② 역학적 시스템은 지구 시스템에 영향을 주지 않는다.
③ 역학적 시스템 중 중력은 생명 시스템에 영향을 주지 못한다.
④ 자유 낙하 운동은 역학적 시스템과 관련된 운동이다.

10 그림은 수평으로 던진 물체의 운동을 나타낸 그림이다.

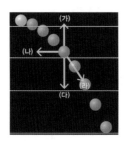

이 공에 작용하는 중력의 방향으로 옳은 것은? (단, 공의 크기와 공기 저항은 무시한다.)

① (가)　　　　　② (나)
③ (다)　　　　　④ (라)

11 다음은 물체의 처음 운동량과 나중 운동량을 나타낸 것이다. 물체의 충격량이 가장 큰 것은?

구분	처음 운동량 (kg · m/s)	나중 운동량 (kg · m/s)
(가)	2	7
(나)	3	9
(다)	5	10
(라)	1	8

① (가)　　　　　② (나)
③ (다)　　　　　④ (라)

12 다음은 지구계에서 일어나는 여러 현상이다. 각 현상에 공통으로 들어가는 지구계의 구성 요소는?

> 가. 화산 폭발에 의해 방출된 화산재가 지구 기온을 낮춘다.
> 나. 식물은 광합성을 통해 산소를 공기 중으로 내놓는다.
> 다. 수온이 높아져 태풍이 발생한다.

① 기권　　　　　② 외권
③ 수권　　　　　④ 생물권

13 다음 생태계 구성 요소 중 독립 영양 생물은?

① 버섯　　　　　② 식물 플랑크톤
③ 메뚜기　　　　④ 호랑이

14 그림은 전 세계의 판의 경계와 판의 이동 방향을 나타낸 것이다.

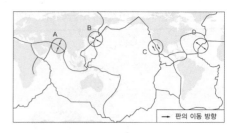

D 지역에서 발달하는 지형으로 옳은 것은?

① 해령　　　　　② 해구
③ 습곡 산맥　　　④ 변환 단층

15 다음은 어떤 화학 반응이 일어날 때의 에너지 관계를 나타낸 그래프이다.

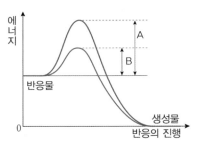

활성화 에너지를 A → B로 낮춘 생체 촉매를 무엇이라고 하는가?

① 확산
② 효소
③ 세포 호흡
④ 삼투

16 다음은 마그네슘과 이산화 탄소의 반응을 나타낸 식이다.

- $2\underline{Mg} + CO_2 \rightarrow 2MgO + C$
- $2CuO + \underline{C} \rightarrow 2Cu + CO_2$

밑줄 친 물질에서 공통으로 일어난 반응은?

① 산화
② 환원
③ 중화 반응
④ 앙금 생성 반응

17 다음 중 중화 반응이 일어난 것은?

① 철이 공기 중의 산소와 만나 붉게 녹슨다.
② 사과를 깎아두면 갈색으로 변한다.
③ 산성화된 호수에 석회 가루를 뿌린다.
④ 불꽃놀이의 폭죽이 폭발하여 금속의 불꽃색이 나타난다.

18 다음은 초록색 BTB 용액에 임의의 수용액을 넣었을 때 색 변화를 나타낸 것이다.

추가한 수용액으로 가능한 것은?

① NaOH
② HCl
③ $Ca(OH)_2$
④ KOH

19 다음은 여러 지층에서 발견된 각 지질 시대를 대표하는 생물의 화석을 나타낸 것이다.

(가)   (나)

(다)   (라)

선캄브리아 시대 다음으로 긴 시기에 번성한 화석으로 옳은 것은?

① (가)
② (나)
③ (다)
④ (라)

20 그림은 생물 다양성 중 하나를 나타내는 그림이다. 같은 종의 생물들 사이에서 유전자의 차이로 나타나는 다양성을 나타낸 것은?

① 유전적 다양성
② 영양 단계
③ 생태 피라미드
④ 자연 선택설

21 그림은 롤러코스터 움직임을 나타낸 그림이다.

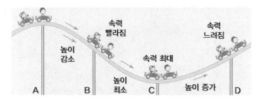

A~D 중 운동 에너지가 가장 큰 곳은? (단, 공기의 저항과 레일과의 마찰은 무시한다.)

① A
② B
③ C
④ D

22 다음 표는 열기관 내에서 에너지 흐름을 나타낸 것이다.

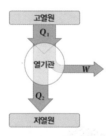

구분	에너지(J)
고열원(Q_1)	200
저열원(Q_2)	50

이 열기관의 열효율은 몇 %인가?

① 25%
② 50%
③ 75%
④ 100%

23 다음과 같은 에너지 전환에서 공통으로 들어갈 에너지의 종류로 옳은 것은?

- 자동차 : 화학 에너지 → (   )
- 풍력 발전 : (   ) → 전기 에너지
- 세탁기 : 전기 에너지 → (   )

① 핵에너지
② 운동 에너지
③ 소리 에너지
④ 빛에너지

24 다음은 두 개의 변압기에 대한 자료이다.

구분	변압기 A	변압기 B
1차 코일 감은 수	10번	10번
2차 코일 감은 수	40번	80번

두 변압기의 1차 코일에 같은 크기의 교류 전압을 걸어주었을 때 2차 코일에 걸리는 변압기 A : 변압기 B의 전압의 비율은? (2차 코일의 감은 수를 제외하고 다른 조건은 모두 동일하다.)

① 1 : 1
② 1 : 2
③ 2 : 1
④ 4 : 1

25 다음은 풍력 발전과 파력 발전의 그림을 각각 나타낸 것이다.

풍력 발전   파력 발전

이 같은 발전 방식의 근원 에너지는?

① 지열 에너지
② 지구 내부 에너지
③ 핵에너지
④ 태양 에너지

01 그림은 빅뱅 우주론을 간단히 나타낸 그림이다. 빅뱅 우주론에서 빅뱅 이후 증가하는 물리량은?

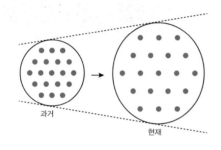

① 온도　　　　　② 부피
③ 밀도　　　　　④ 질량

02 그림과 같이 별의 중심에서 수소 핵융합 반응이 일어나 별의 중력과 내부 압력이 평형을 이루어 별의 크기가 일정하게 유지되는 단계를 무엇이라고 하는가?

① 원시별　　　　② 주계열성
③ 초거성　　　　④ 적색 거성

03 다음은 지구의 형성 과정을 순서 없이 나타낸 것이다. 가장 마지막 단계에 해당하는 것은?

(가)	(나)	(다)	(라)
미행성체 충돌	마그마의 바다	원시 지각과 원시 바다 형성	맨틀과 핵의 분리

① (가)　　　　　② (나)
③ (다)　　　　　④ (라)

04 다음 표는 주기율표의 일부를 나타낸 것이다.

족 주기	1	2	13	14	15	16	17	18
1								
2		A		B		C	D	
3	E					F		

원자가 전자의 개수가 같은 원소가 바르게 짝지어진 것은?

① A, E　　　　　② B, C
③ C, F　　　　　④ D, F

05 그림은 원자 A와 B가 화학 결합을 하는 모습을 나타낸 것이다.

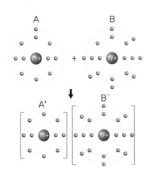

이에 대한 설명으로 옳지 <u>않은</u> 것은?

① 원자 A는 전자를 1개 잃었다.

② 원자 B는 음이온이 된다.

③ A^+와 B^- 사이에 정전기적 인력에 의해 결합이 형성된다.

④ 공유 전자쌍은 2쌍이다.

06 다음 중 유전 정보를 저장, 전달 및 단백질 합성에 관여하는 물질은?

① 물　　　　　② 무기염류

③ 탄수화물　　④ 핵산

07 그림은 그래핀을 원통 튜브 모양으로 말아놓은 구조의 물질이다.

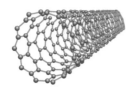

이 물질을 이루는 원소는?

① H　　　　　② O

③ C　　　　　④ Si

08 그림은 같은 높이에서 각각 수평 방향으로 동시에 던진 세 공의 위치를 일정한 시간 간격으로 나타낸 것이다.

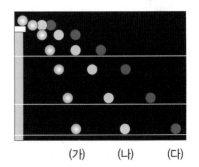

(가)　　(나)　　(다)

(가)~(다) 중 바닥에 닿을 때까지 걸린 시간이 가장 짧은 것은? (단, 공의 질량은 모두 같고 공기의 저항은 무시한다.)

① (가)　　　　② (나)

③ (다)　　　　④ 모두 같다.

09 다음과 같은 안전장치와 관련된 물리량은?

> • 자동차의 범퍼는 충돌 시간을 길게 하여 자동차가 서서히 멈추게 해 준다.
> • 공기가 충전된 포장재는 상품이 충돌에 의해 힘을 받는 시간을 길게 하여 충격을 줄여준다.

① 질량　　　　② 속도

③ 부피　　　　④ 충격량

10 질량이 4kg인 물체가 100m/s로 운동하고 있다. 이 물체의 운동량의 크기(kg·m/s)는?

① 4kg·m/s　　　② 40kg·m/s

③ 400kg·m/s　　④ 100kg·m/s

11 그림은 바다의 깊이에 따른 수온의 연직 분포를 나타낸 것이다.

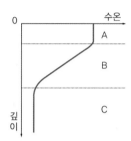

깊이에 따른 수온 변화가 없고 바람이 강한 계절이나 지역에서 발달하는 층의 기호와 이름이 바르게 연결된 것은?

① A – 혼합층　　② B – 수온 약층
③ C – 혼합층　　④ A – 심해층

12 다음 현상을 일으키는 지구 시스템의 구성 요소를 옳게 짝지은 것은?

 오로라는 태양에서 날아오는 전기를 띤 입자가 지구 자기장에 이끌려 대기로 들어오면서 대기와 충돌하여 생기는 커튼 모양의 찬란한 빛의 띠이다.

① 기권 – 지권　　② 외권 – 기권
③ 수권 – 지권　　④ 외권 – 수권

13 다음 중 판과 판의 경계에 대한 설명 중 옳지 <u>않은</u> 것은?

① 맨틀 대류에 의해 판이 이동한다.
② 판은 맨틀 일부를 포함한다.
③ 대륙판보다 해양판이 두껍고 밀도가 크다.
④ 판의 경계에서 지각 변동이 나타난다.

14 그림은 식물 세포에 있는 세포 소기관에 대한 설명이다. 이것은 무엇인가?

- 동화 작용이 일어난다.
- 빛에너지를 화학 에너지로 전환한다.
- 광합성이 일어나는 장소이다.

① 핵　　　　　　② 리보솜
③ 미토콘드리아　④ 엽록체

15 그림은 세포막의 일부를 나타낸 그림이다.

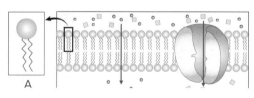

세포막의 주성분인 A는 무엇인가?

① 단백질　　　② 인지질
③ 포도당　　　④ 아미노산

16 DNA의 정보를 RNA로 전달하는 과정을 전사라고 한다. 염기의 상보적 관계에 맞게 전사가 일어날 때 빈칸에 알맞은 염기는?

DNA 염기	A	C	T	G
↓ 전사	↓	↓	↓	↓
RNA 염기	( )	G	A	C

① G
② U
③ T
④ A

17 다음은 생물 다양성에 대한 교사와 세 학생의 대화이다.

제시한 의견이 옳은 학생을 있는 대로 고른 것은?

① A
② B
③ C
④ A, C

18 다음은 낫 모양 적혈구 빈혈증 발생 빈도와 말라리아가 많이 발생하는 지역을 나타낸 그림이다.

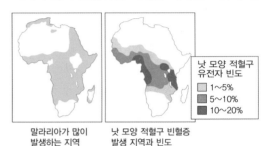

낫 모양 적혈구 유전자 빈도
☐ 1~5%
▨ 5~10%
■ 10~20%

말라리아가 많이 발생하는 지역

낫 모양 적혈구 빈혈증 발생 지역과 빈도

말라리아가 많이 발생하는 지역에 낫 모양 적혈구 빈혈증의 발생 비율이 높은 원인과 관련 있는 것은?

① 자연 선택
② 종 다양성
③ 먹이 사슬
④ 용불용설

19 그림은 한 식물에 존재하는 두 잎을 나타낸 것이다.

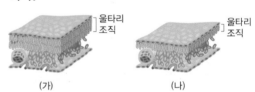

(가)　　　　　　(나)

이에 대한 설명으로 옳은 것만을 [보기]에서 모두 고른 것은?

┤ 보기 ├
ㄱ. 잎의 두께 차이에 영향을 준 환경 요인은 빛의 세기이다.
ㄴ. (가)는 (나)보다 잎의 두께가 두껍다.
ㄷ. (가)는 (나)보다 강한 빛을 받는 잎이다.

① ㄱ, ㄷ
② ㄱ, ㄴ
③ ㄱ, ㄷ
④ ㄱ, ㄴ, ㄷ

20 다음 중 생물에게 영향을 준 환경 요인이 <u>다른</u> 하나는?

① 곤충은 몸 표면이 키틴질로 되어 있다.
② 선인장은 잎이 가시로 변하고 저수 조직이 발달한다.
③ 낙엽수는 겨울에 잎을 떨어뜨린다.
④ 사막에 사는 캥거루쥐는 농축된 오줌을 배설한다.

21 다음 설명에 해당하는 현상은?

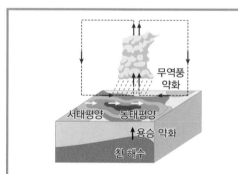

- 무역풍이 약해지면서 나타나는 현상이다.
- 동태평양의 수온이 평소보다 증가한다.
- 서태평양 지역에 심한 가뭄 피해가 나타난다.

① 온실 효과   ② 오로라
③ 엘니뇨   ④ 사막화

22 다음은 전력 수송시 발생하는 손실 전력을 나타낸 것이다.

$$손실\ 전력 = (전류)^2 \times 저항$$

손실 전력을 $\frac{1}{9}$로 줄이는 방법으로 옳은 것을 [보기]에서 모두 골라라. (단, 저항이나 전류의 세기 각각이 변할 때 다른 조건은 변하지 않는다.)

┤ 보기 ├

(가) 송전선의 저항을 $\frac{1}{3}$배로 한다.

(나) 송전선의 저항을 $\frac{1}{9}$배로 한다.

(다) 송전선에 흐르는 전류의 세기를 $\frac{1}{3}$배로 한다.

(라) 송전선에 흐르는 전류의 세기를 $\frac{1}{9}$배로 한다.

① (가), (다)   ② (가), (라)
③ (나), (다)   ④ (나), (라)

23 다음 물질들의 공통적인 성질로 옳은 것은?

NaOH   KOH   Ca(OH)₂

① 물에 녹아 수소 이온(H^+)을 내놓는다.
② 단백질을 녹이는 성질이 있다.
③ 푸른색 리트머스 종이를 붉은색으로 변화시킨다.
④ 금속과 반응하여 수소 기체를 발생시킨다.

24 세포 소기관 중에서 리보솜에서 만들어진 단백질을 다른 부위로 운반하는 역할을 하는 것은?

① 액포

② 소포체

③ 세포벽

④ 미토콘드리아

25 그림은 물질대사 과정을 나타낸 것이다.

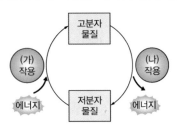

이에 대한 설명으로 옳은 것을 [보기]에서 모두 고른 것은?

┤ 보기 ├

ㄱ. (가)과정에서 에너지 방출이 일어난다.

ㄴ. (가)는 동화 작용, (나)는 이화 작용이다.

ㄷ. 단백질 합성은 (가)과정에 해당한다.

① ㄴ

② ㄱ, ㄴ

③ ㄱ, ㄷ

④ ㄴ, ㄷ

2024년 기출문제

과학

2024 제1회

기출을 보면 합격이 보인다!

정답 및 해설 별책 36p

01 다음에서 설명하는 발전 방식은?

- 파도 상황에 따라 전력 생산량이 일정하지 않다.
- 파도의 운동 에너지를 전기 에너지로 전환한다.

① 파력 발전　　　② 화력 발전
③ 원자력 발전　　④ 태양광 발전

02 그림은 전기 에너지의 생산과 수송 과정을 나타낸 것이다. 이에 대한 설명으로 옳은 것만을 〈보기〉에서 모두 고른 것은?

| 보기 |

ㄱ. 발전소에서 전기 에너지를 생산한다.
ㄴ. ㉠에 해당하는 전압은 22.9kV보다 작다.
ㄷ. 수송 과정에서 손실되는 전기 에너지는 없다.

① ㄱ　　　　　② ㄷ
③ ㄱ, ㄴ　　　④ ㄴ, ㄷ

03 표는 같은 직선상에서 운동하는 물체 A~D의 처음 운동량과 나중 운동량을 나타낸 것이다. 물체 A~D 중 받은 충격량의 크기가 가장 큰 것은?

운동량(kg·m/s) 물체	처음 운동량	나중 운동량
A	2	5
B	3	7
C	3	8
D	4	10

① A　　　　　② B
③ C　　　　　④ D

04 그림은 고열원에서 100J의 열에너지를 공급받아 W의 일을 하는 열기관을 나타낸 것이다. 열기관에서 저열원으로 50J의 열에너지를 방출할 때, 열기관이 한 일 W의 양은?

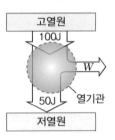

① 30J　　　　② 40J
③ 50J　　　　④ 60J

05 다음은 태양 내부에서 일어나는 반응에 대한 설명이다. ㉠에 해당하는 원소는?

> 고온·고압인 태양에서 수소 원자핵이 융합하여 ㉠ 원자핵이 생성되는 동안 줄어든 질량이 에너지로 전환된다.

① 질소   ② 칼슘
③ 헬륨   ④ 나트륨

06 그림은 자유 낙하하는 물체의 위치를 일정한 시간 간격으로 나타낸 것이다. A~D 지점 중 물체의 속도가 가장 빠른 지점은? (단, 중력 가속도는 10m/s² 이고, 공기 저항은 무시한다.)

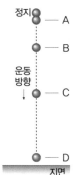

① A   ② B
③ C   ④ D

07 그림과 같이 자석을 코일 속에 넣을 때 발생하는 유도 전류의 방향을 변화시킬 수 있는 요인으로 옳은 것만을 〈보기〉에서 모두 고른 것은?

> **보기**
> ㄱ. 자석의 극을 바꾼다.
> ㄴ. 자석을 더 빠르게 넣는다.
> ㄷ. 더 강한 자석을 사용한다.

① ㄱ   ② ㄷ
③ ㄱ, ㄴ   ④ ㄱ, ㄷ

08 그림은 주기율표의 일부를 나타낸 것이다. 임의의 원소 A~D 중 원자가 전자 수가 가장 큰 원소는?

주기＼족	1	2		16	17	18
1						
2	A			B		
3	C				D	

① A   ② B
③ C   ④ D

09 그림은 나트륨 이온의 생성 과정을 모형으로 나타낸 것이다. 나트륨 원자가 잃은 전자의 개수는?

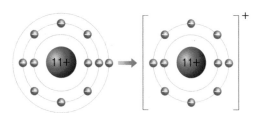

나트륨 원자(Na)   나트륨 이온(Na⁺)

① 1개   ② 2개
③ 3개   ④ 4개

10 다음에서 설명하는 화학 결합에 의해 형성된 물질은?

> • 금속 원소와 비금속 원소 사이에서 형성된다.
> • 양이온과 음이온의 정전기적 인력에 의해 형성된다.

① 은(Ag)   ② 구리(Cu)
③ 산소(O_2)   ④ 염화 나트륨(NaCl)

11 다음 중 산화 환원 반응의 사례가 <u>아닌</u> 것은?

① 도시가스를 연소시킨다.

② 철이 공기 중에서 붉게 녹슨다.

③ 산성화된 토양에 석회 가루를 뿌린다.

④ 사과를 깎아 놓으면 산소와 반응하여 색이 변한다.

12 그림은 묽은 염산과 묽은 황산의 이온화된 모습을 나타낸 것이다. 두 수용액에 공통적으로 존재하는 ㉠에 해당하는 이온은? (단, •, □, ○는 서로 다른 이온이다.)

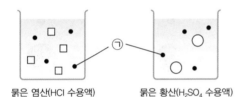

묽은 염산(HCl 수용액)　　묽은 황산(H_2SO_4 수용액)

① 산화 이온(O^{2-})　② 수소 이온(H^+)

③ 염화 이온(Cl^-)　④ 황산 이온(SO_4^{2-})

13 그림은 단위체의 결합으로 물질 A가 만들어지는 과정을 나타낸 것이다. A에 해당하는 물질은?

① 핵산　　　　② 단백질

③ 포도당　　　④ 글리코젠

14 그림은 서로 다른 지역에 서식하는 여우의 형태를 나타낸 것이다. 이러한 여우의 형태 차이에 영향을 주는 환경 요인은?

북극여우　　붉은여우　　사막여우

① 물　　　　　② 산소

③ 온도　　　　④ 토양

15 다음은 안정된 생태계의 개체 수 피라미드에서 생태계 평형이 깨진 후 평형을 회복하는 과정의 일부를 설명한 것이다. ㉠과 ㉡에 들어갈 말로 옳게 짝지어진 것은?

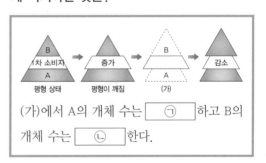

(가)에서 A의 개체 수는 [㉠] 하고 B의 개체 수는 [㉡] 한다.

	㉠	㉡
①	감소	감소
②	감소	증가
③	증가	감소
④	증가	증가

16 다음은 생명 시스템 유지에 필요한 물질에 대한 설명이다. ㉠에 해당하는 것은?

> • 만일 [㉠]이/가 없다면 음식을 먹어도 영양소를 소화, 흡수할 수 없다.
> • 생명체는 물질대사를 하며, 물질대사에는 [㉠]이/가 관여한다.

① 녹말　　　　　　② 효소
③ 인지질　　　　　④ 셀룰로스

17 그림은 DNA에서 RNA가 전사되는 과정을 나타낸 것이다. ㉠에 해당하는 염기는? (단, 돌연변이는 없다.)

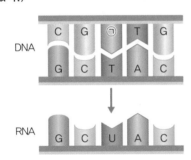

① A　　　　　　　② T
③ G　　　　　　　④ C

18 세포막을 경계로 세포 안팎에 농도가 다른 용액이 있을 때, 물 분자가 세포막을 통해 농도가 낮은 곳에서 높은 곳으로 이동하는 현상은?

① 삼투　　　　　　② 호흡
③ 광합성　　　　　④ 이화 작용

19 다음 설명에 해당하는 것은?

> • 일정 지역에 서식하는 생물종의 다양한 정도이다.
> • 서식하는 생물종이 많고 그 분포가 고르게 나타날수록 높다.

① 개체　　　　　　② 군집
③ 개체군　　　　　④ 종 다양성

20 화산 활동과 관련된 설명으로 옳은 것만을 〈보기〉에서 모두 고른 것은?

> ┤ 보기 ├
> ㄱ. 화산 활동은 태양 에너지에 의해 일어난다.
> ㄴ. 대규모의 화산 폭발은 주변의 지형을 변화시킨다.
> ㄷ. 화산 활동은 온천, 지열 발전 등과 같이 이롭게 활용되기도 한다.

① ㄱ　　　　　　　② ㄷ
③ ㄱ, ㄴ　　　　　④ ㄴ, ㄷ

21 다음은 규산염 사면체에 대한 설명이다. ㉠에 해당하는 것은?

○ : 규소
● : ㉠

규산염 광물을 구성하는 기본 구조는 규소 원자 1개와 [㉠] 원자 4개가 공유 결합을 이룬 사면체이다.

① 산소　　　　　　② 질소
③ 탄소　　　　　　④ 마그네슘

22 그림은 지구 시스템을 이루는 각 권의 상호 작용을 나타낸 것이다. 해저 지진 활동으로 인해 지진 해일이 발생하는 것에 해당하는 상호 작용은?

① A ② B
③ C ④ D

23 다음 설명에 해당하는 현상은?

화석 연료 등의 사용으로 온실 기체의 농도가 크게 증가하여 지구의 평균 기온이 상승하는 현상이다.

① 황사 ② 사막화
③ 엘니뇨 ④ 지구 온난화

24 그림은 판의 이동과 맨틀 대류를 나타낸 것이다. A~D 중 발산형 경계에 해당하는 것은?

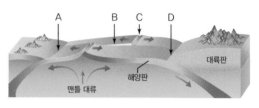

① A ② B
③ C ④ D

25 그림은 지질 시대 동안 생물 과의 수 변화와 대멸종 시기를 나타낸 것이다. A에서 멸종한 생물은?

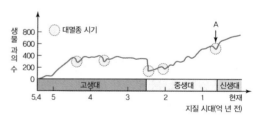

① 공룡 ② 매머드
③ 삼엽충 ④ 화폐석

과학

정답 및 해설 별책 39p

01 다음 설명에 해당하는 발전 방식은?

> 태양 전지를 사용하여 태양의 빛에너지를 전기 에너지로 직접 전환하며, 일조량에 따라 전력 생산량이 달라질 수 있다.

① 수력 발전
② 조력 발전
③ 파력 발전
④ 태양광 발전

02 그림과 같이 마찰이 없는 수평면에서 질량이 2kg인 물체가 6m/s의 일정한 속력으로 운동할 때 이 물체의 운동량(kg · m/s)의 크기는?

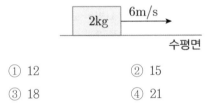

① 12
② 15
③ 18
④ 21

03 다음 설명에서 ㉠에 공통으로 해당하는 것은?

> • 코일 근처에서 자석을 움직이면 코일에 전류가 유도되는데 이러한 현상을 [㉠] (이)라 한다.
> • 변압기는 [㉠]을/를 이용하여 전압을 변화시키는 장치로, 각 코일에 걸린 전압은 코일의 감은 수에 비례한다.

① 열효율
② 핵발전
③ 전자기 유도
④ 초전도 현상

04 그림은 수평 방향으로 던진 공의 위치를 일정한 시간 간격으로 나타낸 것이다. A와 B 지점에서의 물리량이 같은 것만을 〈보기〉에서 모두 고른 것은? (단, 중력 가속도는 10m/s²이고, 공기 저항은 무시한다.)

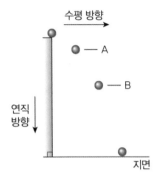

| 보기 |
> ㄱ. 공의 수평 방향 속력
> ㄴ. 공의 연직 방향 속력
> ㄷ. 공에 작용하는 힘의 크기

① ㄴ
② ㄷ
③ ㄱ, ㄴ
④ ㄱ, ㄷ

05 어떤 열기관이 75J의 열에너지를 공급받아 외부에 15J의 일을 하고 60J의 열에너지를 방출할 때 이 열기관의 열효율은?

① 10%
② 15%
③ 20%
④ 25%

06 다음은 그래핀에 대한 설명이다. ㉠에 해당하는 것은?

- 전기 전도성이 뛰어나다.
- ㉠ 원자가 육각형 모양으로 배열된 평면 구조 이다.

① 규소
② 산소
③ 질소
④ 탄소

07 다음은 원자의 전자 배치를 나타낸 것이다. 13족 원소는?

①

②

③

④

08 그림은 주기율표의 일부를 나타낸 것이다. 원소 (가)~(라) 중 가장 바깥 전자 껍질의 전자 수가 8개이고 반응성이 거의 없는 것은?

주기＼족	1	2		16	17	18
1						
2				(가)		(나)
3	(다)				(라)	

① (가)
② (나)
③ (다)
④ (라)

09 이온 결합 물질에 대한 설명으로 옳은 것만을 〈보기〉에서 모두 고른 것은?

┤ 보기 ├
ㄱ. 산소 기체(O_2)가 해당한다.
ㄴ. 수용액 상태에서 전류가 흐른다.
ㄷ. 양이온과 음이온의 정전기적 인력에 의 해 생성된다.

① ㄱ
② ㄴ
③ ㄱ, ㄷ
④ ㄴ, ㄷ

10 다음 중 물에 녹아 염기성을 나타내는 물질은?

① HCl
② $Ca(OH)_2$
③ H_2SO_4
④ CH_3COOH

11 그림은 수산화 나트륨(NaOH) 수용액에 A 수용 액을 넣어 중화 반응시키는 과정을 나타낸 것이 다. A에 해당하는 것은?

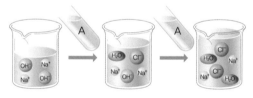

① HCl
② HNO_3
③ H_2CO_3
④ H_2SO_4

12 다음 화학 반응에서의 반응 물질 중 산화되는 것은?

$$2CuO + C \rightarrow 2Cu + CO_2$$
산화 구리(Ⅱ)　　탄소　　구리　　이산화 탄소

① CuO
② C
③ Cu
④ CO_2

13 다음 설명에서 ㉠에 해당하는 것은?

> 같은 종의 무당벌레 개체군에서 겉날개의 색과 반점 무늬가 개체마다 달라지면 ㉠ 이/가 증가한다.

① 생물 대멸종　　② 외래종 도입
③ 서식지 단편화　　④ 유전적 다양성

14 다음 설명에 해당하는 물질은?

> • 핵산을 구성하는 기본 단위체이다.
> • 염기 및 당과 인산으로 구성되어 있다.

① 지질　　　　　② 포도당
③ 아미노산　　　④ 뉴클레오타이드

15 그림은 세포 내 유전 정보의 흐름을 나타낸 것이다. ㉠, ㉡에 해당하는 것은?

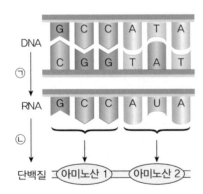

	㉠	㉡
①	번역	전사
②	전도	번역
③	전사	번역
④	전사	전도

16 그림은 세포막의 구조와 세포막을 통한 물질 A와 B의 이동을 나타낸 것이다. 이에 대한 설명으로 옳은 것만을 〈보기〉에서 모두 고른 것은?

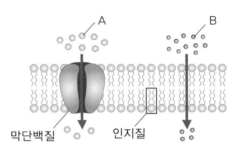

┤ 보기 ├
ㄱ. A는 막단백질을 통해 이동한다.
ㄴ. B는 인지질 사이로 확산한다.
ㄷ. 세포막은 막단백질로만 구성되어 있다.

① ㄱ　　　　　　② ㄷ
③ ㄱ, ㄴ　　　　④ ㄴ, ㄷ

17 다음 설명에서 ㉠에 해당하는 것은?

> 항생제를 반복적으로 사용하다 보면 세균 집단 내에 항생제 내성 세균의 비율이 증가하게 된다. 이러한 현상은 다윈의 ㉠ (으)로 설명할 수 있다.

① 자연 선택　　② 생태계 평형
③ 생태 피라미드　　④ 생명 중심 원리

18 다음 설명에서 밑줄 친 ㉠, ㉡이 해당되는 생태계 구성 요소는?

> 한 그루의 ㉠ 참나무를 관찰했더니 ㉡ 햇빛을 강하게 받은 잎이 약하게 받은 잎보다 두꺼운 것이 확인되었다.

	㉠	㉡
①	생산자	분해자
②	생산자	비생물적 요인
③	소비자	분해자
④	소비자	비생물적 요인

19 그림은 어떤 안정된 생태계의 개체 수 피라미드를 나타낸 것이다. 이 생태계에 대한 설명으로 옳은 것만을 〈보기〉에서 모두 고른 것은?

> ┤ 보기 ├
> ㄱ. A는 1차 소비자이다.
> ㄴ. 참새는 B에 해당한다.
> ㄷ. 상위 영양 단계로 갈수록 개체 수는 증가한다.

① ㄱ ② ㄷ
③ ㄱ, ㄴ ④ ㄴ, ㄷ

20 다음 설명에서 ㉠에 공통으로 해당하는 것은?

> • 지구의 지각을 구성하는 암석은 주로 규소와 ┌ ㉠ ┐이/가 결합한 규산염 광물로 이루어져 있다.
> • ┌ ㉠ ┐은/는 사람을 구성하는 원소 중 가장 많은 질량을 차지한다.

① 수소 ② 탄소
③ 산소 ④ 칼슘

21 다음 설명에서 ㉠, ㉡에 해당하는 것은?

> 태양 중심부에서는 ┌ ㉠ ┐ 원자핵 4개가 융합하여 ┌ ㉡ ┐ 원자핵 1개로 변환되는 수소 핵융합 반응이 일어난다.

	㉠	㉡
①	수소	철
②	수소	헬륨
③	헬륨	철
④	헬륨	수소

22 그림은 어느 해역의 깊이에 따른 수온 변화를 나타낸 것이다. 층 A~C에 대한 설명으로 옳은 것만을 〈보기〉에서 모두 고른 것은?

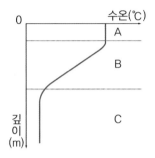

┤보기├
ㄱ. A에서는 기권과 상호 작용이 일어난다.
ㄴ. B에서는 깊어질수록 수온이 높아진다.
ㄷ. C는 수온 약층이다.

① ㄱ   ② ㄴ
③ ㄱ, ㄷ   ④ ㄴ, ㄷ

23 그림의 A, B는 판의 경계를 나타낸 것이다. 이에 대한 설명으로 옳은 것만을 〈보기〉에서 모두 고른 것은?

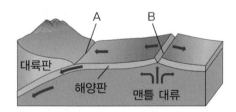

┤보기├
ㄱ. A는 발산형 경계이다.
ㄴ. B에서는 판이 생성된다.
ㄷ. A, B에서는 모두 해구가 발달한다.

① ㄱ   ② ㄴ
③ ㄱ, ㄷ   ④ ㄴ, ㄷ

24 그림은 서로 다른 지질 시대 A~C의 표준 화석을 나타낸 것이다. 오래된 시대부터 순서대로 나열한 것은?

시대	A	B	C
표준 화석	삼엽충	암모나이트	매머드

① A-B-C   ② A-C-B
③ B-A-C   ④ C-A-B

25 다음 현상을 일으키는 지구 시스템의 주된 에너지원은?

• 지진과 화산 활동을 일으킨다.
• 맨틀 대류를 일으켜 판을 이동시킨다.

① 조력 에너지
② 풍력 에너지
③ 바이오 에너지
④ 지구 내부 에너지

2025
고졸 검정고시

고졸 검정고시

- ⊘ 최신기출 완벽분석
- ⊘ 시험에 꼭 나오는 핵심 이론 정리
- ⊘ 적중률 높은 문제 구성

인터넷 강의
검스타트
www.gumstart.co.kr

2025
고졸 검정고시
과학

정답 및
해설

신지원

EBS 검정고시 방송교재 **저자직강**

2025 검정고시
검스타트가 앞서갑니다

**온라인서점
판매
1위 교재**

**시험후기
합격수기
최다 1위**

**브랜드
검색어 조회
1위**

과목별 기본서 부문
온라인서점 판매 1위

(고졸 및 중졸 : 예스24, 2024.7 기준)

최근 6개년('19.1회~'24.1회)
시험후기/합격수기 최다

(시험후기/합격수기 1,457건 등록)

검정고시 브랜드
검색어 조회 1위

(네이버데이터랩/카카오데이터트렌드,
2024.1~2024.8)

365일
합격만을 생각합니다

검스타트 www.gumstart.co.kr 1644-7590

2025
고졸 검정고시

과학

정답 및
해설

인터넷 강의
검스타트
www.**gumstart**.co.kr

정답 및 해설

제1편 물질과 규칙성

PART 1 물질의 규칙성과 화학 결합

01 ④	02 ②	03 ②	04 ②	05 ④
06 ①	07 ③	08 ④	09 ④	10 ①
11 ③	12 ①	13 ②	14 ③	15 ④
16 ②	17 ③	18 ①	19 ②	20 ①
21 ③	22 ②	23 ③	24 ④	25 ①

01 정답 ④

원자는 원자핵과 전자로 구분할 수 있으며 원자핵은 (+) 전하를 띠는 양성자와 전하를 띠지 않는 중성자로 되어있다. 원자핵 주위로 (–) 전하를 띠는 전자들이 존재한다.

02 정답 ②

스펙트럼은 빛이 분광기를 통과할 때 파장에 따라 분산되어 보이는 색의 띠이다. 원소에 따라 고유의 스펙트럼을 갖기 때문에 스펙트럼을 통해 원소를 구분할 수 있으며 스펙트럼 선의 두께를 통해 질량을 비교할 수 있다. 이를 통해 우주의 수소와 헬륨의 질량비가 3 : 1임을 확인하였다.

03 정답 ②

주계열성은 별의 일생의 대부분을 차지하는 단계로 주계열성 단계에서 별의 중심부에서는 수소 핵융합 반응이 일어나 헬륨이 생성된다. 중심부에서 수소 핵융합 반응이 더 이상 일어나지 않으면 별은 다시 중력 수축하면서 크기가 커지는데 이를 적색 거성이라고 부르고 이 단계에서 별의 중심부에서는 탄소까지 만들어진다. 이후

중심부는 수축하여 백색 왜성이 되고 팽창하는 별의 바깥 부분이 분리되어 행성상 성운이 된다.

04 정답 ②

빅뱅 우주론은 약 138억 년 전 고온, 고밀도의 한 점에서 대폭발이 일어나 우주가 시작된 후 계속 팽창하고 있다는 우주론이다. 빅뱅 우주론에 의하면 기본적인 원소가 우주 초기에 만들어지기 때문에 시간이 지나면서 우주의 밀도는 감소하고 온도가 낮아진다. 빅뱅 우주론과 상대적으로 우주가 팽창하면서 계속 물질이 생성되어 항상 같은 밀도가 유지된다는 이론은 정상 우주론이다.

05 정답 ④

쿼크와 전자는 더 이상 분해되지 않는 기본 입자로 대폭발이 일어나고 가장 먼저 쿼크와 전자가 만들어진다. 양성자와 중성자는 쿼크 3개로 이루어졌다. 대부분의 원자핵은 양성자와 중성자로 이루어지고 (+) 전하를 띤다. 원자핵과 전자가 모여 중성의 원자가 된다.

06 정답 ①

원시 지구에서 미행성체들이 충돌하면서 지구의 크기와 질량은 증가하였다.

07 정답 ③

원자가 전자는 전자 배치에서 가장 바깥 전자 껍질에 들어있는 전자로 화학 반응에 참여한다. 같은 족 원소들은 원자가 전자 수가 같다. 18족 원소는 가장 바깥 전자 껍질에 전자가 최대한 채워져 있지만 화학 반응에 참여하는 전자가 0이기 때문에 원자가 전자 수는 0이다. C는 17족 원소로 원자가 전자 수가 7개로 가장 많다.

08 정답 ④

같은 주기에 속하는 원자는 전자 껍질의 개수가 같다.

임의의 원소는 전자 껍질 수가 3개이고 원자가 전자 수가 1개이므로 1족 3주기 원소이다.
① 1족 1주기, ② 13족 2주기, ③ 16족 2주기, ④ 17족 3주기이다.

09 정답 ④
플루오린은 할로젠 원소로 2주기 17족에 속한다. 자연 상태에서 F₂ 이원자 분자 상태로 존재하며 물에 녹아 산성을 나타낸다.

| 심화 |

할로젠 원소
주기율표 17족에 속하는 원소로 플루오린(F), 염소(Cl), 브로민(Br), 아이오딘(I) 등이 해당한다. 비금속성이 크고 자연 상태에서 이원자 분자로 존재한다. 물에 녹아 산성을 나타내며 금속, 수소와 반응을 잘 한다.

10 정답 ①
알칼리 금속은 수소를 제외한 주기율표 1족에 해당하는 원소이다. 수소는 비금속 원소이다. 알칼리 금속은 은백색 광택이 있고 공기 중 산소와 반응하여 광택을 잃기 때문에 석유나 파라핀 등에 보관한다. 비교적 무른 금속으로 쉽게 잘린다. 물과 반응하여 수소 기체를 내놓고 수용액은 염기성을 띤다.

11 정답 ③
그림은 질소 분자의 화학 결합 모형으로 질소 기체는 2개의 질소 원자가 3개의 전자를 공유하여 이루어진 공유 결합 물질이다. 공유 전자쌍은 3쌍이며 대기의 약 78%를 차지한다. 2개의 원자가 모여 하나의 질소 기체를 이루므로 2원자 분자이며 분자식은 N₂로 나타낸다. 물질의 연소와 생물의 호흡에 이용되는 기체는 산소(O₂)이다.

12 정답 ①
금속 원소와 비금속 원소의 원자들은 비활성 기체와 같은 전자 배치를 이루기 위해 금속 원소가 전자를 잃으면 양이온, 비금속 원소가 전자를 얻으면 음이온이 된다. 이처럼 형성된 금속 원소의 양이온과 비금속 원소의 음이온 사이에 정전기적 인력으로 형성되는 화학 결합을 이온 결합이라고 부른다. 나트륨 원자(Na)는 전자 하나를 잃어 나트륨 이온(Na⁺)이 형성되고 염소 원자(Cl)는 전자 하나를 얻어 염화 이온(Cl⁻)이 형성되며 둘 사이에 정전기적 인력에 의해 염화 나트륨 결정(NaCl)이 형성된다.

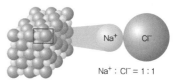

산소(O₂), 염화 수소(HCl), 물(H₂O)은 모두 공유 결합 물질이다.

13 정답 ②
비공유 전자쌍이란 이미 쌍을 이루고 있어 공유 결합에는 참여하지 못하고 있는 전자쌍을 말한다. 산소 원자는 원자가 전자가 총 6개가 있고 이 중 2개는 공유 결합에 참여하므로 비공유 전자쌍은 2개가 된다.

14 정답 ③
16족 원소는 원자가 전자가 6개로 비활성 기체와 같은 전자 배치를 위해 2개의 전자를 받으면 된다. 따라서 C는 전자 2개를 얻어 -2가 음이온이 형성된다. 1족인 A는 +1가 양이온, 13족인 B는 +3가 양이온, 2족인 D는 +2가 양이온이 형성되면서 비활성 기체와 같은 안정한 전자 배치를 갖는다.

15 정답 ④
질량이 태양의 10배 이상인 별의 내부에서는 핵융합 반응으로 중심부에서 헬륨, 탄소, 산소, 네온, 마그네슘, 규소부터 매우 안정한 철까지 만들어진다. 철보다 무거운 원소인 금, 납, 우라늄, 구리 등은 초신성 폭발의 에너지에 의해 만들어진다.

16 정답 ②
원자는 전기적으로 중성이므로 원자핵의 (+) 전하량이 +10이라면 전자의 개수는 10개가 들어있다.

17 정답 ③
(가) → (라) → (나) → (다)
(가) 태양계 형성은 태양계 성운이 중력 수축하면 (라) 성운이 회전하면서 원반이 형성된다. 그 과정에서 중심부에 (나) 원시 태양이 형성되고 주변 원반에 미행성체가 형성된다. 원반의 미행성체는 충돌에 의해 질량과 부피가 커지며 (다) 원시 행성이 된다.

18 정답 ①
주계열성 단계에서 별의 중심부에서 수소 핵융합 반응으로 헬륨이 형성된다. 헬륨이 형성된 이후 별의 질량에 따라 더 무거운 원소인 탄소, 규소, 철까지 생성될 수 있다.

19 정답 ②
질량이 태양의 10배 이상인 별은 초거성 단계에서 중심 온도가 높아지면서 가장 안정한 철까지 생성되고 이후 초신성 폭발이 일어나면서 철보다 무거운 원자가 생성된다. 초신성 폭발 이후 중심부가 압축되면서 중성자 별이 되고, 질량이 매우 큰 경우 빛이 빠져나갈 수 없는 블랙홀이 된다.

20 정답 ①
주계열성이란 별의 중심에서 수소 핵융합 반응이 일어나면서 빛을 내는 별을 말한다. 4개의 수소 원자핵이 모여 하나의 헬륨 원자핵이 형성되고 이 과정에서 결손된 질량이 에너지로 변화되어 방출된다.

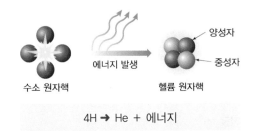

4H → He + 에너지

21 정답 ③
빅뱅 우주론에 의하면 약 138억 년 전 고온, 고밀도 한 점에서 대폭발이 일어난 후 우주의 급격한 팽창이 일어난다. 팽창 과정에서 우주의 온도가 낮아지고 쿼크, 전자 등의 기본 입자가 생성되고 이후 온도가 점차 낮아지면서 원자까지 생성되었다. 기본적인 입자들은 우주 초기에 만들어지고 더 생성되지 않기 때문에 질량은 변하지 않고, 우주의 부피가 커지면서 우주의 밀도는 감소한다. 따라서 밀도와 온도는 감소하고, 질량은 변하지 않으며 부피만 증가한다.

22 정답 ②
빅뱅 우주론을 주장하는 학자는 우주 배경 복사, 수소와 헬륨의 질량비를 약 3 : 1로 예측하였고 빅뱅 우주론의 예측과 관측값이 일치하면서 빅뱅 우주론이 받아들여지게 된다.

> **참고 빅뱅 우주론 증거**
>
> 1. 가모프의 우주 배경 복사 예측
>   우주 온도가 약 3000K일 때 원자가 생성되면서 퍼져 나간 빛이 우주가 팽창하면서 파장이 길어져 현재 2.7K에 해당하는 복사로 관측될 것이다.
>   → 펜지어스와 윌슨의 우주 배경 복사 관측
>   우주의 모든 방향에서 동일한 세기로 관측되는 전파를 발견하였는데 이 전파는 온도가 약 2.7K인 물체에서 방출되는 에너지 파장과 일치함
>
> 2. 빅뱅 우주론의 주장
>   빅뱅이 일어나고 약 3분 후 수소 원자핵과 헬륨 원자핵의 질량비가 약 3 : 1이 될 것이다.

EBS 고졸 검정고시 **과학**

→ 스펙트럼의 분석 결과 우주 전역에 수소와 헬륨
이 존재하며 수소 : 헬륨의 질량비가 약 3 : 1임을
확인함.

23 정답 ③

원소는 물질을 구성하는 기본 성분으로 더 이상 분해할
수 없다. 현재까지 알려진 원소는 110여 종류이고 물질
의 종류는 원소의 종류에 비해 매우 많다.

24 정답 ④

현대의 주기율표는 원소들을 원자 번호 순으로 배열하
여 화학적 성질이 비슷한 원소를 같은 세로줄에 오도록
배열한다. 주기율표의 세로줄을 족이라고 하며 1~18족
까지 있고 같은 족은 대체로 성질이 비슷하다. 주기율표
의 가로줄을 주기라고 하며 1~7주기까지 있고 같은 주
기의 원소들은 전자 껍질 수가 같다.

25 정답 ①

비금속 원소는 실온에서 대부분 기체나 고체 상태(브로
민은 액체)로 대체로 주기율표의 오른쪽에 위치한다. 열
과 전기 전도성이 없으며 광택이 없다. 전자를 얻어 음이
온이 되기 쉽다. 다른 원소와 결합하여 다양한 물질을
만들 수 있다.

⊗ 오답피하기

② 칼슘, ③ 구리, ④ 나트륨은 금속 원소이다.

PART 2 자연의 구성 물질

필수 개념 정리 문제   본문 69~73p

01 ①	02 ③	03 ②	04 ①	05 ③
06 ④	07 ④	08 ④	09 ③	10 ③
11 ①	12 ②	13 ④	14 ①	15 ④
16 ③	17 ②	18 ①	19 ②	20 ④
21 ②	22 ③	23 ②	24 ④	25 ②

01 정답 ①

철은 태양보다 질량이 10배 이상인 별의 내부에서 만들
어지는 가장 안정적인 원소이자 지구에 가장 많이 분포
하는 원소이다.

02 정답 ③

전자 껍질의 개수가 3개이므로 3주기, 가장 바깥 껍질
전자 개수가 4개이므로 규소는 3주기 14족 원소임을 알
수 있다. 규소는 산소와 공유 결합하여 규산염 사면체를
이룰 수 있다.

03 정답 ②

규산염 사면체는 규소(A)를 중심으로 4개의 산소(B)가
공유 결합을 하고 있는 형태이다. 지각의 대부분의 광물
은 규산염 광물로 이루어져 있다.

04 정답 ①

규산염 광물은 결합 방식에 따라 독립형 구조, 단사슬 구
조, 복사슬 구조, 판상 구조, 망상 구조로 구분할 수 있다.

독립형 구조		규산염 사면체 하나가 독립적으로 철이나 마그네슘 등의 양이온과 결합한다. 예 감람석
단사슬 구조		규산염 사면체가 2개의 산소를 공유하여 단일 사슬 모양으로 결합한다. 예 휘석

정답 및 해설 **5**

복사슬 구조		단사슬 2개가 연결된 이중 사슬 모양으로 결합한다. 예 각섬석
판상 구조		규산염 사면체가 3개의 산소를 공유하여 얇은 판모양으로 결합한다. 예 흑운모
망상 구조		규산염 사면체가 산소 4개를 모두 공유하여 결합한다. 예 석영, 장석

05 정답 ③

탄소 화합물의 중심 원소는 탄소(C)로 다양한 화합물을 만들 수 있다. 탄소 화합물은 생명체를 구성하고 생명체에 에너지원으로 사용되는 탄수화물, 단백질, 핵산, 지질 등이 해당한다.

06 정답 ④

원자는 전기적으로 중성이고 전자 수가 6개임을 통해 원자핵에 양성자의 수가 6개임을 알 수 있다. 양성자 수는 원자 번호와 같으므로 탄소의 원자 번호는 6번이다. 원자가 전자 수가 4개이므로 최대 4개의 공유 결합이 가능하며 단일 결합, 이중 결합, 삼중 결합, 고리 형태 결합 등 다양한 결합을 할 수 있다. 탄소는 탄소 화합물의 중심 원소로 필수적인 원소이다.

> 참고 **탄소 화합물의 다양한 결합**
>
>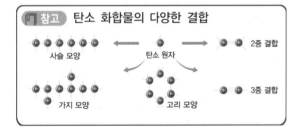
>
> 사슬 모양　　탄소 원자　　2중 결합
>
> 가지 모양　　고리 모양　　3중 결합

07 정답 ④

단백질은 1g당 4kcal의 에너지를 낼 수 있고 근육, 효소, 호르몬을 구성하여 몸의 기능을 조절하는 데 관여한다. 아미노산은 단백질의 단위체이다.

> 오답피하기
> ① 핵산의 단위체
> ② 탄수화물(녹말, 글리세롤)의 단위체

08 정답 ④

핵산은 탄소 화합물로 세포에 존재하는 유전 물질이며 DNA와 RNA가 있다. 핵산의 단위체는 뉴클레오타이드로, 인산 : 당 : 염기가 1 : 1 : 1로 결합한 형태이다. DNA는 유전 정보를 저장하고 RNA는 유전정보를 전달하고 단백질 합성에 관여한다.

> 오답피하기
> ① 탄수화물은 탄소 화합물이다. 포도당은 탄수화물의 단위체이며, 탄수화물은 주에너지원으로 사용된다.
> ② 물은 생명체 구성 물질 중 가장 많은 양을 차지하고, 물질을 운반하거나 체온 유지에 관여한다.
> ③ 무기염류는 몸을 구성하거나 생리 기능을 조절한다.

09 정답 ③

RNA의 염기는 A(아데닌), G(구아닌), C(사이토신), U(유라실)이 있다. T(타이민)은 DNA의 염기이다.

> 참고 **RNA**
> RNA를 구성하는 당은 리보스로 RNA는 유전 물질을 전달하고 단백질 합성에 관여한다.

10 정답 ③

우리 몸의 구성 물질 중 가장 많은 양을 차지하는 것은 물이다.
지질의 한 종류인 중성 지방은 에너지원(1g당 9kcal)으로 사용될 수 있으며 단백질, 탄수화물(4kcal/g)에 비해 1g당 낼 수 있는 열량이 더 많다. 중성 지방, 인지질 모두 지질에 속하고 인지질은 단백질과 함께 세포막의 성분이 된다.

11 정답 ①
펩타이드 결합은 아미노산과 아미노산 사이의 결합으로 두 아미노산 사이에서 물이 빠져나오면서 아미노산이 길게 연결된다. 펩타이드 결합을 통해 폴리펩타이드가 형성되고 복잡한 입체구조를 형성하면서 단백질이 만들어진다. 따라서 이 물질은 단백질이다. 단백질은 몸을 구성하거나 효소, 호르몬을 통해 몸의 기능 조절에 관여하고 1g당 4kcal의 에너지를 낼 수 있다.
① 단백질의 단위체는 아미노산이다.

12 정답 ②
두 가닥의 폴리뉴클레오타이드로 이루어진 이중 나선 구조를 갖는 이 물질은 DNA이다. DNA는 유전 정보를 저장하는 역할로 염기인 A(아데닌)과 T(타이민), G(구아닌)과 C(사이토신)이 상보적 결합을 한다. 염기 중 U(유라실)은 RNA의 구성 염기이다.

13 정답 ④
아미노산은 단백질을 구성하는 단위체로 곁사슬의 종류에 따라 아미노산의 종류는 달라진다. 아미노산의 종류는 20가지가 있으며, 펩타이드 결합을 통해 폴리펩타이드 구조를 만들고 입체 구조를 형성하며 단백질이 된다. 단백질은 호르몬, 효소, 근육, 항체 등을 형성하여 몸을 구성하고 여러 기능 조절에 관여한다.
핵산은 단위체가 뉴클레오타이드로 이것이 길게 결합해 폴리뉴클레오타이드가 되어 DNA나 RNA를 형성한다.

14 정답 ①
염기는 상보적인 결합을 하기 때문에 G(구아닌)과 상보적인 결합을 하는 C(사이토신)이 차지하는 비율은 G과 같은 20%이다.

15 정답 ④
DNA는 아데닌(A), 구아닌(G), 사이토신(C), 타이민(T)을 갖는 4종류의 뉴클레오타이드가 다양한 순서로 결합하여 염기 서열이 다양한 DNA가 만들어진다. 유전 정보는 DNA의 염기 서열에 저장되어 있는데, DNA의 염기 서열이 다르면 저장되는 유전 정보도 달라진다.

16 정답 ③
초전도체는 특정한 온도 이하에서 전기 저항이 0이 되는 물질로 센 전류에 의한 강한 자기장을 형성할 수 있다. 이를 활용하여 자기 공명 영상(MRI) 장치, 자기 부상 열차, 전력 손실이 없는 송전선에 이용할 수 있다.

17 정답 ②

그래핀은 탄소 원자가 육각형 벌집 모양으로 연결된 평면 구조 물질로 나노 기술을 이용한 신소재이다. 그래핀은 열과 전기 전도성이 뛰어나고 매우 얇아 단단하면서도 잘 휘어진다. 휘어지는 디스플레이나 야간 투시용 콘텍트 렌즈 등에 활용할 수 있다.

18 정답 ①
생체 모방이란 생명체의 행동, 구조, 특성을 모방한 것으로 홍합이 분비하는 단백질을 이용한 수중 접착제, 연잎 표면에 물이 스며들지 않는 원리를 이용한 코팅제, 도꼬마리 열매의 가시 끝에 있는 갈고리에 털이 잘 붙는 성질을 이용한 벨크로 테이프 등이 있다.

19 정답 ②
반도체는 온도나 압력 조건에 따라 전기 저항이 변하는 물질로 규소(Si)나 저마늄(Ge)이 대표적인 예이다. 순수한 규소나 저마늄에 다른 원소를 미량 첨가하여 전기 전도성을 높여 만든 물질이 불순물 반도체이다.

20 정답 ④
임계 온도는 전기 저항이 0이 되어 초전도 현상이 나타나기 시작하는 온도로 수은의 경우 4.2K 정도 된다.

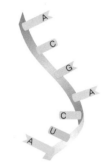

23 정답 ②

RNA는 핵산 중 하나로 한 가닥의 폴리뉴클레오타이드로 이루어져 있다. 염기는 A(아데닌), G(구아닌), C(사이토신), U(유라실)이 있다. RNA는 유전 정보의 전달 및 단백질 합성에 관여한다.

24 정답 ④

탄소 화합물은 탄소로 이루어진 기본 골격에 다양한 원소들이 공유 결합하여 만들어진 화합물로 탄소는 최대 4개의 공유 결합을 하여 다양한 화합물을 만들 수 있다. 탄소와 탄소 원자가 결합할 때는 단일 결합, 2중 결합, 3중 결합이 가능하며 사슬 모양, 가지 모양, 고리 모양 등을 만들 수 있다. 4중 결합은 다른 원소와 결합할 수 없으므로 탄소 화합물의 골격이 될 수 없다.

25 정답 ②

게코 테이프는 게코도마뱀이 발바닥에 난 미세한 섬모들로 인해 유리판에서도 잘 미끄러지지 않는 성질을 이용하여 만든다. 도꼬마리 열매의 가시 끝에 있는 갈고리가 동물의 털에 걸리면 잘 떨어지지 않는 성질을 이용한 것은 벨크로 테이프이다.

⊗ **오답피하기**

① **절대 온도** : 입자의 운동이 멈추었을 때의 온도를 0으로 두고 섭씨 온도와 같은 눈금 간격으로 나눈 온도로 단위는 K(켈빈)을 사용한다.

② **섭씨 온도** : 1기압에서 물이 어는 온도를 0℃, 물이 끓는 온도를 100℃로 두고 사이를 100등분한 온도로 단위는 ℃를 사용한다.

③ **화씨 온도** : 1기압 하에서 물의 어는점을 32℉, 끓는점을 212℉로 정하고 두 점 사이를 180등분한 온도로 단위는 ℉를 사용한다.

21 정답 ②

탄소 화합물의 중심 원소는 탄소이다. 탄수화물, 지질, 단백질, 핵산은 모두 탄소 화합물로 탄소를 가지고 있다. 풀러렌은 탄소만으로 이루어진 나노 물질로 탄소 원자 60개가 오각형과 육각형 형태로 모여 축구공과 같은 형태를 갖는다.

• **풀러렌** : 내부에 빈 공간이 있어 약물을 넣어 운반하는 역할을 할 수 있다.

22 정답 ③

신소재는 기존 소재를 구성하는 원소나 화학 결합 구조를 변화시켜 새로운 기능과 성질을 갖도록 만든 물질이다.

⊗ **오답피하기**

① 초전도체에 대한 설명이다.

② 그래핀은 전기 전도성이 매우 뛰어나고, 초전도체는 임계 온도 이하에서 전기 저항이 0이므로 전류가 잘 흐른다.

④ 그래핀은 나노 기술을 활용한 것으로 크기가 매우 작다.

제2편 시스템과 상호작용

PART 1 역학적 시스템

01 정답 ①

중력은 지구가 물체를 끌어당기는 힘으로 질량이 있는 모든 물체 사이에서 상호 작용하는 힘이다. 중력의 방향은 지구 중심 방향이다.

> ⊗ **오답피하기**
>
> ② 질량이 있는 물체 사이에서 상호 작용하는 힘이므로 질량이 필요하다.
> ③ 질량이 클수록 중력의 크기는 커진다.
> ④ 지구 중심에 가까울수록 중력의 크기는 커진다.

02 정답 ②

전기력은 전기를 띤 물체 사이에서 서로 밀거나 잡아당기는 힘이다. 나침반은 자기력을 이용한 도구이다.

03 정답 ④

자유 낙하 운동은 공기 저항과 마찰을 무시할 때 물체가 중력만을 받아 낙하하는 운동을 말한다.

> ⊗ **오답피하기**
>
> ① 등속 원운동은 물체가 일정한 속력으로 원운동을 하는 물체의 운동으로 원의 중심방향으로 구심력이 작용한다.
> ② 등속 직선 운동은 물체의 속력과 방향이 변하지 않는 물체의 운동으로 물체에 가해지는 알짜 힘이 0일 때의 운동이다.

③ 포물선 운동은 물체를 비스듬히 던져 올렸을 때의 물체의 운동을 말한다.

04 정답 ④

자유 낙하 운동은 물체의 운동 방향과 힘의 방향이 같으므로 시간이 지남에 따라 속력이 일정하게 증가한다.

05 정답 ②

자유 낙하 운동은 공기의 저항을 무시할 때 중력만을 받아 낙하하는 운동으로 물체의 운동 방향과 중력의 방향이 같아 속력이 1초당 9.8m/s씩 일정하게 증가한다. 속도 변화량은 질량에 무관하게 같다.

06 정답 ③

공기 저항이 없는 진공에서의 낙하 운동은 질량과 무관하게 동시에 떨어지지만, 공기 중에서는 표면적이 넓어서 공기 저항이 큰 깃털이 공기 저항이 적은 쇠구슬보다 늦게 떨어진다.

07 정답 ③

수평 방향으로 물체에 작용하는 힘이 없으므로 물체는 등속 직선 운동을 한다. 연직 방향으로 물체는 중력을 받아 속력이 일정하게 증가하는 등가속도 운동을 한다.

08 정답 ①

수평 방향으로 던진 물체의 운동은 수평 방향으로는 작용하는 힘이 없어 등속 직선 운동하고 연직 방향으로 중력을 받아 속력이 일정하게 증가하는 등가속도 운동을 한다.

09 정답 ③

공기 저항이 없는 상태에서 물체가 중력만을 받아 자유 낙하 운동을 하면 물체는 1초당 9.8m/s씩 속력이 증가하는 자유 낙하 운동을 한다. A~C 중 C가 가장 높이가 높으므로 낙하하는데 걸리는 시간이 가장 길다. 따라서 속력이 가장 많이 증가하므로 바닥에 닿았을 때 속력은 C가 가장 크다.

10 정답 ④
수평 방향으로 던져진 공의 운동은 등속 운동이다. A~D 모두 지면에 떨어지는 데 걸린 시간이 같으므로 수평 방향으로 이동하는 데 걸린 시간도 같다. 같은 시간 동안 이동하는 거리가 길수록 물체의 속도가 빠르므로 가장 멀리까지 이동한 D의 던져진 속도가 가장 빠르다.

11 정답 ③
수평으로 던진 물체와 가만히 놓은 물체는 모두 중력만을 받아 운동하므로 지면에 닿는 데 걸리는 시간은 같다. 따라서 B가 지면에 도달할 때 걸리는 시간은 A와 같이 3초가 걸린다.
B는 수평 방향으로 2m/s의 등속 운동을 하므로 3초간 이동 거리는 6m가 된다.

12 정답 ②
생명 시스템에서는 지구 중심으로 향하는 중력에 적응하기 위한 생물의 진화의 흔적을 살펴볼 수 있다. 육상 동물은 다리로 몸을 지탱하며 식물은 땅속으로 뿌리를 뻗어 몸을 지지한다. 목이 긴 기린은 중력이 있는 환경에서 머리까지 혈액을 보내기 위해 심장이 발달하고 혈압이 높으며, 몸무게가 무거운 코끼리는 중력을 견디기 위해 단단한 골격을 지닌다.

13 정답 ③
마찰력은 접촉한 물체의 운동을 방해하는 힘으로 접촉면의 성질이 거칠수록 크고 접촉면의 성질이 매끄러울수록 마찰력의 크기는 작다. 얼음 위는 운동장에 비해 표면이 매끄러우므로 마찰력이 작아 미끄럽다.

14 정답 ③
운동량은 운동하는 물체가 갖는 물리량으로 '질량(kg) × 속도(m/s)'로 계산할 수 있다.

15 정답 ③
운동량의 크기는 물체의 질량(kg)과 속도(m/s)의 곱으로 단위는 kg·m/s로 나타낼 수 있다. 운동량은 질량과 속도의 곱으로 계산하기 때문에 질량과 속도가 증가하는 경우 운동량의 크기는 증가하고 질량과 속도가 감소하는 경우 운동량의 크기는 감소한다. 운동량은 방향을 고려하는 물리량으로 운동량의 방향은 속도의 방향과 같다.

16 정답 ④
충격량은 충돌이 발생하였을 때 물체가 받은 충격의 정도를 나타내는 물리량이다. '충격량 = 힘 × 시간'으로 계산할 수 있고 단위는 N·s이다. 충격량의 방향은 힘의 방향과 같고 물체가 받은 충격량은 물체의 운동량의 변화량과 같다.

17 정답 ③
물체가 받은 충격량은 물체의 운동량의 변화량과 같다. '충격량 = 나중 운동량 − 처음 운동량 = 운동량의 변화량'이므로 (10kg × 3m/s) − (10kg × 0) = 30N·s가 물체가 받은 충격량이다.

18 정답 ③
힘과 시간 그래프에서 아랫부분의 면적은 충격량을 의미하므로 충격량의 크기는 40N·s이다. 충격량은 운동량의 변화량과 같으므로 물체의 운동량은 40kg·m/s만큼 변한다. '충격량 = 힘 × 시간'이므로 시간은 변화가 없는 상태에서 힘의 크기가 줄어들면 충격량의 크기는 감소한다.

19 정답 ②
'충격량 = 나중 운동량 − 처음 운동량 = 운동량의 변화량'이고 힘과 시간의 그래프에서 아랫부분의 넓이는 충격량을 의미한다. 2m/s의 속력으로 운동하고 있는 질량 10kg인 물체의 처음 운동량은 20kg·m/s이고, 이 물체에 운동 방향으로 충격량을 10N·s 주었으므로 나중 운동량은 30kg·m/s이다. 따라서 10kg×나중 속력 = 30kg·m/s이므로 2초 후 이 물체의 속력은 3m/s이다.

20 정답 ②
충격량은 운동량의 변화량과 같다. A의 운동량 변화량은 8kg·m/s − 3kg·m/s = 5kg·m/s이다.
따라서 B의 운동량 변화량도 5kg·m/s가 된다. B의 나중 운동량이 13kg·m/s이므로 처음 운동량은 13kg·m/s − (처음 운동량) = 5kg·m/s에 의해 8kg·m/s이 된다.

21 정답 ③
관성은 물체가 현재의 운동 상태를 유지하려는 성질로 질량이 클수록 관성은 크다. 자동차 충돌 시 사람이 관성에 의해 튕겨나가는 것을 방지하기 위해 안전띠를 사용한다.

22 정답 ③
힘과 시간 그래프에서 아랫부분의 넓이는 충격량을 의미한다. 시멘트 바닥과 솜 위로 떨어진 경우 모두 그래프 아랫부분의 넓이가 같으므로 충격량의 크기는 같다.

23 정답 ③
힘과 시간 그래프에서 아랫부분의 넓이는 충격량을 의미하고 충격량은 운동량의 변화량과 같다. A와 B의 아랫부분의 넓이가 같으므로 A와 B의 충격량과 운동량 변화량은 모두 같다. '충격량 = 힘 × 시간'이고 힘이 작용하는 시간은 A가 B보다 작으므로 A에 작용한 힘은 B보다 더 크다. 따라서 B는 A보다 힘이 작용한 시간이 길어 물체가 받은 힘의 크기는 A보다 더 작다.

24 정답 ①
'운동량(kg·m/s) = 질량(kg) × 속도(m/s)'이고 질량과 속력 단위를 맞추어 계산한다.
(가) 10kg × 4m/s = 40kg·m/s
(나) 2kg × 40m/s = 80kg·m/s

(다) 36km/h = 10m/s이므로
10kg × 10m/s = 100kg·m/s
(라) 500g = 0.5kg이므로
0.5kg × 100m/s = 50kg·m/s이다.

25 정답 ③
충격량은 물체에 가해진 힘과 충돌 시간의 곱으로 물체가 힘을 받는 시간이 길어지면 물체에 가해진 힘의 크기는 줄어든다. 에어백이나 공을 받을 때 손을 뒤로 빼면서 받는 것은 충돌 시간을 늘려 힘의 크기를 줄일 수 있다. 테니스 경기에서 라켓을 끝까지 휘두르는 것은 공이 힘을 받는 시간을 늘려주어 충격량의 크기를 증가시키는 것으로 충격량은 운동량의 변화량과 같아 물체는 운동량이 증가한다. 따라서 공이 더 멀리까지 날아갈 수 있다.

지구 시스템

01	②	02	④	03	③	04	③	05	②
06	④	07	③	08	②	09	①	10	②
11	②	12	③	13	①	14	④	15	④
16	③	17	②	18	③	19	④	20	③
21	④	22	③	23	③	24	②	25	④

01 정답 ②

기권은 지구를 둘러싼 공기층으로 높이에 따른 기온 변화를 통해 대류권, 성층권, 중간권, 열권 4개 층으로 구분한다.

02 정답 ④

A - 혼합층, B - 수온약층, C - 심해층
혼합층(A)은 태양 복사 에너지를 흡수하여 수온이 높고 바람의 혼합 작용으로 깊이에 따른 수온 변화가 없다. 따라서 바람의 세기가 강할수록 두께가 두꺼워진다.
수온약층(B)은 깊어질수록 수온이 낮아지는 층으로 대류가 일어나지 않아 안정한 층이다.
심해층(C)은 수온이 낮고 깊이에 따른 수온 변화가 거의 없는 층이다.

03 정답 ③

지권은 지구 표면과 지구 내부를 포함하며 지각, 맨틀, 외핵, 내핵으로 구분된다. 맨틀은 지구 전체 부피의 80%를 차지하고 암석으로 이루어져 있다. 고체 상태이지만 유동성이 있어 맨틀 대류로 인해 판의 이동이 일어난다.

04 정답 ③

해수, 빙하, 지하수, 강, 호수 등 지구에 분포하는 물을 수권이라고 한다. 해수가 가장 많고 육지의 물 중 가장 많은 비율을 차지하는 것은 빙하이다. 수증기는 기체 상태의 물로 기권에 포함된다.

05 정답 ②

지구 시스템은 기권, 지권, 생물권, 외권, 수권으로 이루어져 있다.
(가) 지하수(수권) - 석회 동굴(지권)
(나) 화산 활동(지권) - 기온 변화(기권)
(다) 생물(생물권) - 암석 풍화(지권)
(라) 유성체(외권) - 공기와의 마찰(기권) 간의 상호작용

06 정답 ④

태양 에너지는 태양의 수소 핵융합 반응으로 발생하는 에너지로 지구 시스템에서 대기와 물의 순환을 시키는데 관여하는 에너지이다. 지구 시스템의 에너지원 중 가장 많은 양을 차지하는 에너지가 태양 에너지이다.

07 정답 ③

외권은 기권 바깥의 우주 공간으로 태양, 달, 별, 은하가 해당된다. 외권과 지구의 물질 이동은 거의 없다. 외권에 속하는 태양으로부터 오는 태양 에너지는 지구 시스템에 많은 영향을 주며 지구에서 형성된 지구 자기장은 외권으로부터 오는 고 에너지 입자를 차단하여 생명체를 보호한다.

08 정답 ②

질소는 기권에서 약 78%를 차지하고 두 번째로 많은 기체는 약 21%를 차지하는 산소이다. 산소는 생물의 호흡이나 물질의 연소에 필요한 기체이다.

09 정답 ①

Ⅰ. 생물의 호흡(생물권)을 통해 이산화 탄소(기권)가 방출된다.
Ⅱ. 공기(기권)에 의해 암석(지권)의 풍화 · 침식 작용이 일어난다.
공통으로 들어가는 A는 기권에 해당한다.

10 정답 ②

A - 열권, B - 중간권, C - 성층권, D - 대류권
기권은 높이에 따른 기온 분포로 4개 층으로 구분한다.

대류권과 중간권은 높이 올라갈수록 기온이 낮아져 대류 현상이 일어난다. 기상 현상은 수증기가 있는 대류권에서는 일어나지만 중간권은 수증기가 거의 존재하지 않아 기상 현상이 일어나지 않는다.

11 정답 ②
화석 연료는 지권에 해당하고 기온이 높아지는 것은 기권의 변화이므로 지권과 기권의 상호 작용이다.

12 정답 ③
탄소는 지구 시스템의 기권, 수권, 생물권, 지권 사이를 순환하면서 에너지 흐름이 일어난다. 탄소의 순환 과정에서 전체 탄소량은 일정하게 유지된다. 탄소는 기권에 주로 이산화 탄소 형태로 존재하며 지권에 화석 연료 형태로 존재할 수 있다. 공기 중 이산화 탄소를 활용하여 생물은 포도당과 같은 유기물의 형태로 탄소를 전환할 수 있다.

13 정답 ①
판(암석권)은 지각과 맨틀 상부를 포함한다. A는 해양 지각과 맨틀 상부를 포함하므로 판이다. B는 맨틀의 하부, C는 대륙 지각, D는 맨틀이다.

14 정답 ④
판구조론이란 지구 표면은 여러 개의 판으로 이루어져 있고, 판이 이동하면서 판의 경계 부근에서 지진이나 화산 활동과 같은 지각 변동이 일어난다는 이론이다.

오답피하기
① 화산대는 화산 활동이 활발한 지점을 연결한 띠 모양의 지역이다.
② 대륙 이동설은 과거 대륙은 거대한 한 덩어리였다가 대륙이 이동하여 현재와 같은 대륙 분포가 되었다는 이론으로 대륙 이동의 원동력을 설명하지 못해 당시에 인정받지 못했다.
③ 지진대는 지진이 자주 발생하는 지점을 연결한 띠 모양의 지역으로 판의 경계와 대체로 일치한다.

15 정답 ④
그림은 대륙판과 해양판이 가까워지는 수렴형 경계(섭입형)이다. 수렴형 경계에서는 습곡 산맥이나 해구, 호상 열도 등을 볼 수 있다.

오답피하기
①, ③ 해령과 열곡은 판과 판이 멀어지는 발산형 경계에서 발달한다.
② 변환 단층은 판과 판이 어긋나는 보존형 경계에서 형성된다.

16 정답 ③
맨틀 대류가 상승하는 곳은 판과 판이 멀어지는 발산형 경계로 판의 생성이 있고 판과 판 사이의 거리가 멀어지면서 해령이나 열곡이 발달한다. 해구와 호상 열도는 맨틀 대류가 하강하여 판과 판이 가까워지는 수렴형 경계에서 나타나는 지형이다. 변환 단층은 판과 판이 어긋나서 형성되는 보존형 경계에서 나타난다.
• 호상 열도 : 해구와 나란하게 배열되어 있는 화산섬

17 정답 ②
맨틀 상승으로 판과 판이 멀어지는 경계를 발산형 경계라고 하며 이곳에서는 판의 생성이 일어난다. 해양판과 해양판이 멀어지는 (가)에는 해령이 형성된다. 충돌형 경계와 섭입형 경계는 모두 맨틀과 맨틀이 가까워져 판의 소멸이 일어나는 수렴형 경계이다.

18 정답 ③
변환 단층은 보존형 경계에서 나타나는 지형으로 판과 판이 서로 어긋나면서 형성된다. 이 과정에서 천발 지진이 나타나며 산안드레아스 단층이 가장 대표적이다.

오답피하기
① A : 수렴형 경계 – 히말라야 산맥
② B : 수렴형 경계 – 일본 해구
④ D : 발산형 경계 – 대서양 중앙 해령

19 정답 ④

① 물의 순환의 주요 에너지원은 태양 에너지이다.
② 물의 순환에 의해 물이 각 권 사이를 이동하지만 지구 전체 물의 양은 변하지 않는다.
③ 지하수는 수권에 속한다.

20 정답 ③

태평양 주변을 따라 고리 모양으로 분포하는 환태평양 화산대 지진대는 지구 전체 화산 활동의 약 80%가 일어나 '불의 고리'라고도 부른다. 환태평양 화산대 지진대는 판의 경계와 매우 가까이 있다. 판의 경계에서 멀어지면 지각 변동이 나타나는 빈도가 감소한다.

21 정답 ④

화산 활동으로 인해 분출한 분출물은 용암, 화산 기체, 화산 쇄설물(화산재) 등이 있고 이 중 화산재는 공기 중으로 방출되어 항공기 운항에 차질을 주거나 햇빛을 가려 지구의 평균 기온을 낮출 수 있다. 화산 활동의 이점으로 화산재는 무기질이 풍부하여 이것이 쌓인 토양은 비옥해질 수 있다.
④ 지표면이 갈라지면서 도로가 붕괴되는 것은 지진으로 인한 피해이다.

22 정답 ③

질소는 질소 원자 2개가 공유 결합을 통해 질소 분자(N_2) 형태로 공기 중에 약 78% 정도를 차지한다. 질소는 단백질과 핵산의 구성 성분으로 생명체의 몸을 이루는 필수 성분이다. 공기 중 질소는 번개나 세균의 작용으로 질산 이온이나 암모늄 이온의 형태로 전환되어 생태계 내에서 순환하고 세균에 의해 기권으로 이동하며 질소 순환이 일어난다.

23 정답 ③

우리나라와 일본은 모두 유라시아 판에 속하고 태평양 판과 필리핀 판이 가까워지는 수렴형 경계 근처에 위치한다. 우리나라보다 일본이 판의 경계에 더 가까이 있고 판의 경계에 가까울수록 지각 변동이 잘 일어나므로 일본이 우리나라보다 지각 변동이 더 잘 일어난다. A는 B보다 판의 경계에서 멀리 있으므로 지진 발생 빈도는 더 낮다.

24 정답 ②

A층 : 내핵, B층 : 외핵, C층 : 맨틀, D층 : 지각
내핵, 맨틀, 지각은 고체 상태이고 B층인 외핵은 액체 상태로 추정된다.

25 정답 ④

(가)는 조력 에너지, (나)는 지구 내부 에너지, (다)는 태양 에너지이다. 지구 시스템에 영향을 주는 에너지양은 (다) > (나) > (가) 순이다.

PART 3 생명 시스템

필수 개념 정리 문제

본문 140~145p

01 ④	02 ③	03 ②	04 ④	05 ①
06 ①	07 ③	08 ③	09 ④	10 ②
11 ②	12 ①	13 ③	14 ③	15 ①
16 ②	17 ①	18 ②	19 ③	20 ④
21 ③	22 ③	23 ④	24 ④	25 ②

01 정답 ④

생명 시스템의 구성 단계는 세포 ➜ 조직 ➜ 기관 ➜ 개체이고 여러 조직이 모여 고유한 형태와 기능을 수행하는 단계인 기관은 동물체, 식물체 모두 포함된다.

02 정답 ③

기관계는 비슷한 기능을 하는 기관의 모임으로 동물체의 구성 단계에만 존재한다. 조직계는 비슷한 기능을 하는 조직의 모임으로 식물체의 구성 단계에만 존재한다.
• 동물체의 구성 단계 : 세포 ➜ 조직 ➜ 기관 ➜ 기관계 ➜ 개체
• 식물체의 구성 단계 : 세포 ➜ 조직 ➜ 조직계 ➜ 기관 ➜ 개체

03 정답 ②

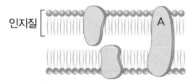

A는 단백질이다. 단백질의 단위체는 아미노산이다.

04 정답 ④

리보솜은 DNA의 유전 정보에 따라 단백질이 합성되는 장소로 DNA에서 전사된 RNA의 정보를 통해 운반된 아미노산을 이용하여 단백질을 합성한다.

오답피하기

① 핵 : 핵막으로 둘러싸여 있으며 유전 정보를 저장하고 있는 DNA가 있다.
② 소포체 : 납작한 주머니와 관 형태로 리보솜에서 합성된 단백질을 골지체나 다른 부위로 운반한다.
③ 미토콘드리아 : 세포 호흡이 일어나는 장소로 생명 활동에 필요한 에너지를 생성한다.

05 정답 ①

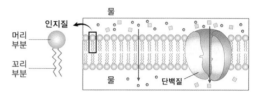

세포막은 인지질과 단백질로 이루어져 있다. 인지질은 친수성 머리와 소수성 꼬리를 지니고 있어 머리 부분이 세포의 안과 밖을 향하는 2중층 구조로 세포막이 되어 있다.

06 정답 ①

세포막은 인지질 2중층 구조로 친수성 머리는 물과 접한 세포 안과 밖을 향하고 있고 꼬리는 안쪽에서 서로 마주보는 구조로 이루어진다. 세포막의 막단백질은 고정되어 있지 않고 움직일 수 있다. 세포막은 물질의 종류에 따라 물질을 선택적으로 통과시키며 분자의 크기가 작은 기체나 지질 성분 물질은 막단백질을 거치지 않고 인지질 2중층을 직접 통과할 수 있다.

07 정답 ③

확산은 물질이 고농도에서 저농도로 스스로 퍼져나가는 현상으로 세포막을 통한 물질의 확산은 세포 안과 밖의 농도 차에 따라 확산된다.

08 정답 ③

물질대사는 생물체 내에서 일어나는 화학 반응으로 생체 촉매인 효소가 관여한다. 동화 작용에는 에너지 흡수가 일어나고 이화 작용에는 에너지 방출이 일어난다.

09 정답 ④

인지질 2중층을 통한 확산은 크기가 매우 작은 기체 분자(산소, 이산화 탄소 등)나 지용성 물질이 가능하다. 분자의 크기가 큰 수용성 물질(포도당, 아미노산)이나 전하를 띠는 이온은 막단백질을 통해 확산이 일어난다.

10 정답 ②

엽록체는 엽록소를 갖고 있어 초록색을 띠는 세포 소기관으로 2중막으로 싸여있다. 이산화 탄소와 물을 이용하여 포도당을 합성하는 광합성이 일어나는 장소이다.

> **(⊗) 오답피하기**
> ① 골지체 : 소포체를 통해 전달된 단백질, 지질 등을 저장했다가 막으로 싸서 세포 밖으로 분비한다.
> ③ 세포막 : 세포를 둘러싸는 막으로 세포 내 물질 출입을 조절한다.
> ④ 액포 : 색소, 노폐물 등을 저장하는 장소로 식물 세포에 발달되어 있다.

11 정답 ②

식물 세포와 적혈구의 농도가 같다면 적혈구보다 농도가 낮은 용액에 넣었으므로 삼투 현상에 의해 적혈구 안으로 물이 들어와 적혈구의 부피가 증가한다.

> **(⊗) 오답피하기**
> ① 삼투 현상으로 물은 저농도에서 고농도로 이동한다. 따라서 세포 주변 용액은 세포보다 농도가 낮다.
> ③ 식물 세포는 세포벽이 있어 부피가 증가하지만 터지지 않는다.
> ④ 폐포와 모세혈관 사이 기체가 교환되는 것은 확산에 의한 현상이다.

12 정답 ①

(가) 과정은 간단한 물질이 복잡한 물질로 되는 동화 작용이다. 광합성, 단백질 합성, 녹말 합성은 모두 동화

작용이다. 세포 호흡은 큰 분자를 작은 분자로 분해하는 이화 작용이다.

13 정답 ③

활성화 에너지는 화학 반응이 일어나기 위해 필요한 최소한의 에너지로 효소는 활성화 에너지를 낮추어 반응 속도를 빠르게 한다.
① 반응열은 반응물과 생성물의 에너지 차이로 효소의 유무에 관계없이 일정하다.

14 정답 ③

(가) 반응물, (나) 생성물, (다) 효소
효소는 반응 전후에 소모되거나 변하지 않으므로 반응 후 생성물과 분리되어 다른 반응물과 다시 결합하여 반응을 촉진할 수 있다.

15 정답 ①

폐에서 기체가 교환되는 현상은 농도가 높은 쪽에서 농도가 낮은 쪽으로 물질이 스스로 이동하는 확산 현상과 관련되어 있다.

16 정답 ②

낫 모양 적혈구 빈혈증은 유전자 이상으로 비정상 헤모글로빈이 만들어져 적혈구가 낫 모양으로 바뀌고 빈혈 증상이 나타난다.

17 정답 ①

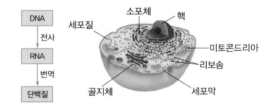

유전 정보는 핵 안에서 DNA의 유전 정보가 RNA로 전달되는 과정인 ㉠ 전사 과정을 거쳐 RNA가 합성되면 RNA는 핵공을 통해 핵에서 세포질로 빠져나와 RNA의 유전 정보에 따라 아미노산 서열을 갖는 단백질이 합성되는 ㉡ 번역 과정이 일어난다.

18 정답 ②

삼투 현상은 세포막을 경계로 용질의 농도가 낮은 용액에서 농도가 높은 용액으로 물이 이동하는 현상이다.
• 식물에 비료를 많이 주면 식물보다 흙의 농도가 높아져 식물에서 물이 빠져나가 식물이 말라 죽는다.
• 시든 식물에 물을 주면 식물로 물이 들어가 식물 세포의 부피가 증가하여 싱싱해진다.

19 정답 ③

DNA의 3염기 조합이 RNA 코돈으로 전사되며 RNA의 염기 3개가 코돈이 되어 하나의 아미노산을 지정한다.

20 정답 ④

DNA의 염기에 상보적인 염기를 가진 RNA가 합성되므로 전사된 RNA의 염기를 통해 DNA의 염기를 유추할 수 있다. A → T, C → G, G → C 상보적 대응관계를 갖기 때문에 TGC로 염기를 유추할 수 있다.

21 정답 ③

(가)는 세포 호흡 과정으로 소량의 에너지를 단계적으로 방출한다. 생체 촉매인 효소가 작용하여 체온 범위의 낮은 온도에서도 반응이 진행될 수 있다.
(나)는 연소 과정으로 체온보다 훨씬 높은 온도에서 진행되며 효소가 필요하지 않다. 다량의 에너지가 한꺼번에 방출되는 반응이다.

22 정답 ③

아미노산은 단백질의 단위체로 RNA 코돈이 지정하는 아미노산이 리보솜에서 펩타이드 결합을 하여 폴리펩타이드를 이루고, 이것이 입체 구조를 형성하며 단백질이 합성된다. 단백질 합성은 저분자 물질이 고분자 물질로 합성되는 동화 과정으로 동화 과정은 에너지 흡수가 일어나는 흡열 반응이다.
③ 미토콘드리아는 세포 호흡이 일어나 에너지를 방출한다.

23 정답 ④

유전자는 유전 정보가 저장되어 있는 부분으로 수많은 유전자가 DNA에 존재한다. 유전자의 유전 정보는 DNA 염기 서열에 저장되며 염기 서열의 이상으로 낫 모양 적혈구 빈혈증, 페닐케톤뇨증과 같은 유전 질환이 발생할 수 있다.

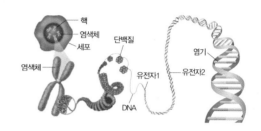

24 정답 ④

(가) DNA, (나) RNA, (다) 단백질
RNA를 구성하는 3개의 염기 조합인 코돈이 하나의 아미노산을 지정한다.

25 정답 ②

그래프와 같이 반응물의 에너지 합이 생성물의 에너지 합보다 더 큰 경우 에너지가 방출된다. 물질 대사 중 에너지가 방출되는 반응은 이화 작용으로 고분자 물질을 저분자 물질로 분해할 때 그래프와 같은 에너지 변화를 확인할 수 있다.
ㄷ. 광합성은 흡열 반응으로 동화 작용이고 세포 호흡은 발열 반응인 이화 작용이다.

제3편 변화와 다양성

PART 1 화학 변화

필수 개념 정리 문제 본문 165~169p

01 ②	**02** ②	**03** ④	**04** ②	**05** ④
06 ②	**07** ②	**08** ②	**09** ④	**10** ②
11 ②	**12** ②	**13** ④	**14** ①	**15** ②
16 ③	**17** ③	**18** ③	**19** ②	**20** ①
21 ③	**22** ④	**23** ①	**24** ②	**25** ④

01 정답 ②

메테인(CH_4)의 연소 과정에서 메테인(CH_4)은 공기 중 산소(O_2)와 결합하여 빛과 열을 내고 물(H_2O)과 이산화 탄소(CO_2)를 형성한다.

02 정답 ②

산화란 물질이 산소를 얻거나 전자를 잃는 반응으로 산화 구리(Ⅱ)는 산소를 잃고 구리 금속이 되므로 환원되었고, 탄소는 산소를 얻어 이산화 탄소가 되었으므로 탄소가 산화되었다.

03 정답 ④

철가루가 공기 중 산소와 결합하여 산화가 되면서 열이 발생하거나 음식물이 공기 중 산소와 반응하면서 부패가 일어나는 반응은 모두 산화 환원 반응이다.

> ⊗ **오답피하기**
>
> ①, ② 산과 염기가 반응하여 물을 생성하는 반응을 중화 반응이라고 한다.
> ③ 서로 다른 수용액을 혼합하였을 때 물에 녹지 않는 앙금이 생성되는 반응을 앙금 생성 반응이라고 한다.

04 정답 ②

산화는 산소를 얻거나 전자를 잃는 반응이고, 환원은 산소를 잃거나 전자를 얻는 것을 말한다.

05 정답 ④

위산이 지나치게 분비되어 속이 쓰리면 염기성 물질을 포함한 제산제를 먹어 산성을 줄여준다. 이는 산과 염기의 반응인 중화 반응이다.

06 정답 ②

붉은색 리트머스 종이를 푸르게 변화시킨 이온의 이동이 (+)극으로 이동하며 색 변화가 나타났으므로 음이온에 의해 성질이 나타난다는 것을 알 수 있다. 염기는 물에 녹아 음이온인 수산화 이온(OH^-)을 내놓고 수산화 이온에 의해 염기의 공통적인 성질인 염기성이 나타난다.
① 물(H_2O)은 중성이다.
③ 염산(HCl)은 물에 녹아 수소 이온(H^+)을 내어놓는 산성 물질이다.
④ 메탄올(CH_3OH)은 물에 녹아 수산화 이온을 내놓지 않는 중성이다.

07 정답 ②

HCl(염산), HNO_3(질산), H_2SO_4(황산) 모두 수용액에서 이온화하여 수소 이온(H^+)을 내놓아 공통의 성질인 산성을 나타낸다. 산성은 푸른색 리트머스 종이를 붉게 변화시킨다. 붉은색 리트머스 종이를 푸르게 변화시키는 것은 염기의 특징으로 염기는 물에 녹아 수산화 이온(OH^-)을 내놓는다.

08 정답 ②

BTB 용액은 지시약으로 용액의 액성에 따라 산성(노란색), 중성(초록색), 염기성(파란색)을 나타낸다. 노란색 BTB 용액에 미지 용액 X를 추가하자 용액의 색이 중성(초록색)을 거쳐 염기성(파란색)에 도달하였으므로 산성 용액에 염기성 용액이 추가되었다. 수산화 칼륨은 물에 녹아 칼슘 이온과 수산화 이온으로 이온화되므로 염기성을 나타내는 염기이다.

EBS 고졸 검정고시 **과학**

① 염화 나트륨은 물에 녹아 나트륨 이온과 염화 이온으로 이온화하며 중성이다.
③ 아세트산은 물에 녹아 일부가 이온화하여 수소 이온을 내놓는 약산이다.
④ 염산은 물에 녹아 대부분 이온화되면서 수소 이온을 많이 내놓는 강산이다.

09 정답 ④
금속 아연은 전자를 잃고 아연 이온으로 산화되고, 묽은 염산이 이온화되어 녹아있는 수소 이온은 전자를 얻어 수소로 환원되고 2개의 수소 원자가 모여 수소 기체가 발생한다.

10 정답 ②
광합성 생물이 등장하기 전에는 산소를 이용하지 않는 무산소 호흡하는 생물이 주를 이루었지만 산소의 증가로 산소를 이용할 수 있는 생물이 출현하고 수가 급격히 증가하게 되었다.

11 정답 ②
일산화 탄소(CO)는 산화 철(Fe_2O_3)이 잃어버린 산소를 받아 이산화 탄소(CO_2)가 되므로 산화되었다. 산화철(Fe_2O_3)은 산소를 잃고 철(Fe)이 되므로 환원된다.

12 정답 ②
철은 공기 중의 산소나 물에 의해 쉽게 부식이 일어난다. 따라서 부식을 막기 위해 산소나 수분과 접촉하는 것을 막기 위해 페인트칠을 하거나 산화가 잘되지 않는 금속으로 도금해줄 수 있다.

13 정답 ④
일회용 손난로를 흔들면 손난로 속에 들어있는 철이 공기 중의 산소와 반응하며 산화되면서 열이 발생한다. 이는 산화 반응이다.

가. 사과가 갈변하는 이유는 사과가 공기 중 산소와 반응하였기 때문이다. (산화)
나. 비린내를 내는 성분은 염기성으로 비린내를 제거하기 위해 산성인 레몬즙을 뿌리는 것은 중화 반응이다. (중화 반응)
다. 표백제는 산화와 환원을 이용한다. (산화, 환원)

14 정답 ①
HCl(염산), HNO_3(질산), H_2SO_4(황산), H_2CO_3(탄산), CH_3COOH(아세트산)은 모두 수용액에서 이온화하여 수소 이온(H^+)을 내놓는 물질로 수소 이온(H^+)에 의해 공통의 성질인 산성을 나타낸다.

15 정답 ②
산의 수소 이온(H^+)과 염기의 수산화 이온(OH^-)이 반응하여 중성인 물이 생성되는 반응을 중화 반응이라고 하며 산의 수소 이온(H^+)과 염기의 수산화 이온(OH^-)이 1 : 1의 개수비로 반응한다.

16 정답 ③
숯의 연소 반응에서 탄소는 산소를 얻어 이산화 탄소가 된다. 이때 탄소는 산소를 얻었으므로 산화되었다.

오답피하기
② 산화 환원 반응은 항상 함께 일어난다.
④ 화학 반응에서 화살표의 왼쪽은 반응물, 오른쪽은 생성물로, C와 O_2가 반응물, CO_2는 생성물이다.

17 정답 ③
산과 염기가 반응하는 중화 반응이 일어날 때 열이 발생하는 데 이를 중화열이라고 하며 온도가 가장 높은 지점이 용액이 완전히 중화된 지점이다.

18 정답 ③
용액 속에 수소 이온(H^+)이 들어있으면 산성, 수산화 이온(OH^-)이 들어있으면 염기성이다.

정답 및 해설 **19**

③ 수산화 이온(OH⁻)이 남아있으므로 추가로 수소 이온(H^+)을 넣어주면 물이 생성될 수 있다.

⊗ 오답피하기

① 혼합 용액에 수산화 이온(OH⁻)이 남아있으므로 용액의 액성은 염기성이다.
② BTB 용액은 염기성에서 파란색을 나타낸다.
④ 수용액 속에 이온이 들어있으므로 전극을 걸어주면 전류가 흐른다.

19 정답 ②

산과 염기의 반응인 중화 반응에서는 산의 수소 이온(H^+)과 염기의 수산화 이온(OH⁻)이 만나 물이 생성된다.

20 정답 ①

산의 수소 이온(H^+)과 염기의 수산화 이온(OH⁻)이 1 : 1의 개수비로 반응한다.

21 정답 ③

산의 수소 이온(H^+)과 염기의 수산화 이온(OH⁻)이 1 : 1의 개수비로 반응하여 물 1분자를 형성하므로 수산화 이온이 남는다. 따라서 혼합 용액의 액성은 염기성이다. 염기성은 지시약을 넣었을 때 BTB 용액은 파란색, 페놀프탈레인 용액은 붉은색이 된다. 리트머스 종이는 붉은색 리트머스 종이를 푸른색으로 변화시키는 것이 염기성이다.

22 정답 ④

pH는 수용액에 들어있는 수소 이온의 농도를 간단한 숫자로 나타낸 것으로 pH가 작을수록 산성 pH가 커질수록 염기성이 커진다. pH = 7이 중성이다. 표백제의 pH가 가장 크기 때문에 제시된 물질 중 가장 염기성이 강하다.

23 정답 ①

물질의 산성이나 염기성을 제거하기 위해 중화 반응을 이용할 수 있다.
• 산성화된 토양에 염기성 물질인 석회 가루를 뿌린다.
• 김치의 신맛을 제거하기 위해 염기성인 소다를 넣어 준다.
• 비린내의 원인은 염기성 물질이므로 이를 제거하기 위해 산성 물질인 레몬즙을 뿌린다.

24 정답 ②

산의 수소 이온(H^+)과 염기의 수산화 이온(OH⁻)이 1 : 1의 개수비로 반응하므로 수소 이온(H^+)과 같은 개수의 수산화 이온(OH⁻)이 필요하다.

25 정답 ④

일정량의 수산화 나트륨(NaOH) 수용액에 묽은 염산(HCl)을 넣어주는 경우 수소 이온(H^+)이 들어가지만, 처음에 들어있는 수산화 나트륨(NaOH)의 수산화 이온(OH⁻)과 반응하여 물을 형성하는 데 사용되므로 수소 이온(H^+)은 수산화 이온(OH⁻)이 모두 사용될 때까지는 추가로 넣어도 수가 증가하지 않는다. 수산화 이온(OH⁻)이 모두 사용되면 더 이상 물을 만들 수 없으므로 수소 이온(H^+)의 수는 증가한다. 따라서 이 같은 이온수의 변화를 나타내는 그래프 D가 수소 이온(H^+)이다. 염산의 양이 증가함에 따라 이온수가 감소하는 A는 물을 만드는 데 사용되는 수산화 이온(OH⁻), 이온수의 변화가 없는 B는 나트륨 이온(Na^+)이다. 또한 염산의 양이 증가함에 따라 반응에 참여하지 않는 염화 이온(Cl⁻)의 수는 계속 증가하므로 염화 이온은 C임을 알 수 있다.

PART 2 생물 다양성

필수 개념 정리 문제
본문 188~191p

01 ①	02 ③	03 ②	04 ②	05 ③
06 ④	07 ④	08 ③	09 ②	10 ②
11 ②	12 ①	13 ③	14 ④	15 ②
16 ②	17 ②	18 ④	19 ④	20 ②

01 정답 ①

갑주어는 고생대에 번성한 표준 화석이다.
(가)는 삼엽충 – 고생대, (나)는 암모나이트 – 중생대, (다) 화폐석, (라) 매머드 – 신생대에 번성했던 표준 화석이다.

02 정답 ③

① 화폐석, ② 공룡, ③ 고사리, ④ 갑주어
화석은 지층이 생성된 시대를 알려주는 표준 화석과 지층이 생성된 환경을 알려주는 시상 화석으로 구분할 수 있다. 고사리는 화석이 생성될 당시 따뜻하고 습한 육지였음을 알려주는 시상 화석이다.

⊗ 오답피하기

화폐석은 신생대, 공룡은 중생대, 갑주어는 고생대에 번성한 생물로 지층이 생성된 시대를 알려주는 표준 화석이다.

03 정답 ②

화석의 생성 조건은 묻힌 개체 수가 많고 몸에 단단한 부분이 있어야 한다. 또한 되도록 빨리 묻히는 것이 좋고, 지각 변동은 적게 받아야 화석으로 남아있기 유리하다.

04 정답 ②

고생대 말기의 대멸종이 가장 큰 규모의 대멸종으로 A에 해당한다.
B는 중생대, C는 신생대에 해당한다.

05 정답 ③

(가) 선캄브리아 시대, (나) 고생대, (다) 중생대, (라) 신생대이다.

06 정답 ④

지질 시대는 화석의 변화나 대규모 지각 변동을 기준으로 지구가 탄생한 후부터 현재까지의 기간을 구분할 수 있다.

07 정답 ④

대멸종은 지구의 급격한 환경 변화에 적응하지 못한 생물이 한꺼번에 멸종하는 것을 말한다. 지금까지 대멸종은 5번이 있었다.

08 정답 ③

변이는 같은 종 내에서 나타나는 형질의 차이로, 유전자의 차이로 인한 변이와 환경의 영향으로 나타나는 변이로 구분할 수 있다. 일반적으로 말하는 변이는 유전자의 차이로 인한 변이를 뜻하며 이러한 변이는 자손에게 유전될 수 있다.

09 정답 ②

다윈의 자연 선택설은 과잉 생산된 개체 간에 다양한 변이가 생기고, 이들 중에서 환경에 잘 적응한 개체가 살아남는 자연 선택의 과정을 통해 진화가 이루어진다는 이론이다.

⊗ 오답피하기

① 용불용설 : 라마르크가 주장한 이론으로 많이 사용하는 기관은 발달하고 후천적으로 얻은 획득 형질이 유전되어 진화가 이루어진다고 설명한다.
③ 돌연변이 : DNA 염기 서열의 이상으로 부모에게 없던 형질이 자손에게 나타나는 것을 말한다.

10 정답 ②

다양한 변이를 가진 한 종의 핀치가 각기 먹이 환경이 다른 환경에 놓였을 때 먹이 환경에 유리한 변이를 가진 핀치가 각 섬에서 자연 선택되고 오랜 시간이 지나면서 서로 다른 부리 모양을 가진 종으로 진화하게 된다.

11 정답 ②

생태계 다양성은 생물 서식지의 다양한 정도를 나타내는 말로 생태계가 다양할수록 종 다양성과 유전적 다양성도 높아지게 된다.

12 정답 ①

(가)와 (나) 모두 식물의 개체 수와 식물종 수는 같다. 하지만 (가)가 (나)에 비해 A~D 식물종이 고르게 분포되어 있으므로 (가)는 (나)보다 종 다양성이 높다. 종 다양성은 특정 지역에 얼마나 많은 생물종이 고르게 분포하는지를 비교한다.

13 정답 ③

(가) 유전적 다양성, (나) 종 다양성, (다) 생태계 다양성 같은 종이라도 서로 다른 유전자로 인해 다양한 형질이 나타나는 것을 유전적 다양성이라고 한다.

14 정답 ④

생물 자원은 의식주의 재료 및 의약품의 원료뿐만 아니라 인간의 생활과 생산 활동에 이용될 가치가 있는 유전자, 생태계 등의 모든 생물적 자원을 뜻한다.

15 정답 ②

생물 다양성은 서식지 파괴와 단편화, 불법 포획과 남획, 외래종 유입, 환경 오염 등의 원인으로 감소하게 된다. 생물 다양성 보전을 위한 노력으로 생물 다양성이 높은 지역을 국립 공원으로 지정하여 관리·보호할 수 있다.

16 정답 ②

생태 통로는 생물들이 이동할 수 있도록 단절된 서식지를 연결해놓은 통로를 말한다.

⊗ **오답피하기**

① 람사르 협약은 습지를 보호하기 위한 국제 협약으로 생물 다양성 보전을 위한 국제적 노력에 해당한다.
③ 종자 은행은 종자를 저장하여 품종을 보호할 수 있다.
④ 국립 공원은 생물 다양성이 높은 지역을 국립 공원으로 지정하여 관리·보호할 수 있다.

17 정답 ②

⊗ **오답피하기**

① 종 다양성이 클수록 먹이 사슬이 복잡해져 생태계 평형 유지에 유리하다.
③ 유전적 다양성이 높을수록 급격한 환경 변화가 일어나도 변화된 환경에 적응하여 살아남는 개체가 있을 확률이 높아진다. 따라서 멸종 위험이 감소한다.
④ 생태계 다양성이 높은 지역은 종 다양성과 유전적 다양성이 높다.

18 정답 ④

최초의 인류가 출현한 시대는 신생대이다.
① 암모나이트(중생대)
② 삼엽충(고생대)
③ 공룡(중생대)
④ 매머드(신생대)

19 정답 ④

고생대에는 고사리와 같은 양치 식물이 번성하였다.

⊗ 오답피하기

① 종자 식물은 씨앗을 만드는 식물로 고생대에 번성한 양치 식물은 종자없이 포자로 번식한다.
② 겉씨 식물은 씨방이 없어 종자가 겉으로 드러난 식물로 중생대에 번성한다.
③ 속씨 식물은 씨방이 있어 씨방 안에 종자가 있는 식물로 신생대에 번성한다.

20 정답 ②

자연 선택설은 기린이 과잉 생산된 자손들 사이에서 변이로 인해 목길이가 다양했다고 설명할 수 있다. 이 중 환경에 적합한 개체가 생존 경쟁에서 살아남고 살아남은 개체가 자연 선택되어 오랜 시간 누적되어 목이 긴 형질로 진화되었다는 이론이다.

제4편 환경과 에너지

PART 1 생태계와 환경

필수 개념 정리 문제
본문 229~234p

01 ③	02 ①	03 ③	04 ③	05 ②
06 ③	07 ②	08 ④	09 ④	10 ③
11 ③	12 ②	13 ③	14 ②	15 ②
16 ③	17 ①	18 ①	19 ④	20 ④
21 ③	22 ②	23 ④	24 ④	25 ②

01 정답 ③

생태계는 식물(소나무), 동물(호랑이), 세균과 같이 생태계에 존재하는 모든 생물이 속하는 생물적 요인과 생물을 둘러싸고 있고 빛, 공기, 토양, 물, 온도 등 생물에게 필요한 물질을 제공하며 영향을 주는 비생물적 요인으로 구분할 수 있다.

02 정답 ①

추운 지방에 사는 북극여우는 열의 방출량을 줄이기 위해 몸의 말단 부위가 작고 피하 지방을 축적하여 몸집이 크다. 더운 지방에 사는 사막여우는 열을 많이 방출하기 위해 몸집이 작고 말단부가 크다.

03 정답 ③

생태계의 생물적 요인은 먹이를 생물의 역할에 따라 생산자, 소비자, 분해자로 구분할 수 있다. 생태계는 생물적 요인과 비생물적 요인으로 구분할 수 있으며 생태계를 구성하는 요인 간에는 서로 영향을 주고받는다. 생태계는 어항과 같이 매우 작은 생태계부터 바다와 같이 큰 생태계까지 크기가 다양하다.

04 정답 ③

A는 비생물적 요인이 생물적 요인에게 영향을 주는 과정으로 비생물적 요인인 기온이 낮아지면 생물적 요인인 은행나무의 잎 색의 변화가 생기는 것이 A 과정에 해당한다.

⊗ 오답피하기

① 낙엽(생물적 요인)에 의해 토양(비생물적 요인)의 변화가 생겼다.
② 지렁이(생물적 요인)에 의해 토양(비생물적 요인)의 변화가 생겼다.
④ 메뚜기(생물적 요인)에 의해 개구리(생물적 요인)의 변화가 생겼다.

05 정답 ②

태양의 빛에너지는 광합성에 의해 화학 에너지로 저장되어 각 영양 단계에 속한 생물들의 생명 활동에 쓰이고 열에너지로 방출된다.

⊗ 오답피하기

① 조력 에너지는 태양과 달의 인력에 의한 에너지로 밀물, 썰물이 나타나게 한다.
③ 지구 내부 에너지는 지구 내부에서 방사성 원소의 붕괴열로 이동하는 에너지로 지진과 화산활동이 나타나게 한다.
④ 퍼텐셜 에너지는 기준면으로부터 높이를 갖는 물체가 갖는 에너지이다.

06 정답 ③

토양의 표면은 공기가 많기 때문에 산소를 필요로 하는 호기성 세균의 분포가 많고 토양의 깊은 곳으로 갈수록 공기의 양이 감소하기 때문에 생존에 산소나 공기가 필요 없는 세균인 혐기성 세균이 많이 분포한다. 이는 공기에 따른 생물 분포이다.
③ 고산지대는 공기의 양이 평지보다 적기 때문에 산소를 운반하는 적혈구 수가 더 많다.

⊗ 오답피하기

① 물에 대한 생물의 적응이다.
② 온도에 따른 생물의 적응이다.
④ 빛의 세기에 따라 잎의 두께가 달라지는 것으로 빛의 세기가 강한 곳은 잎이 두껍고 빛의 세기가 약한 곳은 잎이 상대적으로 얇다.

07 정답 ②

바다의 깊이에 따라 도달하는 빛의 파장이 다르기 때문에 파장이 긴 적색광을 이용하는 녹조류는 얕은 곳에 분포하고 파장이 짧은 청색광을 이용하는 홍조류는 깊은 곳에 분포하게 된다.

08 정답 ④

생태 피라미드는 먹이 사슬에서 각 영양 단계에 속하는 생물의 에너지양, 생물량, 개체 수를 하위 영양 단계부터 상위 영양 단계로 쌓아 올린 것으로 안정된 생태계에서는 에너지양, 생물량, 개체 수가 상위 영양 단계로 갈수록 줄어드는 피라미드 형태로 나타난다.

영양 단계	개체수 피라미드 (개체수/m²)	생물량 피라미드 (g/m²)	에너지 피라미드 (kcal/m²·일)
3차 소비자	15	0.1	0.1
2차 소비자	100	0.66	1.2
1차 소비자	1.5×10^4	1.25	26.8
생산자	7.2×10^{10}	17.7	280

09 정답 ④

1차 소비자의 개체 수가 일시적으로 증가하였으므로 생태계 평형이 회복되는 과정은 (가) 1차 소비자 증가 → (나) 2차 소비자 개체 수 증가, 생산자 개체 수 감소 → (다) 2차 소비자 증가로 1차 소비자 개체 수 감소 → 생태계 평형 회복 순서로 진행된다.

10 정답 ③

열섬 현상은 도심의 기온이 주위 기온보다 높은 현상으로 자동차, 공장 등으로부터 방출된 열이 도심의 기온을 높여 나타나는 현상이다. 도시 열섬 현상을 완화하기 위해 옥상 정원을 가꾸고, 도시 중심부에 숲을 조성할 수 있다.

11 정답 ③

빙하 코어는 빙하에 구멍을 뚫어 채취한 얼음 기둥으로 빙하에 포함된 공기 방울을 분석하여 과거 대기 성분을 알 수 있다. 빙하는 나무의 나이테처럼 줄무늬가 있고 이를 통해 과거 기후를 알 수 있다.

12 정답 ②

이산화 탄소나 메테인과 같이 온실 기체의 증가로 온실 효과가 강화되어 지구의 평균 기온이 높아지는 현상을 지구 온난화라고 한다.

> **⊗ 오답피하기**
>
> ① 온실 효과 : 온실 기체가 지표에서 방출하는 지구 복사 에너지를 흡수하였다가 재방출하여 평균 기온이 대기가 없을 때보다 높게 유지되는 현상이다.
> ③ 해수면 상승 : 지구 온난화로 인해 해수의 온도가 높아져 열팽창이 일어나거나 빙하가 녹아 해수면의 높이가 높아진다.
> ④ 복사 평형 : 흡수하는 태양 복사 에너지의 양과 방출하는 복사 에너지의 양이 같아 평균 온도가 변하지 않는 상태를 말한다.

13 정답 ③

지구 온난화로 인한 변화는 생물의 서식 환경에 영향을 주어 멸종 위기 생물종의 증가로 생물 다양성이 낮아질 수 있다. 생물 다양성 감소는 먹이 사슬이 단순해지므로 생태계 평형 유지에 불리하다.

> **⊗ 오답피하기**
>
> ① 지구 온난화로 지구의 평균 기온이 높아지면서 빙하의 융해와 해수의 열팽창이 일어나면서 해수면 상승이 일어난다.
> ② 해수에 녹은 이산화 탄소로 인해 해양 산성화가 일어나고 이로 인해 해양 생물의 멸종이 일어날 수 있다.
> ④ 수온 상승으로 강수량과 증발량의 변화가 생기고 집중 호우, 태풍, 가뭄 등의 기상 이변이 일어난다.

14 정답 ②

지구 온난화의 영향으로 우리나라의 평균 기온은 상승하고 있으며 평균 기온 상승률은 지구 평균 기온 상승률의 약 2배가 된다. 이 같은 평균 기온 상승으로 여름이 길어지고 겨울은 짧아진다.

15 정답 ②

편서풍은 위도 30°~60° 사이에서 페렐 순환에 의해 지표에서 부는 바람이다.

16 정답 ③

위도별 에너지 불균형과 지구 자전의 영향으로 3개의 순환 세포로 나뉘는 지구 전체 규모의 대기 순환이 나타나는데 이를 대기의 대순환이라고 한다.

> **⊗ 오답피하기**
>
> ① 해수의 표층 순환은 주로 해수면 위에서 지속적으로 부는 바람에 의해 발생하는 표층 해류의 순환 흐름을 말한다.
> ② 엘니뇨는 무역풍의 약화로 인해 동태평양의 표층 수온이 높아지는 현상이다.
> ④ 사막화는 기존의 사막이 확대되는 현상이다.

17 정답 ①

엘니뇨는 평상시보다 남동 무역풍이 약해지면서 태평양 적도 부근의 따뜻한 표층 해수가 동쪽으로 이동하여 동태평양의 표층 수온이 높아지는 현상이다.

18 정답 ①

질소는 대기의 78%를 차지하는 기체로 온실 기체가 아니다.

19 정답 ④

나무 한 그루가 평생 대기로 발산하는 물의 양은 수십만 리터에서 수백만 리터에 이른다. 따라서 삼림이 파괴되면 나무들이 대기 중으로 뿜어내던 수분의 공급이 중단되므로 사막화에 큰 영향을 미친다. 따라서 숲의 조성은 사막화를 줄이기 위한 대책으로 숲이 증가하면 사막화를 줄일 수 있다.

20 정답 ④
A - 극동풍, B - 편서풍, C - 무역풍
위도 0~30° 부근에서 부는 바람은 무역풍으로 무역풍에 의해 동 → 서로 해류가 흐른다.
예 북적도 해류, 남적도 해류

21 정답 ③
식물은 광합성 과정을 통해 태양의 빛에너지를 포도당과 같은 유기물에 화학 에너지로 전환한다.

22 정답 ②
에너지 효율은 공급한 에너지에서 원하는 용도로 유용하게 사용한 에너지의 비율로
'에너지 효율 $= \dfrac{\text{유용하게 사용한 에너지}}{\text{공급한 에너지}} \times 100$'으로 계산할 수 있다. 형광등의 에너지 효율이 20%이므로 형광등에 1000J의 전기 에너지가 공급되었을 때
$20\% = \dfrac{x}{1000} \times 100$이므로 빛에너지를 내는데 200J의 전기 에너지가 빛에너지로 전환되는 데 사용된다.

23 정답 ④
열기관은 열에너지를 일로 바꾸는 장치로 열효율이 높을수록 저열원으로 이동하는 열에너지(Q_2)가 작아지고 열기관이 하는 일(W)이 증가한다.

24 정답 ④
ㄱ. 열기관의 열효율은 공급한 열량 중 열기관이 한 일의
  비율로 (가)는 $\dfrac{100}{400} \times 100 = 25\%$이고, (나)는 $\dfrac{50}{100}$
  $\times 100 = 50\%$로 열효율은 (나)가 더 높다.

ㄴ. 저열원으로 빠져나간 열에너지는 열기관이 흡수한 에너지 − 외부에 한 일이므로 열기관 (가)는 300J, 열기관 (나)는 50J이 빠져나갔다.
ㄷ. 열기관 (나)의 열효율은 50%이다.

25 정답 ②
에너지의 전환 과정에서 에너지의 전체 양은 보존되지만, 에너지가 전환될 때마다 에너지의 일부는 다시 사용하기 어려운 형태의 열에너지로 전환된다. 따라서 전체 에너지가 보존되더라도 이용할 수 있는 에너지 형태가 감소하므로 에너지를 절약해야 한다.
ㄱ. 에너지는 전환 과정에서 전체 총량은 일정하게 보존된다.
ㄷ. '역학적 에너지 = 퍼텐셜 에너지 + 운동 에너지'로 공기의 저항과 마찰이 없는 공간에서 일정하게 보존된다. 마찰이 있는 공간에서는 열에너지와 같은 다른 형태로 전환이 일어나 역학적 에너지는 보존되지 않는다.

PART 2 발전과 신재생 에너지

필수 개념 정리 문제

본문 266~270p

01	③	02	②	03	①	04	③	05	①
06	③	07	③	08	④	09	②	10	②
11	③	12	③	13	①	14	③	15	④
16	①	17	②	18	②	19	③	20	④
21	③	22	④	23	④	24	②	25	③

01 정답 ③

전자기 유도 현상에 의해 코일을 통과하는 자기장이 변하면 자기장의 변화를 방해하는 방향으로 유도 전류가 흐른다. 유도 전류가 흐르는 방향이나 세기에 따라 검류계 바늘의 움직임이 변한다.

02 정답 ②

전자기 유도에 의해 코일을 통과하는 자기장의 변화를 방해하는 방향으로 유도 전류가 흐른다.

> **오답피하기**
> ① 자기력 : 자석과 자석, 자석과 쇠붙이 사이에 작용하는 힘이다.
> ③ 전자석 : 전류가 흐를 때만 자석이 되는 것을 말한다.
> ④ 정전기 유도 : 전하를 띠지 않는 금속 물체에 대전체를 가까이 가져가면 금속 물체의 양 끝이 대전되는 현상이다.

03 정답 ①

유도 전류의 방향이 바뀔 때 검류계 바늘의 움직임이 반대로 움직인다. 유도 전류의 방향을 바꾸기 위해서 자석의 극을 바꾸거나 자석의 움직임을 변화시켜야 한다.
나. 자석의 세기가 세지면 유도 전류가 더 세게 흐른다. 따라서 검류계 바늘의 움직임은 더 커진다. 하지만 N극이 가까워지는 것에는 변화가 없으므로 움직이는 방향은 변하지 않는다.

다. 더 빠르게 N극을 가까이 가져가면 바늘이 움직이는 방향의 변화는 없이 유도 전류의 세기가 더 세어져 바늘의 움직임이 더 커진다.

04 정답 ③

교통 카드, 발전기, 흔들이 손전등은 모두 전자기 유도를 이용한 것이다. 세탁기는 자기장 속 전류가 흐르는 도선이 받은 힘을 이용하여 회전시키는 장치이다.

05 정답 ①

'전력 = 전압 × 전류'이므로 '400W = 200V × 전류'이다. 따라서 이 전기 제품에 흐르는 전류의 세기는 2A가 된다.

06 정답 ③

발전소에서 생산한 전기 에너지는 변전소를 거쳐 전압을 높이거나 낮추는 변전 과정을 거친다.

> **오답피하기**
> ① 발전 : 전자기 유도를 이용하여 전기를 생산하는 것을 말한다.
> ② 송전 : 발전소에서 생산한 전력을 가정이나 공장으로 수송하는 과정이다.
> ④ 배전 : 변전소에서 전기를 사용하는 장소까지 전력을 분배하거나 공급하는 과정이다.

07 정답 ③

발전기는 발전기에 연결된 터빈이 돌아갈 때 운동 에너지가 전기 에너지로 전환되면서 전기 에너지가 생성된다.

▲ 발전기의 구조

08 정답 ④

화력 발전은 석유, 석탄과 같은 화석 연료가 연소할 때 발생하는 열로 물을 끓이고, 이때 나온 증기로 터빈을 회전시켜 발전기에서 전기 에너지가 생성된다.

> **오답피하기**
> ① 풍력 발전 : 바람의 운동 에너지로 터빈을 회전시켜 발전기에서 전기 에너지가 생성된다.
> ② 핵발전 : 핵반응을 통해 발생하는 열로 물을 끓이고 이때 나온 증기로 터빈을 회전시켜 발전기에서 전기 에너지가 생성된다.
> ③ 수력 발전 : 퍼텐셜 에너지를 갖고 있는 높은 곳의 물이 낮은 곳으로 내려오면서 터빈을 회전시켜 발전기에서 전기 에너지가 생성된다.

09 정답 ②

N극을 코일에서 멀리 움직이는 경우 유도 전류의 방향은 A방향이 된다. 유도 전류의 방향은 자석의 움직임은 변하지 않고 자석의 극이 바뀌거나, 자석의 극은 바뀌지 않고 자석의 움직임이 바뀌는 경우 변한다. 따라서 방향이 변하지 않기 위해서는 자석의 극과 자석의 움직임을 동시에 바꾸는 경우로 S극이 코일로 가까이 오면 A로 유도 전류가 흐르게 된다.

> **오답피하기**
> ④ 자석을 움직이지 않으면 코일을 통과하는 자기장의 변화가 없으므로 유도 전류가 흐르지 않는다.

10 정답 ②

변압기는 송전 과정에서 전압을 변화시키는 장치로, 전자기 유도를 이용한다.

11 정답 ③

1차 코일의 전압과 2차 코일의 전압은 1차 코일과 2차 코일의 감은 수에 비례한다. 따라서 감은 수의 비율이 1차 코일 : 2차 코일이 2 : 3이므로 전압의 비율도 2 : 3 = 20V : 30V가 된다.

12 정답 ③

변압기에서 전력 손실이 없을 때, 1차 코일의 전력과 2차 코일의 전력이 같다.
'전력 = 전압 × 전류'이고 코일의 감은 수에 비례하여 전압이 증가하고 전력은 일정하므로 전류의 세기는 감소한다. 따라서 전류의 세기는 코일의 감은 수에 반비례한다.

13 정답 ①

손실 전력의 크기는 송전선에 흐르는 전류가 셀수록, 송전선의 저항이 클수록 손실 전력이 크다.

> **오답피하기**
> ② 일정한 전력을 송전하는 경우 송전 전압이 높아지면 송전 전류의 세기를 줄일 수 있다.
> ③ 전기 저항이 작은 송전선을 사용하면 저항에 의해 손실되는 전력을 줄일 수 있다.
> ④ 전기 저항은 도선의 단면적이 커질수록 감소하므로 송전선을 굵게 만들면 전기 저항을 줄일 수 있다.

14 정답 ③

송전탑은 고전압이 흐르기 때문에 안전한 전력 수송을 위해 인적이 드문 지역에 높게 설치하고, 고압 송전선 주변에 안전장치를 설치하여 사람의 접근을 막아야 한다.

15 정답 ④

손실 전력은 저항이 일정할 때 전류의 제곱에 비례하므로 전류의 세기가 $\frac{1}{2}$배로 감소하면 손실 전력은 $\frac{1}{4}$배로 감소한다.

16 정답 ①

수소 핵융합 반응은 수소 원자핵 4개가 융합하여 헬륨 원자핵 1개로 변하는 과정으로 이 과정에서 감소한 질량만큼 에너지로 전환된다.

17 정답 ②

핵발전은 우라늄 원자핵이 핵분열할 때 발생하는 열에
너지로 물을 끓여 터빈을 돌려 전기를 생산한다. 이때
이용되는 우라늄은 매장량이 한정되어 있다.

18 정답 ②

태양광 발전은 반도체를 이용하여 만들어진 태양 전지
에 빛을 가하면 전류가 흐르는 원리를 이용한다. 태양광
발전은 에너지 효율이 낮아 큰 면적에 설치해야 하고,
초기 설치비가 많이 든다. 하지만 오염물질을 만들지 않
고 무한대로 이용할 수 있는 장점이 있다.

19 정답 ③

화석 연료는 석탄, 석유, 천연가스가 가장 대표적이며
생물체의 유해가 땅속에 묻혀 생성되므로 매우 오랜 시
간에 걸쳐 생성된다. 이 같은 화석 연료는 한 번 사용하
면 다시 사용할 수 없고 매장량이 한정되어 있으므로 사
용량의 증가로 미래에 고갈될 것으로 예상된다.

20 정답 ④

석탄 액화 가스화는 효율이 낮은 석탄을 액체나 가스 형
태로 전환하여 이용하는 것으로 석탄은 석유에 비해 매
장량에 여유가 있고 고체 석탄으로 사용하는 것에 비해
효율을 높일 수 있다.
바람을 이용한 풍력 발전, 지열을 이용한 지열 발전, 파
도의 운동 에너지를 이용한 파력 발전은 계속해서 다시
사용할 수 있는 재생 에너지다.

21 정답 ③

지열 발전은 지구 내부의 방사성 물질의 붕괴와 화산 활
동으로 인한 열에너지를 이용하여 전기 에너지를 생산
하는 발전 방식이다.

⊗ 오답피하기

① 태양광 발전은 태양의 빛에너지를 이용하여 태양
  전지에서 전기가 생산된다.
② 바람이 부는 것은 대기 순환에 의한 것으로 태양
  에너지로 대기 순환이 일어난다.
④ 화력 발전에 이용되는 화석 연료에 저장된 화학
  에너지는 태양 에너지가 근원이 된다.

22 정답 ④

연료 전지는 수소를 만들어내는 비용과 초기 건설 비용
이 많이 든다. 또한 수소는 폭발성이 크고 보관이 어려
운 단점이 있다.

23 정답 ④

적정 기술이란 과학 기술의 혜택에서 소외된 공동체의
문화, 정치, 환경적 특성에 맞는 단순한 수준의 기술을
말하며 항아리 냉장고, 생명 빨대, 큐 드럼, 페트병 전
구 등이 해당한다.

▲ 항아리 냉장고   ▲ 생명 빨대

▲ 큐 드럼   ▲ 페트병 전구

24 정답 ②

지능형 전력망(스마트 그리드)은 기존 전력망에 정보통
신 기술을 접목해 전력 공급자와 소비자가 서로 실시간
으로 전력 정보를 교환함으로써 전력 공급자는 전력 수

요에 맞추어 탄력적으로 전력을 생산 및 운용할 수 있
고, 소비자는 전기 요금이 싼 시간을 실시간으로 파악하
여 경제적으로 전력을 사용할 수 있다.

25 정답 ③

핵분열은 우라늄 원자핵에 중성자가 충돌하면서 원자핵
이 쪼개지고 이 과정에서 중성자와 함께 질량 결손이 일
어나 감소된 질량은 에너지로 변환된다.

제5편 실전 모의고사 및 기출문제

PART 1 실전 모의고사

제1회 정답				본문 276~280p
01 ③	02 ②	03 ②	04 ①	05 ③
06 ②	07 ②	08 ②	09 ④	10 ③
11 ④	12 ①	13 ②	14 ①	15 ②
16 ①	17 ③	18 ②	19 ②	20 ①
21 ③	22 ③	23 ②	24 ②	25 ④

01 정답 ③

물질을 구성하는 입자 중 양전하를 띠는 것은 원자핵과
원자핵의 구성 입자 중 하나인 양성자이다.
물질을 구성하는 원자는 전기적으로 중성으로, 원자핵
과 전자로 이루어져 있다. 원자핵은 양전하를 띠는 양성
자와 전자를 띠지 않는 중성자로 되어 있고, 원자핵 주
변으로 음전하를 띠는 전자가 움직인다.

02 정답 ②

흡수 스펙트럼은 저온의 기체를 구성하는 물질이 별빛
의 일부 파장을 흡수하여 흡수선이 나타난 것을 말한다.

⊗ 오답피하기

① 연속 스펙트럼 : 고온의 물체에서 나오는 빛의 스
펙트럼으로 연속적인 색의 띠가 나타난다.

③ 방출 스펙트럼 : 고온의 물체 주변에서 가열된 기
체가 특정한 파장의 빛을 방출하며 방출한 파장
에 해당하는 선이 나타나는 스펙트럼으로 검은 바
탕에 밝은 선(방출선)이 나타난다.

03 정답 ②

질량이 매우 무거운 별의 내부에서 핵융합 반응으로 만들어질 수 있는 것은 매우 안정한 원소인 철이다. 철보다 무거운 원소는 초신성 폭발 과정을 통해 생성된다.

04 정답 ①

비활성 기체는 주기율표의 18족 원소들로 가장 바깥 전자 껍질에 전자가 모두 채워져 화학적으로 안정한 상태이다.

05 정답 ③

(가)의 공유 전자쌍 수는 1개, (나)의 공유 전자쌍 수는 2개, (다)의 공유 전자쌍 수는 3개, (라)의 공유 전자쌍 수는 2개로 (다) > (나) = (라) > (가)로 공유 전자쌍 수는 (다)가 가장 많다.

06 정답 ②

규산염 광물은 산소(O)와 규소(Si)를 주성분으로 하는 광물로 암석을 이루는 광물의 대부분은 규산염 광물이다. 규산염 광물의 기본 구조는 규산염 사면체로 이루어져 있고 이는 규소 1개를 중심으로 산소 4개가 공유 결합한 형태를 나타낸다.

07 정답 ②

리보솜은 DNA의 유전 정보에 따라 단백질이 합성되는 장소로 단백질의 단위체는 아미노산이다. 아미노산의 종류는 약 20가지가 있고 아미노산의 다양한 조합을 통해 많은 종류의 단백질이 만들어진다.

⊗ **오답피하기**

① 포도당은 탄수화물의 단위체이다.
③ 뉴클레오타이드는 핵산의 단위체이다.
④ 중성 지방은 지질의 한 종류로 글리세롤 1분자와 지방산 3분자가 결합된 화합물이다.

08 정답 ②

초전도체는 전기 저항이 0이 되는 온도인 임계 온도에서 초전도 현상이 나타나는 물질이다.
초전도 현상이란 임계 온도 이하에서 물질의 저항이 0이 되는 현상으로 전류를 강하게 흐르게 할 수 있어 강한 자기장이 필요한 자기 부상 열차, 자기 공명 영상 장치(MRI)에 이용되거나 저항이 0인 것을 활용하여 손실되는 전력을 줄이는 데 이용할 수 있다.

09 정답 ④

역학적 시스템이란 자연에 존재하는 여러 가지 힘들이 물체들 사이에서 상호 작용하면서 일정한 운동 체계를 유지하고 있는 시스템을 말한다.

⊗ **오답피하기**

① 역학적 시스템에는 중력, 마찰력, 자기력, 전기력 등 다양한 힘이 존재한다.
② 대류 현상이나 기상 현상, 밀물과 썰물이 나타나는 것은 모두 역학적 시스템에 속하는 중력이 지구 시스템에 준 영향이다.
③ 목이 긴 기린이 중력의 영향으로 다른 동물에 비해 심장이 크게 발달한 것, 몸무게가 무거운 동물은 중력을 견디기 위한 단단한 골격으로 이루어진 것들은 모두 중력이 생명 시스템에 영향을 준 것으로 볼 수 있다.

10 정답 ③

중력은 지구 중심 방향(연직 아래 방향)이다.

11 정답 ④

충격량은 운동량의 변화량과 같다.
'운동량의 변화량 = 나중 운동량 − 처음 운동량'이므로 (가) 5N·s, (나) 6N·s, (다) 5N·s, (라) 7N·s이다.
따라서 충격량이 가장 큰 것은 (라)이다.

12 정답 ①

가. 지권의 화산 폭발에 의해 기권에 속하는 기온이 낮아진다.

나. 생물권에 속하는 식물의 광합성에 의해 기권의 산소 성분 비율이 달라진다.

다. 수권에 속하는 수온 변화로 기권에서 태풍이 발생한다.

따라서 공통으로 속하는 지구계 구성 요소는 기권이다.

13 정답 ②

① 버섯 − 분해자

② 식물 플랑크톤 − 생산자

③ 메뚜기 − 소비자

④ 호랑이 − 소비자

생태계는 모든 살아있는 생물인 생물적 요인과 생물적 요인에게 필요한 물질을 제공하는 비생물적 요인으로 구분할 수 있다. 생물적 요인은 역할에 따라 생산자, 소비자, 분해자로 구분할 수 있으며 생산자는 스스로 양분을 합성할 수 있는 독립 영양 생물이다.

14 정답 ①

• D지역은 판과 판이 멀어지는 발산형 경계로 해령이 발달한다.

• A지역은 수렴형 경계로 판의 소멸과 함께 히말라야 산맥과 같은 습곡 산맥이 나타난다.

• B지역은 수렴형 경계로 판의 소멸과 함께 일본 해구와 같은 해구가 발달한다.

• C지역은 보존형 경계로 판의 생성과 소멸 없이 어긋나면서 변환 단층이 나타난다.

15 정답 ②

물질대사는 생명체에서 일어나는 화학 반응으로, 화학 반응을 진행하기 위해 필요한 최소한의 에너지를 활성화 에너지라고 한다. 생체촉매인 효소는 활성화 에너지를 낮춰주어 체온 정도의 낮은 온도에서 반응이 빠르게 일어날 수 있게 해 준다.

16 정답 ①

마그네슘은 산소를 얻어 산화 마그네슘이 되었고, 탄소는 산소를 얻어 이산화 탄소가 되었다. 물질이 산소를 얻거나 전자를 잃는 것을 산화라고 한다.

17 정답 ③

산성화된 호수에 염기성 물질인 석회 가루를 뿌리면 중화 반응에 의해 산성을 줄일 수 있다.

철이 녹이 스는 것, 사과의 갈변, 금속의 연소 반응은 모두 산화 반응이다.

18 정답 ②

BTB 용액은 지시약으로 용액의 액성에 따라 산성 : 노란색, 중성 : 초록색, 염기성 : 파란색으로 색이 변한다. 초록색 BTB 용액이 노란색으로 바뀌었으므로 추가해준 임의의 수용액은 산성을 띠는 물질일 것이다. 따라서 산인 HCl이 가능하다.

19 정답 ②

지질 시대는 약 46억 년 전 지구가 탄생한 후부터 현재까지의 기간으로 선캄브리아 시대가 대부분을 차지하며 선캄브리아 시대 이후 고생대>중생대>신생대로 상대적인 기간을 차지하고 있다. 따라서 고생대 표준 화석인 (나) 삼엽충이 해당한다.

(가) 암모나이트와 (라) 공룡은 중생대 표준 화석, (다) 화폐석은 신생대 표준 화석이다.

20 정답 ①

같은 종이라도 서로 다른 유전자를 가지고 있어 다양한 형질이 나타난다. 하나의 형질을 결정하는 유전자가 다양할수록 유전적 다양성이 높다. 유전적 다양성이 높을수록 급격한 환경 변화에도 살아남을 가능성이 높다.

21 정답 ③

운동 에너지는 운동하는 물체가 갖는 에너지로 질량이 같은 경우 속력이 빠를수록 운동 에너지가 크다.

22 정답 ③

열기관이 한 일은 고열원을 통해 열기관이 흡수한 열량 - 저열원으로 빠져나간 열량으로 계산할 수 있다. 따라서 이 열기관이 한 일의 양은 150J이다.

열효율 = $\dfrac{\text{한 일의 양}}{\text{공급된 열량}}$ 이므로, 이 열기관의 열효율은

$\dfrac{150}{200} \times 100 = 75\%$이다.

23 정답 ②

- **자동차** : 화석 연료에 저장된 화학 에너지를 이용하여 자동차가 움직이는 운동 에너지로 전환된다.
- **풍력 발전** : 바람의 운동 에너지를 이용하여 터빈을 돌려 전기 에너지를 얻는다.
- **세탁기** : 전기 에너지를 이용하여 세탁기를 돌릴 수 있는 운동 에너지를 얻는다.

24 정답 ②

변압기에서 전압은 코일의 감은 수에 비례한다. 1차 코일에 걸린 전압과 감은 수가 동일하므로 2차 코일에 걸리는 전압의 세기는 2차 코일 감은 수에 비례한다. 2차 코일의 감은 수가 변압기 A : 변압기 B = 1 : 2이므로 전압의 비율도 1 : 2로 같다.

25 정답 ④

태양 에너지에 의해 대기 순환이 생기고 바람이 분다. 바람에 의해 풍력 발전이 가능하고, 파력 발전은 바람에 의해 파도가 형성되면 파도의 운동 에너지를 이용하여 전기를 생산할 수 있다.

제2회 정답
본문 281~286p

01 ②	02 ②	03 ③	04 ③	05 ④
06 ④	07 ③	08 ④	09 ④	10 ③
11 ①	12 ②	13 ③	14 ④	15 ②
16 ②	17 ①	18 ①	19 ④	20 ③
21 ③	22 ③	23 ②	24 ②	25 ④

01 정답 ②

빅뱅 우주론은 약 138억 년 전 초고온, 초고밀도의 한 점에서 대폭발이 일어나 우주가 탄생하고 계속 팽창하면서 현재의 우주가 이루어졌다는 우주론으로 우주의 총 질량은 변하지 않고 계속 팽창하기 때문에 부피는 증가하고 우주의 온도와 밀도는 감소한다.

02 정답 ②

주계열성은 별 중심부의 온도가 1,000만 K 이상으로 높아져 중심에서 수소 핵융합 반응이 일어나면서 내부 압력과 중력이 평형을 이루어 별의 크기가 일정하게 유지된다. 별은 일생의 대부분을 주계열성으로 보낸다.

03 정답 ③

지구가 형성되는 과정은 (가) → (나) → (라) → (다)이다.
(가) 미행성체들이 충돌하면서 원시 지구가 형성되고, 계속된 충돌로 원시 지구의 크기와 질량이 증가한다.
(나) 미행성체들의 충돌로 열이 발생하여 지구가 마그마의 바다 형태로 존재한다.
(라) 무거운 물질은 중심부로 가라앉아 핵을 형성하고, 가벼운 물질은 떠올라 맨틀을 형성한다.
(다) 미행성체들의 충돌이 줄어들면서 표면이 식어 원시 지각이 형성되고 수증기가 냉각되어 비로 내리면서 원시 바다가 형성된다.

04 정답 ③

원자가 전자는 가장 바깥 전자 껍질에 들어 있고 화학 반응에 참여하는 전자로 주기율표에서 같은 족 원소들은 원자가 전자 수가 같다. 16족인 C와 F는 6개로 원자가 전자 수가 같다.

05 정답 ④

원자 A와 B 사이의 결합은 전자의 이동에 의한 이온 결합으로 공유 전자쌍이 존재하지 않는다.

원자 A는 전자 1개를 잃고 A^+ 양이온이 되고, 원자 B는 전자 1개를 얻어 B^- 음이온이 된다. A^+와 B^- 사이에 정전기적 인력에 의해 이온 결합이 형성되어 화합물 AB를 이룬다.

06 정답 ④

핵산은 DNA와 RNA가 있다. DNA는 유전 정보 저장, RNA는 유전 정보 전달 및 합성 과정에 관여한다.

07 정답 ③

그림은 탄소 나노 튜브이다. 그래핀과 탄소 나노 튜브는 모두 탄소로만 이루어져 있으며 전기 전도성 및 강도가 뛰어나다.

08 정답 ④

세 공은 수평 방향으로 던진 속도의 차이로 등속 운동이 나타나는 수평 방향으로 이동하는 거리의 차이는 있지만 연직 방향으로는 등가속도 운동을 하고 가속도의 크기는 모두 같다. 따라서 바닥에 닿을 때까지 걸린 시간은 모두 같다.

09 정답 ④

충격량(I)이란 물체가 받은 충격의 정도를 나타내는 양으로 물체가 받은 힘(F)과 물체에 힘이 가해진 시간(Δt)을 곱해서 계산한다. 일정한 충격량이 가해지는 충돌이 일어났을 때 힘이 작용하는 시간(Δt)을 길게 하면 사람이나 물체가 받는 힘의 크기(F)가 작아진다.

10 정답 ③

운동량은 운동하는 물체가 갖는 물리량으로 질량이 m인 물체가 속도 v로 이동할 때 운동량은 질량(m) × 속도(v)로 계산한다.

11 정답 ①

A – 혼합층, B – 수온 약층, C – 심해층

혼합층은 바람의 혼합 작용으로 깊이에 따른 수온 변화가 없이 일정한 층이다. 혼합층은 바람이 강할수록 두껍게 발달한다.

12 정답 ②

오로라는 외권에 속하는 태양에서 날아온 전기를 띤 입자가 기권에 해당하는 대기와 충돌하며 빛을 내는 현상이다.

13 정답 ③

대륙판은 대륙 지각을 포함하여 두께가 두껍고 밀도가 작다. 상대적으로 해양판은 해양지각을 포함하여 두께가 얇고 밀도가 크다.

14 정답 ④

엽록체는 식물 세포에 존재하는 세포 소기관으로 물과 이산화 탄소를 이용하여 포도당과 산소를 만드는 동화 작용이 일어난다. 빛에너지를 포도당과 같은 유기물에 화학 에너지 형태로 저장한다.

> **⊗ 오답피하기**
> ① **핵** : 생명 활동의 중심으로 유전물질이 들어있다.
> ② **리보솜** : DNA에 저장된 유전정보를 통해 단백질 합성이 일어난다.
> ③ **미토콘드리아** : 이화 작용이 일어나는 장소로 영양소를 분해하여 생명 활동에 필요한 에너지를 생산한다.

15 정답 ②

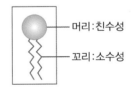

▲ 인지질

세포막은 인지질 2중층과 단백질로 이루어져 있다. 그림은 인지질로 친수성인 머리 부분과 소수성인 꼬리로 구분할 수 있다.

16 정답 ②

RNA에는 타이민(T) 대신 유라실(U)이 있으므로 아데닌(A)에 상보적인 염기는 유라실(U)이 된다.

17 정답 ①

종 다양성은 한 지역에 생물종이 다양하고 고르게 분포한 정도를 의미한다. 생물종의 수가 많을수록 각 종의 분포 비율이 균등할수록 종 다양성이 높다. 종 다양성이 높으면 먹이 그물이 복잡해지고 생태계 다양성이 높을수록 종 다양성과 유전적 다양성도 높아진다.

18 정답 ①

낫 모양 적혈구는 일반적으로 생존에 불리하게 작용하지만, 말라리아가 자주 발생하는 지역에서는 생존에 유리하게 작용하여 자연선택된다.

19 정답 ④

빛의 세기가 강한 곳의 잎은 약한 빛을 받는 잎보다 울타리 조직이 발달하여 잎이 두껍다.
(가)는 (나)에 비해 울타리 조직이 발달했으므로 강한 빛을 받았음을 알 수 있다.

20 정답 ③

낙엽수가 겨울에 잎을 떨어뜨리는 것은 추운 겨울을 견디기 위한 것으로 온도가 생물에게 영향을 주어 생물이 적응한 결과이다.

> **⊗ 오답피하기**
>
> ①, ②, ④는 모두 물이 적은 환경에서 물의 손실을 줄이기 위해 적응한 생물의 모습이다.

21 정답 ③

엘니뇨는 무역풍의 약화로 동태평양의 수온이 증가하고 서태평양 지역은 평상시보다 비가 오지 않아 가뭄이 발생하는 현상이다.

> **⊗ 오답피하기**
>
> ① **온실 효과** : 지구 복사 에너지의 일부를 온실 기체가 지표로 재방출하여 지구의 평균 온도가 대기가 없을 때보다 높게 유지되는 현상이다.
> ② **오로라** : 태양으로부터 들어온 전기를 띠는 입자가 대기로 들어오면서 대기와 충돌하여 빛을 내는 것이다.
> ④ **사막화** : 자연적인 기후 변동이나 인간의 활동으로 인해 기존 사막이 확대되는 현상이다.

22 정답 ③

'손실 전력 = (전류)^2 × 저항'이므로 송전선의 저항을 $\frac{1}{9}$ 배로 하거나 송전선에 흐르는 전류의 세기를 $\frac{1}{3}$ 배로 하면 $(\frac{1}{3})^2$이므로 손실전력은 $\frac{1}{9}$ 배가 된다.

23 정답 ②

수산화 나트륨(NaOH), 수산화 칼륨(KOH), 수산화 칼슘(Ca(OH)₂)은 모두 물에 녹아 수산화 이온(OH^-)을 내어놓는다. 수산화 이온(OH^-)에 의해 나타나는 공통의 성질을 염기성이라고 하며 염기성 물질은 단백질을 녹이는 성질이 있다.

> **⊗ 오답피하기**
>
> ①, ③, ④는 모두 수소 이온(H^+)을 공통으로 내놓아 나타나는 산의 특징이다.

24 정답 ②

소포체는 납작한 주머니와 관의 형태로 리보솜에서 합성된 단백질을 골지체나 세포 다른 부위로 운반하는 역할을 한다.

오답피하기

① 액포 : 식물 세포에 발달한 것으로 세포 활동 결과 생긴 노폐물과 색소 등을 저장한다.
③ 세포벽 : 식물 세포의 형태를 유지하고 세포를 보호하는 역할을 한다.
④ 미토콘드리아 : 생명 활동에 필요한 에너지를 생성한다.

25 정답 ④

(가)는 저분자 물질이 고분자 물질이 되면서 에너지를 흡수하는 동화 작용, (나)는 고분자 물질이 저분자 물질이 되면서 에너지를 방출하는 이화 작용이다. 단백질 합성은 동화 작용이다.

PART 2 2024년 기출문제

제1회 정답
본문 290~294p

01 ①	02 ③	03 ④	04 ③	05 ③
06 ④	07 ①	08 ④	09 ①	10 ④
11 ③	12 ②	13 ②	14 ③	15 ②
16 ②	17 ①	18 ①	19 ④	20 ④
21 ①	22 ②	23 ④	24 ③	25 ①

01 정답 ①

파력 발전은 파도가 칠 때 해수면의 움직임을 이용하여 전기 에너지를 생산하는 발전 방식으로 파도 상황에 따라 전력 생산량이 일정하지 않다.

02 정답 ③

ㄱ. 발전소에서 전기 에너지를 생산한다.
ㄴ. 손실 전력을 줄이기 위해 발전소에서 생산한 전력은 초고압 변전소에서 전압을 높여 송전한 후 여러 변전소나 주상 변압기를 거치며 전압을 낮춰 공급된다.

오답피하기

ㄷ. 발전소에서 생산한 전력을 공장이나 빌딩, 가정 등으로 수송하는 과정에서 저항에 의해 손실되는 전기 에너지를 손실 전력이라고 한다.

03 정답 ④

물체가 받은 충격량은 운동량의 변화량과 같다.
운동량의 변화량 = 나중 운동량 − 처음 운동량이므로
충격량의 크기는 A : 3N·s, B : 4N·s, C : 5N·s, D : 6N·s로 D의 충격량이 가장 크다.

04 정답 ③

열기관은 연료를 연소시켜 발생한 열에너지를 일로 전환하는 장치로 열기관이 한 일의 양은 '고열원에서 공급한 열에너지 − 저열원으로 빠져나간 열에너지'로 구할 수 있다.
열기관이 한 일 = 100J − 50J = 50J

05 정답 ③
태양 내부에서는 수소 원자핵 4개가 융합하여 1개의 헬륨 원자핵으로 변하는 수소핵 융합 반응이 일어난다. 이 과정에서 질량 결손이 생기고 감소된 질량이 에너지로 전환된다.

06 정답 ④
자유 낙하 운동은 공기의 저항을 무시할 때 물체가 중력만 받아 낙하하는 운동으로, 운동 방향과 중력의 방향이 같아 1초당 10m/s씩 점점 속력이 증가하는 운동을 한다. 따라서 낙하 시간이 가장 긴 D의 속도가 가장 빠르다.

07 정답 ①
전자기 유도는 코일 근처에서 자석을 움직이거나 자석 근처에서 코일을 움직일 때 코일에 전류가 흐르는 현상으로 자석의 극을 바꾸거나 자석이 움직이는 방향을 바꾸면 유도 전류의 방향이 변한다.

> ⊗ **오답피하기**
>
> ㄴ, ㄷ 자석을 빨리 움직일수록, 자석의 세기가 셀수록, 코일을 감은 수가 많을수록 유도 전류가 세게 흐른다.

08 정답 ④
원자가 전자는 원자의 전자 배치에서 가장 바깥 전자 껍질에 들어 있는 전자로, 화학 결합에 참여할 수 있는 전자를 말한다. 원자가 전자 수는 주기율표 족의 일의 자리 수와 같으므로 1족 원소인 A, C는 1개, 16족 원소인 B는 6개, 17족 원소인 D는 7개의 원자가 전자를 갖는다. 단, 18족 원소는 화학 반응에 참여하는 전자가 없으므로 원자가 전자 수는 0이다.

09 정답 ①
원자가 전자를 잃으면 양이온이 된다. 양이온의 이온식을 쓸 때 원소 기호 오른쪽 위에 잃어버린 전자의 수와 '+'를 붙여 나타낸다(단, 1은 생략). 나트륨 이온은 Na^+ 이므로 나트륨 원자가 잃은 전자의 개수는 1개이다.

10 정답 ④
이온 결합은 금속 원소와 비금속 원소가 각각 양이온과 음이온이 된 후 정전기적 인력에 의해 형성된 결합으로 염화 나트륨($NaCl$)이 가장 대표적인 이온 결합 물질이다.

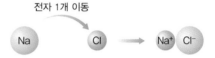

11 정답 ③
산화 환원 반응은 물질이 산소나 전자를 잃거나 얻어서 형성되는 반응으로 연소 반응, 철이 녹스는 반응, 사과의 갈변 현상이 대표적인 예이다.

> ⊗ **오답피하기**
>
> ③ 산성화된 토양에 석회 가루를 뿌리는 것은 산과 염기의 중화 반응이다.

12 정답 ②
묽은 염산(HCl)과 묽은 황산(H_2SO_4)은 산으로 물에 녹아 수소 이온(H^+)을 내놓아 산성을 나타낸다.

염산	HCl → H^+ + Cl^-
황산	H_2SO_4 → $2H^+$ + SO_4^{2-}

13 정답 ②
아미노산은 단백질의 단위체다. 아미노산은 펩타이드 결합을 통해 폴리펩타이드를 형성하고, 폴리펩타이드가 입체 구조를 형성하여 단백질이 만들어진다.

14 정답 ③

생물은 환경에 적응하여 몸의 형태나 구조의 차이가 생기는데 여우의 형태는 온도에 따른 차이다. 추운 지방에 사는 동물일수록 깃털이나 털이 발달되어 있고, 피하지방층이 두꺼우며, 몸 말단부의 크기가 작아 열 방출이 잘 되지 않고, 더운 지방에 사는 동물은 몸집이 작고 말단부가 커서 열을 잘 방출한다.

15 정답 ②

1차 소비자의 수가 증가하면 1차 소비자의 먹이인 생산자(A)의 개체 수는 감소하고, 1차 소비자를 먹이로 하는 2차 소비자(B)의 개체 수는 증가한다.

16 정답 ②

소화 효소에 의해 음식물을 흡수할 수 있는 크기로 분해할 수 있다.
물질대사는 생명체 내에서 일어나는 화학 반응으로 생체 촉매인 효소가 필요하다.

17 정답 ①

DNA는 2중 나선 구조로 2가닥의 염기는 A(아데닌)-T(타이민) / G(구아닌)-C(사이토신)과 같이 상보 결합하고 있다. ㉠은 T(타이민)과 상보 결합을 하고 있으므로 A(아데닌)이다.

> **참고**
>
> DNA의 이중 나선 중 한쪽 가닥을 바탕으로 상보적 서열을 갖는 RNA가 합성되는 것을 전사라고 한다.
>
> | DNA 염기 | A | G | C | T |
> |---|---|---|---|---|
> | ↓ (전사) | ↓ | ↓ | ↓ | ↓ |
> | RNA 염기 | U | C | G | A |

18 정답 ①

삼투는 세포막을 경계로 농도가 낮은 용액에서 농도가 높은 용액으로 물이 이동하는 현상이다.

19 정답 ④

종 다양성은 일정한 지역에 얼마나 많은 생물종이 고르게 분포하며 살고 있는지를 의미한다.
생물종이 많을수록, 종의 분포 비율이 균등할수록 종 다양성이 높다.

20 정답 ④

ㄴ. 화산 폭발에 의해 기후 변화, 지형의 변화, 생태계 변화 등이 일어날 수 있다.
ㄷ. 화산 활동은 분출된 화산재에 의해 토양이 비옥해지는 것, 화산 활동을 활용하여 관광지로 활용하는 것, 지열을 활용하여 난방과 전기 에너지를 생산하는 것과 같은 이로운 점이 있다.

> **⊗ 오답피하기**
>
> ㄱ. 화산 활동과 같은 지각 변동은 지구 내부 에너지에 의해 지각 변동이 일어난다.

21 정답 ①

규산염 사면체는 규소 1개를 중심으로 산소 4개가 공유 결합한 사면체로, 규산염 사면체를 기본 골격으로 이루어진 광물을 규산염 광물이라고 한다.

22 정답 ②

지진 해일은 지권에서 일어난 지진에 의해 수권에 속하는 바다에서 해일이 발생한 것으로 지권과 수권의 상호 작용이다.

23 정답 ④

지구 온난화는 이산화 탄소, 수증기, 메테인과 같은 대기 중 온실 기체의 양이 증가하면서 온실 효과가 강화되어 지구 평균 기온이 상승하는 현상을 말한다.

⊗ 오답피하기

① **황사** : 사막에서 발생하는 모래 폭풍과 흙먼지
② **사막화** : 사막 주변 지역의 토지가 자연적·인위적 원인으로 황폐해지면서 사막이 점차 넓어지는 현상
③ **엘니뇨** : 평상시보다 무역풍이 약해지면서 페루 연안의 수온이 상승하는 현상

24 정답 ③

A, D : 해구(수렴형 경계)
B : 변환 단층(보존형 경계)
C : 해령(발산형 경계)
발산형 경계는 맨틀이 상승하면서 판과 판이 멀어지는 경계이다.

25 정답 ①

A 시기는 중생대의 대멸종을 뜻하므로 중생대 생물인 공룡이 해당한다.

⊗ 오답피하기

매머드, 화폐석은 신생대, 삼엽충은 고생대의 표준 화석이다.

제2회 정답   본문 295~299p

01 ④	02 ①	03 ③	04 ④	05 ③
06 ④	07 ③	08 ②	09 ④	10 ②
11 ①	12 ②	13 ④	14 ④	15 ③
16 ③	17 ①	18 ②	19 ①	20 ③
21 ②	22 ①	23 ②	24 ①	25 ④

01 정답 ④

태양광 발전은 태양의 빛에너지를 반도체로 만든 태양 전지를 이용하여 전기 에너지로 전환한다. 자원 고갈의 염려가 없고 공해가 없는 청정 에너지이지만 계절과 일조량에 따라 전력 생산량 및 발전 시간이 제한적인 단점이 있다.

02 정답 ①

운동량은 운동하는 물체의 운동 정도를 나타내는 물리량으로 '운동량(kg·m/s)=질량(kg)×속도(m/s)'로 계산한다. 따라서 이 물체의 운동량은 $2kg×6m/s=12kg·m/s$이다.

03 정답 ③

전자기 유도는 코일 근처에서 자석을 움직이거나 자석 근처에서 코일을 움직일 때 코일에 전류가 흐르는 현상으로 이를 이용하여 변압기의 전압을 변화시키거나 발전기에서 전기 에너지를 생산한다.

04 정답 ④

수평 방향으로 던진 공의 운동은 수평 방향으로는 등속 운동, 연직 방향으로는 자유 낙하 운동을 한다. 따라서 A와 B 지점의 수평 방향 속력은 같고 연직 방향의 속력은 더 많이 자유 낙하한 B의 속력이 더 빠르다. 자유 낙하 운동은 물체가 중력만을 받아 낙하하는 운동이므로 A와 B 지점 공에 작용하는 힘은 중력만 작용하고 두 힘의 크기는 중력으로 같다.

05 정답 ③

열기관은 연료를 연소시켜 발생한 열에너지를 일로 전환하는 장치로 열효율은 공급한 열량 중 열기관이 한 일의 비율을 말한다. '열효율=$\dfrac{\text{열기관이 한 일}}{\text{공급된 열량}}\times100$'이므로 이 열기관의 열효율은 $\dfrac{15J}{75J}\times100=20\%$가 된다.

06 정답 ④

그래핀은 탄소 원자가 육각형 벌집 모양의 구조를 이룬 것으로 열과 전기 전도성이 크고 강철보다 강한 특징을 가지고 있다. 또한 투명하면서 유연성이 있어 휘어지는 디스플레이나 의복형 컴퓨터, 야간 투시용 콘택트렌즈 등에 사용할 수 있다.

07 정답 ③

13족 원소는 가장 바깥 전자 껍질의 전자 수가 3개이다.

> **⊗ 오답피하기**
>
> ① 가장 바깥 전자 껍질의 전자 수가 1개이므로 1족 원소
> ② 가장 바깥 전자 껍질의 전자 수가 2개이므로 2족 원소
> ④ 가장 바깥 전자 껍질의 전자 수가 4개이므로 14족 원소

08 정답 ②

가장 바깥 전자 껍질의 전자 수가 8개인 원소는 1주기 헬륨을 제외한 18족 원소가 해당한다.
(나)는 2주기 18족 원소이므로 가장 바깥 전자 껍질의 전자 수가 8개이다.

> **⊗ 오답피하기**
>
> (가)는 16족 원소로 가장 바깥 전자 껍질의 전자 수는 6개, (다)는 1족 원소로 가장 바깥 전자 껍질의 전자 수는 1개, (라)는 17족 원소로 가장 바깥 전자 껍질의 전자 수는 7개이다.

09 정답 ④

이온 결합은 금속 원소와 비금속 원소가 각각 양이온과 음이온이 된 후 정전기적 인력에 의해 형성된 결합으로 고체 상태에서는 전류가 흐르지 않지만 액체 상태나 물에 녹은 수용액 상태에서는 전류가 흐른다.

> **⊗ 오답피하기**
>
> ㄱ. 산소 기체는 전자 쌍을 공유하는 공유 결합 물질이다.

10 정답 ②

물에 녹아 수산화 이온(OH^-)을 내놓는 물질을 염기라 하고 수산화 이온(OH^-)에 의하여 나타나는 성질이 염기성이다. $Ca(OH)_2$는 물에 녹아 수산화 이온(OH^-)을 내놓으므로 염기이다.

수산화 칼슘	$Ca(OH)_2 \;\rightarrow\; Ca^{2+} + 2OH^-$

> **⊗ 오답피하기**
>
> HCl, H_2SO_4, CH_3COOH는 모두 물에 녹아 수소 이온(H^+)을 내놓아 산성을 나타낸다.

11 정답 ①

A 수용액이 추가되면서 물과 함께 반응하지 않고 남는 이온에 염화 이온(Cl^-)이 있는 것을 통해 A는 HCl임을 알 수 있다. 염산(HCl)이 물에 녹아 내놓은 수소 이온(H^+)은 수산화 이온(OH^-)과 반응해 물을 만들고 염화 이온(Cl^-)은 반응하지 않고 수용액 안에 남아 있다.

12 정답 ②

산화 반응은 물질이 산소를 얻거나 전자를 잃는 반응으로 반응 물질 중 탄소(C)는 산소를 얻어 이산화 탄소(CO_2)가 되므로 산화되었다.

13 정답 ④

유전적 다양성은 같은 종 사이에서 나타나는 다양한 형질의 차이를 의미한다. 같은 종의 얼룩말의 줄무늬의 차이, 무당벌레의 겉날개 무늬와 색 등이 유전적 다양성의 예시가 된다.

14 정답 ④

뉴클레오타이드는 핵산(DNA, RNA)의 단위체로, 인산 : 당 : 염기 = 1 : 1 : 1로 결합되어 있다.

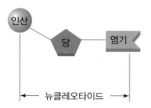

15 정답 ③

• 전사는 DNA의 유전 정보를 RNA로 전달하는 과정을 말하고 핵 안에서 일어난다.
• 번역은 RNA에 유전 정보에 따라 단백질이 합성되는 과정으로 세포질에서 일어난다.

16 정답 ③

확산은 입자가 스스로 운동하여 농도가 높은 쪽에서 낮은 쪽으로 퍼져 나가는 현상으로 인지질 2중층을 직접 통과하는 확산과 막단백질을 통한 확산으로 구분할 수 있다.

> ⊗ **오답피하기**
>
> ㄷ. 세포막은 인지질과 막단백질로 이루어져 있다.

17 정답 ①

다윈의 '자연 선택'은 다양한 변이를 가진 개체들 간에 생존 경쟁이 일어나고 해당 환경에 유리한 형질을 가진 개체의 비율이 높아짐을 설명하는 이론으로 항생제를 지속적으로 사용하는 환경에서는 항생제 내성 세균이 자연 선택되어 항생제 내성 세균 집단이 주를 이루게 된다.

18 정답 ②

• 생산자는 빛에너지를 이용하여 광합성을 통해 스스로 양분을 합성할 수 있는 무리로 참나무와 같은 식물 외에 식물 플랑크톤 등이 해당한다.
• 비생물적 요인은 생물을 둘러싸고 있는 모든 환경 요인으로 빛, 온도, 물, 토양, 공기 등이 있다.

19 정답 ①

생태 피라미드는 먹이 사슬에서 각 영양 단계에 속하는 생물의 에너지양, 개체 수를 상위 영양 단계로 쌓아 올린 것이다. A는 2차 소비자보다 하위 영양 단계로 1차 소비자이고, B는 1차 소비자보다 하위 영양 단계인 생산자이다.

> ⊗ **오답피하기**
>
> ㄴ. 참새는 스스로 양분을 합성할 수 없으므로 생산자(B)에 해당하지 않는다.
> ㄷ. 상위 영양 단계로 갈수록 개체 수는 줄어드는 피라미드 형태로 나타난다.

20 정답 ③

• 지각을 구성하는 암석을 이루는 광물의 대부분이 규소와 산소를 주성분으로 하는 규산염 광물이다.
• 사람의 몸은 탄소와 산소의 비율이 높다. 이처럼 지각과 생명체에 공통으로 산소가 많다.

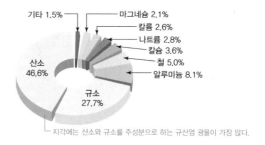

지각에는 산소와 규소를 주성분으로 하는 규산염 광물이 가장 많다.

▲ 지각을 구성하는 원소의 비율

질소 3.3% ┐ ┌ 기타 3.7%

수소 9.5%

탄소 18.5%

산소 65.0%

▲ 사람을 구성하는 원소의 비율

21 정답 ②

태양의 중심부에서는 수소 원자핵 4개가 융합하여 1개의 헬륨 원자핵이 형성되는 수소 핵융합 반응이 일어난다.

$$4H \longrightarrow He + 에너지$$

22 정답 ①

A층은 바람의 혼합 작용으로 깊이에 관계없이 수온이 거의 일정한 혼합층, B층은 태양 에너지 도달량이 감소하여 수온이 급격하게 낮아지는 수온 약층, C층은 태양 에너지가 거의 도달하지 않아 수온 변화가 거의 나타나지 않는 심해층이다.

ㄱ. 혼합층(A)의 수온이 일정한 것은 바람(기권)의 작용이므로 기권과 수권의 상호 작용을 확인할 수 있다.

23 정답 ②

A는 수렴형 경계의 대표적 지형인 해구로, 발산형 경계에서는 나타나지 않는다.
B는 발산형 경계의 대표적 지형인 해령이다. 수렴형 경계는 맨틀이 하강하여 판이 소멸되고 발산형 경계는 맨틀이 상승하여 판의 생성이 있다.

24 정답 ①

지질 시대는 고생대 – 중생대 – 신생대 순으로 오래되었고 삼엽충(A)은 고생대, 암모나이트(B)는 중생대, 매머드(C)는 신생대의 표준 화석이다.

| 선캄브리아 시대 (88.2%) | 고생대 (6.3%) | 중생대 (4.1%) | 신생대 (1.4%) |

46.00   5.41   2.52   0.66(억 년 전)

25 정답 ④

지구 시스템의 에너지원은 태양 에너지, 지구 내부 에너지, 조력 에너지가 있다. 이 중 지구 내부 에너지는 맨틀 대류를 일으켜 지진, 화산 활동과 같은 지각 변동을 일으킨다.

EBS ◐ ● 교육방송교재

EBS ◐● 검정고시 방송교재 **저자직강**

검스타트가
제일 잘 하는 것은

합격

입니다

⌐ 검스타트 www.**gumstart**.co.kr 1644-7590

2025
고졸 검정고시 과학

정답 및 해설

인터넷강의 검스타트 www.gumstart.co.kr

고졸 검정고시

- ✓ 최신기출 완벽분석
- ✓ 시험에 꼭 나오는 핵심 이론 정리
- ✓ 적중률 높은 문제 구성

인터넷 강의
검스타트
www.**gumstart**.co.kr